《韩熙载夜宴图》，五代南唐顾闳中绘

《雪竹图》，五代南唐徐熙绘

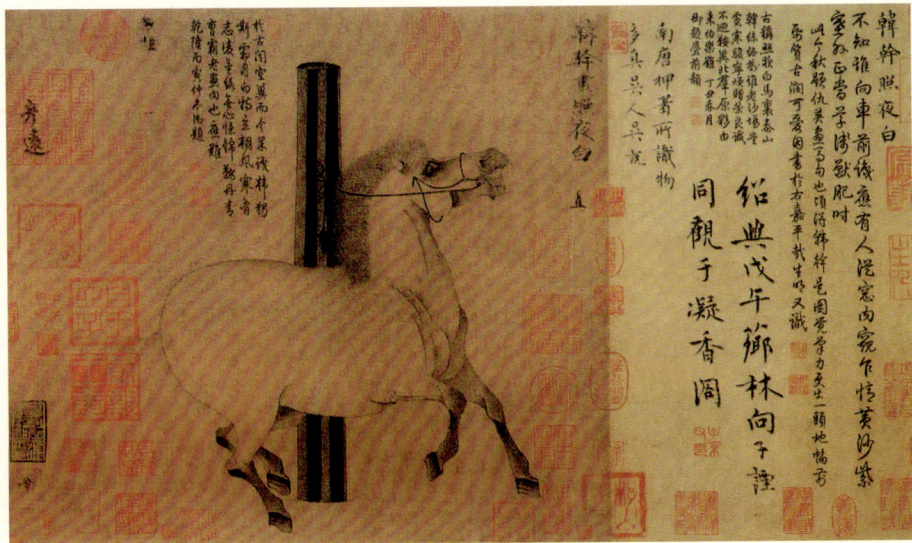

五代南唐李煜题"韩干画照夜白"

司马光像

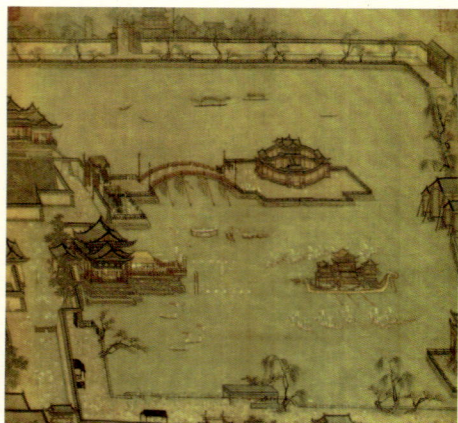

《金明池争标图》，北宋张择端绘，描绘了金明池当时的景况

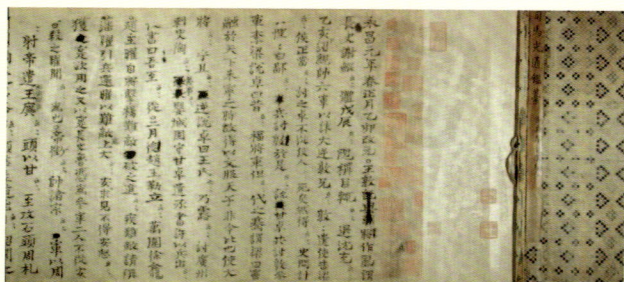

《资治通鉴》（局部），司马光主编

《清明上河图》（局部），北宋张择端绘

北宋水浮法指南针，据《梦溪笔谈》和《本草衍义》按1:1比例复制

毕昇活字版复原模型

《梦溪笔谈》，北宋沈括著，古代中国自然科学、工艺技术及社会历史现象的综合性笔记体著作

北宋木矩尺

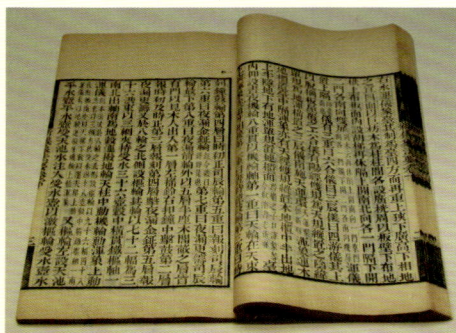

《新仪象法要》，北宋苏颂著，水运仪象台的设计说明书

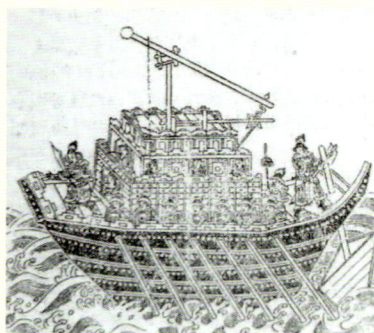

北宋曾公亮和丁度所编《武经总要》中的宋朝战船

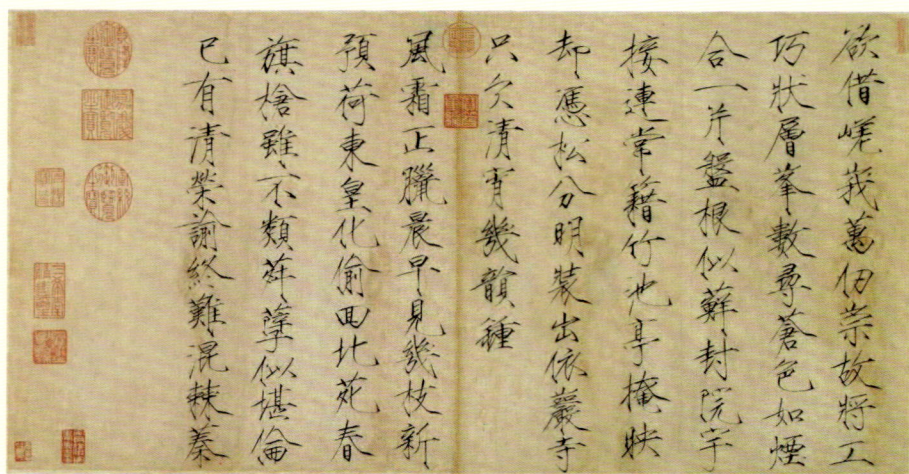

宋徽宗瘦金体作品

北宋阴刻装饰的枕头

北宋瓜棱形青铜秤锤

北宋"嘉祐"青铜则

《出猎图》，辽代胡瓌绘

《卓歇图》（局部），辽代胡瓌绘，描绘了契丹族可汗率部下
骑士出猎后歇息饮宴的情景

辽代陪葬金面具

辽三彩罗汉

辽代《丹枫呦鹿图》

辽代褐釉鸡冠壶

辽代《神农采药图》

《骑射图》，辽代李赞华（耶律倍）绘

西夏安西榆林窟第 3 窟《千手
千眼观世音像》内的《锻铁图》

《黑水城西夏武士像》

西夏文的草书《孙子兵法》(局部)

西夏书面青铜法令，用于发送书信时验证身份

重修护国寺感应塔碑西
夏文碑文的拓片

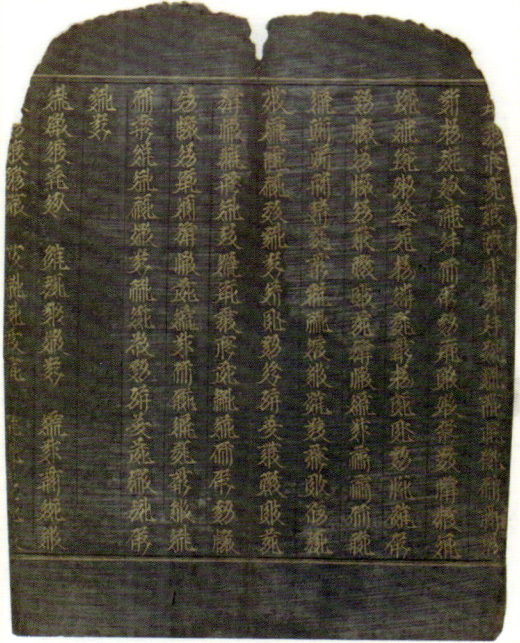

西夏文刻印的《金光明最胜王经》拓片

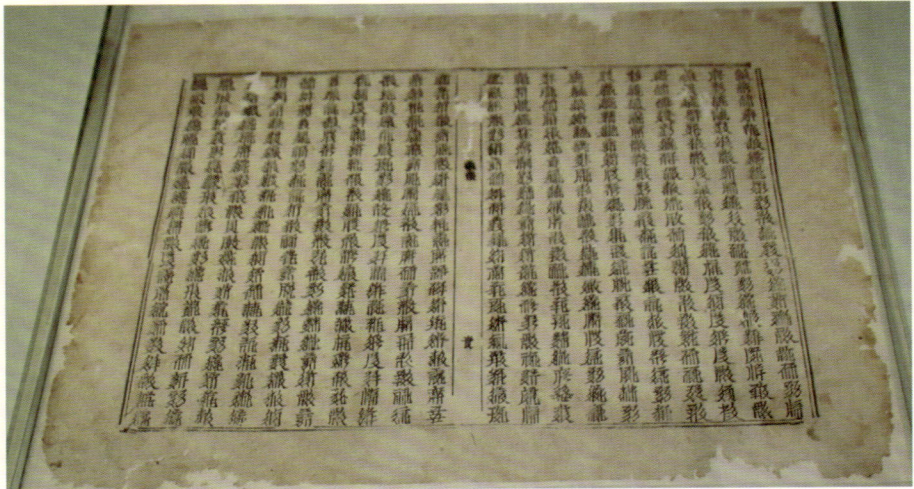

西夏《吉祥遍至口和（合）本续》

《古法七乘方图》，南宋杨辉绘，描述二项式系数在三角形中的几何排列

南宋宋慈所著法医学著作《洗冤录》内插图

《数书九章》，南宋秦九韶著

《中兴四将刘光世、韩世忠、张俊、岳飞图》，南宋刘松年绘

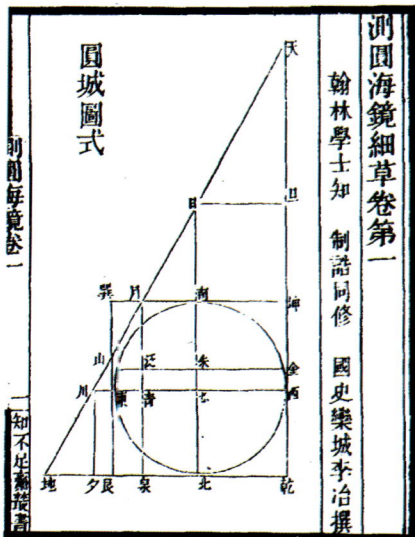

金代李治著《测圆海镜》中的圆城图式，
用天地乾坤等指代三角形内各点

金朝猛克银牌，本令牌以女
真文书写

《昭陵六骏图卷》（局部），金代赵霖绘

金朝翡翠装饰

《文姬归汉图》（局部），金代张瑀绘

《神龟图》，金代张珪绘

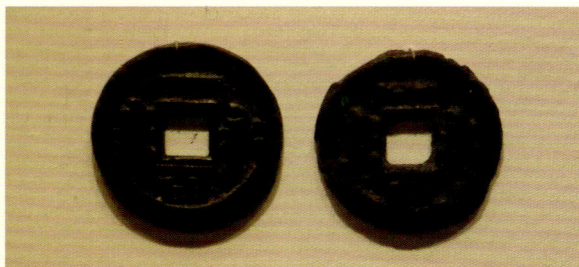

五代燕国永安一百铜、铁钱

宋徽宗御笔"崇宁通宝"

五代燕国永安一千铜、铁钱

辽代统和元宝

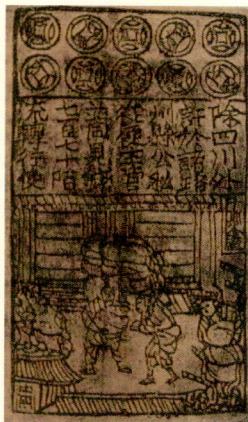

北宋交子

辽代通行货泉

辽代清宁元宝

西夏元德通宝

金代泰和通宝

金代女真文大泉铜钱

南宋"行在会子库"青铜版

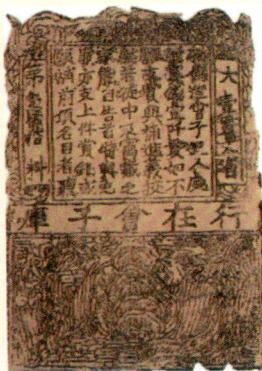

南宋会子印样

金代"兴定宝泉"青铜版

北宋定窑白釉划花莲瓣纹碗

北宋钧窑玫瑰紫釉花盆

南宋哥窑鱼耳炉

南宋官窑粉青釉三足炉

白寿彝
史学二十讲

大動乱
中古时代

五代辽宋夏金

白至德 编著

红旗出版社

红旗出版社
RED FLAG PRESS
推动进步的力量

图书在版编目（CIP）数据

大动乱：中古时代：五代辽宋夏金/白至德编著.
—北京：红旗出版社，2017.7
（白寿彝史学二十讲）
ISBN 978-7-5051-4125-4

Ⅰ.①大… Ⅱ.①白… Ⅲ.①中国历史—五代十国时
期－辽宋金元时代—通俗读物Ⅳ.① K240.9

中国版本图书馆 CIP 数据核字（2017）第 060268 号

书　　名	大动乱·中古时代·五代辽宋夏金			
编　　著	白至德			
出 品 人	高海浩	责任编辑	赵智熙	
总 监 制	李仁国	封面设计	王　鑫	
出版发行	红旗出版社	地　　址	北京市沙滩北街 2 号	
邮政编码	100727	编 辑 部	010-57274504	
E－mail	hongqi1608@126.com			
发 行 部	010-57270296			
印　　刷	北京雁林吉兆印刷有限公司			
开　　本	787 毫米 ×1092 毫米　1/16			
字　　数	216 千字	印　张	16	
版　　次	2017 年 10 月北京第 1 版	2017 年 10 月北京第 1 次印刷		
ISBN 978-7-5051-4125-4		定价	45.00 元	

欢迎品牌畅销图书项目合作 联系电话：010-57274627
凡购本书，如有缺页、倒页、脱页，本社发行部负责调换。

目　录

1

第二十讲　中国在世界上的影响

前　言

　　《白寿彝史学二十讲》是一套科学普及中国史学知识的丛书,共11册。本书为丛书的第6册,即"中古时代·五代辽宋夏金"册。

　　本册论述的是公元906年至公元1279年的中国历史,这是五代辽宋夏金时期的历史。这时期在中国历史上的地位一直是不算很高的。传统的史学观点认为,在魏晋南北朝之后,这应是中国历史上的第二个分裂时期。在这个分裂的时期里,残酷的战争与苦难的人民,给人们的心里留下了深沉的创伤。然而,"积贫积弱"的宋朝,也曾闪烁着中国"四大发明"之指南针、火药和印刷术三种的耀眼辉煌,指南针、火药和印刷术的出现,推进了世界文明的巨大发展;《清明上河图》中的开封,是当时世界上最繁华的都市。马背上的契丹、女真人,是在北京修建都城的创业者。在"中古时代·五代辽宋夏金时期"的描述中,我们站在民族平等的立场,以全新的眼光和角度,再现了这个时期的历史。白寿彝先生曾经指出:

　　　　这是中国封建社会继续向前发展时期的历史,也是中国各民族又一次重新组合时期的历史。

　　我们应在书中,就这段历史的研究,结合已经取得突破性进展的史学,给读者展现出一部比较客观的"五代辽宋夏金"历史。

　　在《白寿彝史学二十讲》的系列丛书"中古时代·五代辽宋夏金"一册中,同样也只能讲20个专题,所以也只能讲述白寿彝先生在这个历史时代所涉及的一些史学研究的部分内容,当然还要兼顾广大读者感兴趣的一些史学问题,这也就不可能对中国中古时代·五代辽宋夏金时期的相关史学研究做出全面系统的论述了。在这册书中,我们力争突出科学性、普及性、趣味性,靠近大众,尽力让广大的读者了解白寿彝的史学观点之精髓，史学研究之深广，并有助于使广大的读者在学习中国史学时有所帮助，也为不同层次的读者的需要，提供一些参考，方便阅读，从中不断获得更多的史学知识。我们相信，只要我们用心去触摸史学，就可以感悟历史的真谛，努力做到彰往知来。

《白寿彝史学二十讲》，因为是普及史学科学的读物，所以我们对于材料的来源都没有注明，甚至对于部分优秀的篇幅（白寿彝先生生前亲自审阅过的稿件），还加以应用。我们还要特别指出的是，在书中采用楷体字的，这是白寿彝讲史学的文字部分；一般宋体字的，是编者插入的辅助文字部分，这主要是为了使读者更好地了解白寿彝先生所讲的史学内容，并使全书内容顺畅一致，方便读者的阅读，就此也请读者阅读时加以注意。

《白寿彝史学二十讲》系列丛书的出版，应该感谢我的父亲白寿彝赋予我的力量与勇气，以及他的挚友、同仁、学子和弟子们的热情、广泛而全面的支持和帮助。我的小孙女白知灵对我这册的写作，帮助依然。

如今，我们已经跨入了崭新的 21 世纪，中华民族奋进的步伐越迈越大，越迈越快，这个崭新的 21 世纪是属于我们的。让我们用力去触摸史学，就可以深刻地感悟到历史的真谛。我们只有重视历史的功能和作用，通过加强历史教育，弘扬和培育我们自己的民族精神，才能最终实现我们中华民族的伟大振兴。

让我们共同努力吧！

白至德

2010 年 7 月 3 日　林萃书屋

中古时代·五代辽宋夏金

  本册论述了公元 906 年至公元 1279 年的中国历史。这是中国封建社会继续向前发展时期的历史，也是中国各民族又一次重新组合时期的历史。汉族地区经济重心的南移，南海贸易的畅通，边疆民族地区封建化的加深，都是前所未有的。在学术文化方面，文、史、哲、理均有巨著，且树新声。我们应该看到这时期有关的各民族在政治上都应有他们平等的地位，都各有他们对历史的贡献，而汉族在历史发展中则应保持它的主体民族的地位。我们在这些方面的研究成果不多。旧说简单地认为这段时期的历史是混乱、分裂时期的历史，只能是皮相之谈，是不足取的。

第一讲　历史时期划分的新与旧

在这册书里，我们应该交代一下历史时期划分的问题了。五代辽宋夏金时期的划分，及其前、后的历史时期的划分，应该是非常重要的。中国史学，在历史时期划分上，存在着过去与现在，旧与新的不同划分。

编撰统一的多民族的（中国）历史，有三个重要的问题需要研究。一个是疆域问题，一个是历史时期的划分问题，再一个是多民族的统一问题。

其中的一个，就是历史时期的划分问题。

历史分期是研究历史发展的重要问题。在远古时代是否可以分期，要靠考古学上的材料去解决。自有文字记载以后，中原地区已进入上古时代，即奴隶制时代。到了春秋战国，是上古时代向中古时代的过渡，即奴隶制在中原地区向封建制过渡时期。公元前221年秦始皇统一六国，可以说是封建制在全国占支配地位的标志。

建国以来，史学界对于中国历史分期展开了不同意见的争论，至今仍在继续。但对于这个问题的讨论，基本上是关于中原地区奴隶社会跟封建社会的分期问题。我们应当放开视野，努力在全国的范围内考察这个问题，不要局限于中原地区。封建社会历史很长，记载很多，对中国历史的发展影响也很大。我们也应该重视封建社会内部的分期问题。近代史距离我们的时代近，跟今天现实关系密切，我们更应该重视近代史的分期。

历史上，我国各民族的发展是不平衡的，但不平衡是社会发展的正常现象。各民族之间的发展不平衡，一个民族内部的发展也不平衡，我们应当从不平衡的状态上掌握一个历史时期的整体性。

我国封建社会可以分为四个时期。

秦汉时期，在中原地区，是中国封建社会的成长时期。封建等级制，在经济上和政治上都成长起来。皇帝拥有最高的政治权力，也是最高的地主。皇帝的下面，是具有世袭特权的皇族、外戚、功臣等不同身份的世家地主，在地主阶级中占有支配地位。此外，还有豪族地主和高资地主，他们在财产和社会影响上有相当的实力，但在身份上不属于较高的等级，甚至是等级很低的。世家地主的剥削对象是具有国家户籍的农民，是由封建国家恩赐的。这种农民在当时农民阶级中占最大的数字，他们有私人经济，有一定的人身自由，比奴隶的境遇要好一些，但仍然是受剥削的。他们之间也是有等级的。他们在国家规定作为世家地主的农户后，并不改变他们在国家户籍上的身份。他们向世家地主交纳的地租也就是国家的赋税，二者是统一的。像上述的生产关系，在秦统治时期已经树立，而在西汉和东汉时期不断加以发展。

奴隶制在秦汉时期没有消灭，在官私手工业中仍旧存在。家内供役使的奴隶，在整个封建时代都是存在的。不过，这些都只是奴隶制的残余，在社会生产中是越来越没有地位的。在政治制度上，秦始皇推行单一的郡县制，但对推行的具体情况，历史记载缺乏。西汉和东汉，都同时施行郡县制和封国制。朝廷的下面有郡和封国，郡和封国的下面有县，县的下面还有地方上的基层行政机构。这是政治制度上的等级制，每一等级有相对独立的权力。公元3世纪以后，郡县制逐渐排挤了封国制，而郡县制本身也不断地有些变化。但总的说来，朝廷的权力越来越集中，地方上各级行政机构的权力受到越来越大的限制。秦都咸阳，西汉都长安，东汉因长安遭到战争的破坏而东迁洛阳。泾渭、伊洛平原和黄河下游地区是当时最富饶的地区。秦汉的统治范围，大大超越了前代，包括了黄河流域、长江流域和珠江流域的广大地区。围绕中原地区的少数民族，有相当部分登上历史舞台，而匈奴、羌族特别活跃，有时还给中原王朝以武力的威胁。但当时所有的少数民族，都还处在前封建社会阶段。作为中国主体民族的汉族，是经过有关部落和民族的融合而在秦汉时期形成的。汉族的名称，也是跟这一个伟大朝代的名称相一致的。

三国两晋南北朝隋唐时期，是中国封建社会的发展时期。在这时期，发生了民族间的长期斗争，发生了民族的大规模流动和移居。本来在两汉时期就已开始内迁的匈奴人和羌氐人，现在他们深入内地，并且又有鲜卑人、突厥人、回纥人及其他少数民族的内迁。结果是无论在北方和南方，民族杂居的地区都扩大了。因而汉族充实了自己，少数民族提高了生产水平和生活水平。久而久之，内迁的少数民族跟汉人很难区别。这就在新的民族关系的局面出现后，有了民族重新组合的出现，而促进了原来地区封建化过程。这是封建社会发展时期的一个重要特征。

前一历史时期的世家地主阶层在农民起义的打击下瓦解了，代替它的地位的是新兴的门阀地主。门阀地主与世家地主一样，也是有政治身份、世袭特权的地主。但门阀地主是依靠家族的传统地位形成的，这跟世家地主的形成是由于皇家所规定的政治身份是不同的。在土地所有权上，门阀比世家具有更多的家族私有性质；在劳动力方面，门阀地主掌握的，主要是荫附的农民。荫附的农民是脱离了国家户籍的农民，他们缴纳的地租不再具有国家赋税的性质了。他们的社会地位比户籍农民要低些，但对于国家赋税，其中包括繁重的劳役，是可以摆脱的。这种生产关系上的相对变化，是有利于社会生产力的提高的。这是封建社会发展时期的又一标志。

三国时期的魏、西晋和北朝的后魏，都建都洛阳，隋唐都建都长安，而以洛阳为东都。魏晋以后，北方人民的南迁，在劳动力的增强和生产技术的传播上，都为东南方农业生产带来了新的刺激和推动。南京得以长期地占有显著的政治地位，这跟东南经济的发展是分不开的。长江中下游经济的发展，在向黄河流域的富饶地区看齐，这也是中国封建社会发展时期的一个特点。

五代以后到元末，是中国封建社会的进一步发展时期。在这时期，先有五代十国，继有辽、西夏、金跟北宋、南宋的分立，后有元的统一。广大的边区，从东北的部分地区到西北，再到西南，基本上都进入了封建社会，而汉族与各民族间又经历了一次新的组合。这是封建社会进一步发展时期的重要标志。东南经济的发展超过了北方，长江中下游地区成为全国最富饶的地区，这是封建社会进一步发展时期的又一重要标志。

前一历史时期的门阀地主阶层在农民起义的打击下又瓦解了。在北宋和南宋统治下，代替它的是品官地主。品官地主也有政治身份和特权，但所拥有的世袭特权是很有限度的，他们的土地大量是由购买和侵占得来的。他们占有土地，可以无限地扩大，不会受到法令的限制。他们应按照规定向国家缴纳赋税，而他们则向农民征收地租。赋税和地租的区别，是更清楚了。品官地主以外,有豪富的地主,有兼营商业的地主。农民阶级中,也有占有少量土地的,而佃农是大量的,他们在品官地主的土地上劳动,也在其他地主的土地上劳动。他们比起前一历史时期的荫附农民,社会地位较高,人身自由较多。他们也有国家的户籍,除向地主缴纳地租外,还担负对封建国家的身丁钱,有时也有一些劳役。但他们一般不会被封建国家指定为某某地主的农户,这是跟西汉和东汉的户籍农民的一个很大区别。无论地主或农民,封建身份性的印记趋向淡化,财产性的土地剥削关系趋向显著,这是两宋时期封建制生产关系的特点。

元统一全国后,南宋地主阶级的势力基本上保存下来了。他们所在的地区是当时封建经济最有代表性的地方。元代有一大批蒙古贵族地主的出现,还规定了形形色色担负封建义务的民户,又扩大了奴隶的数量。但这基本上是北方的情况。在北方出现的这种生产关系,是这一时期局部地区的倒退现象。广大边区的封建化,是元代社会生产发展的新气象。

五代时期的梁、晋、汉、周,都在今河南开封市建都。北宋的都城和金的陪都,也在开封。辽的南京、金的中都、元的大都,即今北京。这里自古以来就是军事上、政治上和经济上的一方重镇,元建为都城后,明清相继建都,今天又成为中华人民共和国的首都。北京的发展,是汉族、契丹族、女真族、蒙古族和其他民族共同创造的。宋都开封,元都北京,虽离东南富饶地区较远,但也都是要利用沟通南北的运河,以便于南粮北运并聚敛东南的财富。

明朝及清朝大部分的年代,是中国封建社会的衰老时期。自1840年到1949年,是中国史上的近代,是由封建时代进入半殖民地半封建社会时代,也是中国各族人民反对帝国主义、封建主义的时代。

邓广铭同志指出,宋史研究,尤其是辽金史研究的现状,多年来受传统观点影响较深,契丹建立的辽朝是在宋朝之前,顺序本应是辽宋夏金,然而总是排为宋辽夏金,而且辽夏金史在中国通史中所占的比重过少。现在我们把顺序摆正,对辽夏金史也给予足够的重视。这不仅符合历史,也有利于民族团结。他还强调了处理好民族关系问题的重要性。王静如同志指出,写书与写论文的体例不同。在史料中,辽夏金有他们本民族的史料,但大量的还是汉文史料。他指出,国与族要分开,辽夏金国境内的居民仍然是以汉人为多数。要充分注意这一点。

1. 按照过去习惯上的历史分期

五代辽宋夏金时期，按照过去的习惯，常把五代作为隋唐时期的一个部分，称为隋唐五代时期；辽宋夏金的 4 个皇朝作为一个时期，多称为宋或宋辽金时期。20 世纪 70 年代后期以来，则按皇朝建立早晚为序，称为辽宋金或辽宋夏金时期。

另有一种历史分期，那就是分为隋唐五代时期和宋辽金元时期，范文澜《中国通史》的第四编，即是包括宋辽金元时期；郭沫若《中国史稿》是将隋唐列为第四册，而将五代划入第五册，包括五代、辽、宋、西夏、金、元时期；《中国历史大辞典》则分为隋唐五代史卷、宋史卷、辽夏金元史卷。

以上的各种历史分期法，或因袭习惯，或考虑各个朝代存在时期的长短，或因各个朝代史事的多少，进行分卷、分编、分册，都没有轻视任何一个皇朝（包括各少数民族建立的皇朝）的含义。

2. 以历史发展总的进程为依据

对于中国历史的分期，白寿彝先生主要是从中国历史的统一、分裂的角度进行划分，不仅能更充分地反映中国历史发展总的进程，也体现了白先生史学思想中的民族平等思想。

白先生早在 20 世纪 70 年代，策划、组织撰写多卷本《中国通史》时，就想在《中国通史》中贯彻他史学思想中的民族平等这一极其重要的思想，要把《中国通史》撰写成一部"统一的多民族的历史"。

白先生在亲自主编的《中国通史》的第一卷《导论》中，就动笔撰写了第一章，即《统一的多民族的历史》。他在全文中就"统一的多民族的历史"的史学观点，进行了多方面的整体阐述，这对多卷本《中国通史》各卷的撰写具有普遍的指导意义。白先生在《统一的多民族的历史》一章的最后，号召参加撰写的同志们"撰写统一的多民族国家的历史，还是要把汉族的历史写好，因为汉族是我们中华民族的主体民族。同时，也要把各民族的历史适当地作出安排，这是我们必须尽量克服的难点"。我们在撰写《白寿彝史学二十讲》丛书时，尽量将白先生的这种思想，比较完整地体现出来。

《白寿彝史学二十讲》丛书，从秦汉至隋唐册的安排上，与习惯的历史分期相同，因为这样的历史分期，大体上反映了这个时期中国历史的统一与分裂。从第6卷起，则显示出了其突出的特色，习惯上将辽代至清代分为宋元（辽宋金元）、明清两个时期，这里则划分为四册，元、明、清三代都单独设册。这对于中国历史上，少数民族建立的两个（元、清）统一皇朝的历史，给予了更大量而又更便利的阐述。由于明清时期的两个皇朝存在的时间大体相近，分为两册还比较容易理解。而从五代辽宋夏金元时期的460多年中，将只存在160多年的元代（包括蒙古时期）分出，单独设立一册，这不仅是白先生对由蒙古族建立的元代结束长期分裂而统一全国的历史功勋，进行的充分的肯定，而且也由于"元代是（中国历史上）民族重新组合的大时代，其深度和广度超过隋唐"，"中国历史上的民族组合，到了元代，可以说是基本上稳定下来了"，这也是需要大书特书的。所以，"元时期"的单设一卷，可说是白先生史学思想中民族平等思想的重要体现。

3. 五代辽宋夏金时期的总体现

白先生史学思想中的民族平等思想，还体现在本册中。五代辽宋夏金时期，不仅是中国历史上自秦统一以后的第二次大分裂时期，而且民族关系极为复杂，其程度不下于中国历史上第一次大分裂的三国两晋南北朝时期，也许是有过之而无不及。五代辽宋夏金时期内除五代十国外，不仅汉族建立的两宋皇朝存在了320年，而且契丹、党项、女真民族建立的辽、夏、金朝，也是存在的时间很长，即使是最短的金朝也存在了120年。辽、夏、金朝虽然与宋朝以及它们相互之间都发生过多次战争，但总的来说和平相处的时期远远超过了战争时期，而且各个政权的统治都比较稳定，所有这些都是与三国两晋南北朝时期不同的。因此，民族史在本册中的安排也是与之不同的，影响重大的各民族建立的政权，都按建立政权的先后顺序，叙述五代、辽、宋、夏、金各朝的历史。

五代辽宋夏金时期，正是处于唐、元两个统一皇朝之间的分裂时期，本册叙述的正是这一分裂时期的 370 多年的历史，这也是本册起自五代而迄于南宋灭亡的基本原因。

4. 分期不同与史学思想的大同

我们注意到白先生在他主编的多卷本《中国通史》中是按照五代辽宋夏金时期来进行历史分期的，而在过去和其更早一些主编或编的史籍中，则是按照五代宋元时期来进行分期的。但我们认为这并不矛盾，其虽分期不同，但其在史学思想上是一致的，是大同的，即从中国历史的统一、分裂的角度进行划分，不仅能更充分地反映中国历史发展总的进程，也体现了白先生史学思想中的民族平等思想，以至书成统一的多民族的历史。如果就历史分期而言，我们讲"在过去"为"陈"，那么在他主编的多卷本《中国通史》中，则有变，可谓"新"，也应是"推陈出新"，这可能就是白先生的"学无止境，我仍将走新路"，或"一是永无止境，二是重在创新"有机部分的具体表现，也是他长期以来在学术方面沉淀的结晶。

我们在这里请大家注意，在本册之前的多册或之后的诸册，或纳入"陈"或"新"的历史时期分期的叙述内容，则按白先生原稿呈现，并不好拆开分述。这样，虽然在二十讲中，有"陈"，但是总体还是"新"的，这样更便于史学的讲述。在这里，敬请读者了解和注意。

第二讲　中国史学的进一步发展

1.　中国史学的进一步发展

（1）宋元时期史学的特点

五代宋元时期是中国封建社会继续发展的时期，是又一次从封建割据到全国统一的时期。

宋元时期，社会经济有了进一步的发展，生产力发展，科学技术有长足的进步。火药、指南针、印刷术是宋代的发明或进一步得到推广应用。中外交通联系密切，中外交往是秦汉以来最频繁的时期。东南经济的发展速度超过了北方。到了南宋，长江中下游地区成为全国最富饶的地区，中国经济重心南移完成。这些是封建社会进一步发展时期的一个重要标志。

广大的边区，从东北的部分地区到西北，再到西南，基本上都进入了封建社会，广大边区封建化，汉族和各民族间又经历了一次新的组合，这些是封建社会进一步发展时期的又一个重要标志。

由于阶级矛盾、民族矛盾的发展，农民起义不断爆发，社会危机严重。地主阶级进一步加强皇权的封建专制，以巩固统治。政治舞台上出现了庆历新政、王安石变法等改革运动，以缓和社会矛盾。这些变法、改革没有达到目的，没有收到应有的成效，但对促进人们思考社会问题有一定的意义。

为适应地主阶级在思想上加强对人民统治的需要，北宋中期，理学兴起了。理学，有的称为道学，有的称之为新儒学，它把儒和佛、道结合起来，使儒学有新的发展，更好地为地主阶级服务。理学家认为，"理"是宇宙的本体，先于一切事物而存在；封建纲常名分伦理道德是理的体现，天理支配着宇宙万事万物的变化，决定社会历史的兴衰治乱。南宋朱熹是理学集大成者，是在孔子和董仲舒以后对中国封建社会影响最大的思想家，也是宋代重要的史学家。理学对宋代以后的政治、文化（包括史学）以及社会生活产生多方面的影响。

宋元时期史学的进一步发展，是当时政治经济变化的反映。中国民族关系的发展、第二次民族重新组合在史学上也反映出来。在这个时期，史书的编撰和历史文献的整理研究，都取得了新的成就。在历史观点上，思想家、史学家由于见解分歧，展开了激烈的辩论。在历史文学上，不少史家是有成就的。辽、金的史学值得进行总结。辽、金统治者特别是辽圣宗、金世宗，他们推崇《贞观政要》《唐书》及《资治通鉴》等史著，强调要从历史中吸取经验教训，作为治国安邦的借鉴。总之，史学各个方面长足地进展，是这个时期史学总的特点。

在史书编撰上，各种体裁、体例的史书都有发展，产生一批有影响的作品。在史书体裁、体例上，在史书内容上，以及取材方面，这些作品各具特色。宋元时期的历史著作，显示出多姿多彩的风貌。

第一，编年体史书比前一时期有很大的发展。官修的《日历》和《实录》是其中一个重要方面。据《宋史》的《艺文志》，《高宗日历》1000卷，《孝宗日历》2000多卷。《高宗实录》《孝宗实录》各有500多卷。司马光的《资治通鉴》是编年体的巨制，在《通鉴》的影响下，编年体史书有很大的发展。较为重要的作品有李心传的《建炎以来系年要录》、李焘的《续资治通鉴长编》等。

第二，典制体史书的发展。宋初，王溥修《唐会要》《五代会要》。徐天麟撰有《西汉会要》《东汉会要》。马端临的《文献通考》是典制体的巨制，对后世典制体史书的撰写产生深远的影响。宋朝秘书省设会要所，编写宋代历朝会要，多达3000余卷。这些材料当时没有公布。今天的《宋会要辑稿》是清人徐松从《永乐大典》中集抄出来的。元修的《经世大典》880卷，从形式上看是类书，但实际内容是典制书。此外还有专科性的典制书。

第三，通史在史书撰述中的地位大大加强。编年、纪传和典制三种重要体裁史书中都有自己的通史。司马光的《资治通鉴》、郑樵的《通志》和马端临《文献通考》三部通史巨制的出现，是宋元时期的代表作。

欧阳修的《五代史记》也是通史性质著作。吕祖谦的《大事记》，是一部编年体的通史，上起接春秋，下至汉武帝征和年间，共12卷，是没有完成的著作。与《大事记》有关系的作品是《大事记通释》3卷，《大事记解题》12卷。此外，黄震的《古今纪要》等，也是通史性质著作。

第四，古史和当代史的史书增多。前代史的总结和撰写受到重视。古史的增多和史学求通的观念有联系。重要的史书有司马光的《稽古录》、刘恕的《通鉴外纪》、苏辙的《古史》、胡宏的《皇王大纪》、罗泌的《路史》和金履祥的《通鉴前编》等。其中有的著作理学气味较浓。

北宋时期的《旧五代史》在史学史上有着重要的地位。

宋人记录、编修当代史成为一种风气。朝廷设相应的机构记载国家大事。机构设置和名称在不同时期不尽一致，但基本上沿袭下来形成了制度。

①时政记。有中书时政记和枢密院时政记两种。

②起居注。起居注官员侍立皇帝身旁，跟从行幸，记载朝廷大事。

③日历。据时政记、起居注和相关材料，以事系日，以日系月，以月系时，以时系年加以编纂。

④实录。它是据日历的材料进一步加工修成的。

⑤会要。会要载典章制度的有关材料。

⑥国史。国史的体裁是纪传体，是根据其他材料进一步修成的。

《文献通考》卷192《经籍十九》记载宋代修的国史有：太祖、太宗、真宗的《三朝国史》，仁宗、英宗的《两朝国史》和神宗、哲宗、徽宗、钦宗的《四朝国史》。洪迈曾想合九朝三史为一书，但没有做到。另外还有南宋高宗、孝宗、光宗和宁宗的《四朝国史》。由于政治斗争的影响，有些宋代实录与国史不断重修，这是宋代史学引人注意的又一个方面。

宋人撰写当代史重要的著作有王称的《东都事略》、徐梦莘《三朝北盟会编》、李心传的《建炎以来系年要录》《建炎以来朝野杂记》等。此外还有数量很多的杂史、笔记。

第五，新体裁、体例史书出现。重要的作品有袁枢的《资治通鉴纪事本末》，是纪事本末体史书，朱熹和他学生写的《资治通鉴纲目》，是纲目体史书。朱熹的《伊洛渊源录》是学术史性质的作品。

第六，民族史、地方史和域外史有很大的发展。

宋元时期，历史文献学比前一时期有显著的发展。治金文献形成专门的学问，即金石学，目录学、校雠学有较大的发展。文献的辨伪、刊误、纠谬上出现新的局面。古籍的注释及类书、丛书的编纂，是史学发展的一个重要方面，这为史学的研究提供了条件。宋人的辨伪、考订，可以说是开后代考据学的先声。

这个时期史学思想有了进一步发展。在对历史过程的理解上，各种不同的历史观点展开激烈的辩论。我们从中可以看出，宋人力图从"理"的角度把握历史过程，这是历史哲理的思考。在天人关系上，新的见解出现了，天人感应的灾祥说受到进一步的批判。在史学工作作用的理解上，宋人有不同的观点，他们从历史盛衰总结的角度，从史学和经学关系上，从历史的教化作用上，从史学对社会生活的影响上，提出各自的认识。总之，史家从不同的角度讨论史学工作的作用，反映出他们对社会现实的关心，使史学在解决社会问题中发挥作用。两宋史学家很多人又是理学家；有的人虽不是理学家，但思想上和理学有联系。理学对宋代史学产生多方面的影响。

在历史文学上，不少史家是有成就的，许多史家又是著名的散文家。欧阳修文风简洁晓畅、摇曳多姿。司马光的文风严整之中又有从容，写战争恢宏场面，显示其驾驭文字的能力，曲折有致，有声有色。这些都使他们的史著产生更大的影响，有的篇章成为千百年来人们传诵的名作。

（2）民族史、地方史和域外史

三国两晋南北朝隋唐时期是民族重新组合的时期，五代辽宋夏金元时期是民族重新组合的又一个时期，元代是民族重新组合的大时代，其规模超过隋唐。在一定意义上说，元代的民族重新组合包含有世界性的因素。

这个时期的民族史撰述，按地区记进行述作，为主要形式之一，或记述一个地区的一些民族，或记述一个地区的主要民族而兼及其他民族。这是《史记》以来的传统。其次，有的史书以记少数民族政权为主，再及相关史事的，如《辽史》《金史》等。还有，是以时间为序的编年体史书，如《资治通鉴》用很多篇幅记少数民族史事。另外，是以历史事件为主的纪事本末体史书，如《通鉴纪事本末》按照历史大事分目，其中有的是记民族史事。典制体《文献通考》中的《四裔考》25卷，重点是记述境内少数民族的历史活动。

宋元时期关于正统论的争论，除涉及对各个地区建立的政权的看法外，也表现出对少数民族活动地区建立政权的态度。郑樵在《通志·总序》中，批评一些史家为争正统不惜歪曲历史，说："曹魏指吴蜀为寇，北朝指东晋为僭，南谓北为索虏，北谓南为岛夷……似此之类，历世有之。伤风败义，莫大乎此。"元朝修史由于对正统的看法有分歧，修史工作受到影响，迟迟不能展开。有的认为宋是正统，应当立帝纪，辽、金则入载记。有的主张辽、金为北史，宋朝从受周禅到靖康二年，为宋史；建炎以后为南宋史。议论纷纷，莫衷一是。元顺帝至正三年（1343年），右丞相脱脱奏请设局重修三史，决定宋、辽、金"各与正统"，各系其年号。至正四年三月《辽史》修成，十一月《金史》继成。次年十月，《宋史》成书，由继任右丞相阿鲁图进上。三史修成是民族史撰述上的一件大事。

契丹族建立的辽，女真族建立的金，《辽史》《金史》是记载他们活动的专书。党项族是羌族的一支，建立西夏，正史中没有西夏史，但是《宋史》有《夏国传》上、下卷，主要记相关的政治大事和夏宋关系。《辽史》以西夏跟高丽合为1卷，称《二国外纪》，主要记夏的习俗和辽夏关系。《金史》关于西夏的记述有1卷，主要记夏金关系。三书记载各有侧重，合起来看，西夏的活动以及西夏和宋辽金的关系得到较好的反映。记载契丹族活动的史书，还有署名为叶隆礼的《契丹国志》等。有关金的历史专著还有题名宇文懋昭的《大金国志》等。刘祁的《归潜志》和元好问的《壬辰杂编》，对于研究女真族的历史尤其值得重视。徐梦莘的《三朝北盟会编》250卷，记自徽宗政和七年至宋高宗绍兴三十二年（1162年）完颜亮失败这一段时间的宋金关系，"取诸家所说及诏、敕、制、诰、书、疏、奏议、记传、行实、碑志、文集、杂著，事涉北盟者，悉取铨次。"这部书有很高的史料价值，表达了徐梦莘的见识。此外宋人杂史、笔记中有很多内容是记载辽、金、西夏的历史材料。

南方民族，旧史称为"蛮"，包含南方许多民族，《宋史》有"蛮夷"4卷，大致为今天的湖北、湖南、四川、贵州、广西相毗连的苗、瑶、羌、壮、土家等民族地区，《宋史》的"蛮夷"4卷是关于当时南方民族比较详细的记载。范成大的《桂海虞衡志》等著作记录了南方民族的活动、风习文化等。

元好问、刘祁等都是有重要成就的史学家。署名宇文懋昭的《大金国志》及刘祁的《归潜志》等突出了历史兴亡总结的意识。

这一时期民族史撰述更为全面地反映出我国各族人民在国土开发上，在生产科学技术活动中，共同创造中国历史，各族人民为创造中国的灿烂文化做出了自己的贡献。这一时期民族史的撰述同样展示了各民族的关系有友好，又有斗争，民族的关系是曲折的。但总的说来，友好关系越来越发展，这是民族关系的主流。

宋代方志学的发展到了新的阶段。宋以前的地方志不出地理书的范畴。到了宋代，方志开始由"地理"扩充到人文、历史方面，人物志和艺文志在地方志中开始占有重要的地位。在体例方面，上承《史》《汉》的余绪，下为方志学的编纂学打下良好的基础。地方志的编纂是史学发展的一个重要方面。地方志是地方史，同时又是有重要价值的史料。元人修的正史中，有一些材料就是来自地方志的。研究宋代以后的历史，地方志是不可或缺的材料。

宋人编写的地方志流传下来的有30多部，有较高的质量。北宋宋敏求的《长安志》20卷是最早的一部。梁克家的《淳熙三山志》42卷，范成大的《吴郡志》50卷，罗愿的《新安志》10卷，罗濬的《宝庆四明志》21卷，元代潜说友的《咸淳临安志》100卷，袁桷的《延祐四明志》17卷等是地区性质的志书。

乐史《太平寰宇记》200卷、王存等《元丰九域志》10卷，欧阳忞的《舆地广记》38卷，以及《大元大一统志》1300余卷，是总志性质的著作。

《太平寰宇记》增添"人物"，又涉及"艺文"内容，这和唐以前的志书主要记载自然地理方面的内容相比，是一大变化，对后来地方志编修体例产生影响。

关于中外交通、域外史事的书，比较著名的有徐兢的《宣和奉使高丽图经》40卷，周去非的《岭外代答》10卷，赵汝适的《诸蕃志》2卷，周达观的《真腊风土记》1卷等书。

民族史、地方史、域外史反映中国中古时期边疆地区历史的发展。显示出边疆地区在封建化过程中又有不平衡的情形。有些书记载中外联系、交通，反映出中国历史不是孤立的进行。我们应该从中外联系的角度看中国历史的发展。书中对社会文化风习记载的重视，是一个重要特点。史学从不同的方面开拓自己的领域。

（3）宋元史学发展的三个阶段

宋元时期的史学发展可以分成三个阶段。

第一阶段为北宋时期。北宋时期经济发展，地主和农民封建身份的印记趋向淡化。为缓和社会危机，品官地主、富豪地主等各个地主阶层又联系又斗争，政治上出现改革和反对改革的斗争。政治经济的变化引起学术思想的变化。旧经学的烦琐注疏之学，严重地束缚了人们的思想。唐朝啖助、赵匡开始的疑古辨伪思潮，到宋仁宗庆历年间出现前所未有的新势头，成为一种学术风气，思想家根据自己的见解重新解说儒家经典，打破了学术上专己守残的弊病。这股疑古辨伪思潮是旧的传统的思想文化的危机，它为新的思想理论的产生开拓了道路。理学在这样的背景下兴起了。全祖望说"庆历之际，学统四起"，是指理学发展的迅猛。仁宗庆历前后，文化发展引人注目。

北宋史学的变化表现在以下几个方面：

①理学家关于《春秋》严名分等级和伦理道德观点的发挥，在史学领域内有反映。北宋时期的史学著作突出的是名教思想，主要是强调"君尊臣卑"的教条。欧阳修的史论和司马光在《资治通鉴》中写的"臣光曰"文字，都反映了这一点。

②史学求通观点得到发展。这里有不同情形，一种是以理、气说解释历史，贯通天人，打通天人间隔。另一种是贯通史事，思考历史盛衰问题。

③史书体裁的变化，比较明显的是编年体体裁史书的崛起。两汉以后，纪传体史书成为主要的史书体裁，编年体史书减少，呈现衰微的趋向。唐后期至宋代，一些史家辩论纪传体、编年体的优劣问题。北宋纪传体史书还在发展，而司马光《资治通鉴》是编年体的巨制，它的出现，标志着编年体史书进入一个新的发展阶段。

第二阶段是南宋时期。北宋灭亡，宋代原有的社会矛盾一个也没有解决。民族之间矛盾激化，上升成为当时的主要矛盾之一。理学经过一个阶段发展，更加系统化了。朱熹是理学的集大成者。孝宗乾淳之际是宋代文化发展又一个引人注目的时期。理学形成朱学、吕学、陆学鼎立的局面；史学出现众多大家与流派。

南宋时期史学反映这个时代的特征。当代史和民族关系史无论在数量上、体裁上，还是在内容上，都比北宋有较大的发展。记载宋金关系的史书很有特点。仅《建炎以来系年要录》所引的书籍，除《日历》《实录》以及《会要》以外，还有200多种，史学关心社稷存亡，关心历史前途，显示出史家的时代感。在史学思想上，思想家对历史、社会、人伦问题的思考，提高到哲学高度上。朱熹和陈亮的争论，朱熹和吕祖谦观点的分歧，反映出他们对历史过程认识上的差异，反映他们在对史学和社会关系、经和史关系看法上的区别。他们在对历史盛衰总结以寻求治理社会的途径上，意见不一致。同时，在如何治史上，各家的观点也不一样。

历史文献学上，南宋在北宋历史文献学的基础上又有所发展，这种发展表现在"博"和"洽"两个方面。史书体裁体例有一个较大的发展，纪事本末体史书、纲目体史书都在这个时期出现。史家很讲究书法、义例。最后，史学流派产生。南宋在一些地区，与理学发展相联系，出现一些具有特点的史学流派。如蜀中文献掌故之学，重文献收集、考证。新东史学渊源关系可追溯到吕祖谦的"婺学"。这派学风除重文献外，突出的是重史事、制度的研究，以为经世之用。其他如江西等地区史学家在治史上也有自己的特点。

宋元史学在南宋时期显示出多姿多彩，表现出开阔、雄浑、深邃的气象，在中国中古史学上以其生动的景象留下它的印迹。

宋元史学发展的第三阶段是元代。元代留下的史著，除宋末元初人马端临的《文献通考》外，没有开一代风气的史著。总的说来，史学领域比起前两个阶段相对冷落。但是某些方面，元代史学还是有发展的，前面我们已经作了说明。一是民族史书的编写比以前有发展，特别是用少数民族文字撰写的民族史著作。域外史的著述也值得重视。二是全国性的志书和省志的编修。三是典制体的官修著作也相当可观。四是前代史学巨著的刊刻。郑樵的《通志》、马端临的《文献通考》等卷帙浩繁的著作在元代刊刻流传，是史学史上的大事。最后，元人修的《宋史》《辽史》《金史》三部正史，在史学史上是有地位的。这三部史书在史料考订方面，在取材方面有缺点，受到后人的批评。三史作者的历史观点有消极、糟粕的东西，也有积极的因素，要具体分析。

2. 史学思想和历史文献学

（1）理学对宋元史学思想的影响

宋元时期史学思想的变化，是隋唐史学思想的继续和发展。史学家对历史和现实的思考，反映在史学思想上带有明显的时代特征。哲学上的变化，理学的产生，对宋元的史学思想产生多方面的影响，使这个时期的史学思想打上又一个鲜明的时代印记。而史学思想的发展对理学体系的完成，在一定程度上起了促进的作用。史学思想的斗争同当时的理学和反理学的斗争，同理学内部的分歧和斗争有密切的联系。

宋代理学家关于历史的认识是当时史学思想的一个组成部分。宋代史学家很多人在理学发展史上占有重要的地位，或者和理学有某种联系。这种既是史学家，又是理学家或者和理学有一定关联的二重属性，为宋代史学的变化带来不同的效应。欧阳修、司马光、范祖禹、苏辙、朱熹、吕祖谦、王应麟、黄震、金履祥等人的学术特征，在理学史上的地位，在《宋元学案》中说得清清楚楚。马端临，师承朱学的传人。郑樵有反理学的观点，同时又和理学有一定的联系，后人把有关的资料补收在《玉山学案》中，不很恰当，但他和一些理学家有联系，也是事实。

理学关于天人问题的探究，影响宋代史学求通的观点。邵雍说："学不际天人，不足以谓之学。"他著的《皇极经世书》把自然发展史和人类社会历史，作为宇宙发展总过程的组成部分，编排出从"开物"到"闭物"的具体行程。在这个宇宙变动的周期中，人类历史只占极小的区段。周敦颐作《太极图说》，王夫之认为这本书是"究天人合一之原"。张载以气化流行观点，说明人与生物同源，天人统一。二程认为理为宇宙根本，理支配自然变化，也支配社会历史变动。理的流行成为历史变动的原因，促使历史发生变化。朱熹进一步发挥这样的观点，并运用这样的思想指导写史书。

宋代修的许多古史，把人类历史记载大大提前。有的从盘古开辟天地写起；有的在历史"邃古之初"，首先论述理气的流行，再叙人类产生；有的古史首篇就是《太极篇》。贯通天人古今去写历史，成为一种风气。以天理名分思考历史的变动，是贯通古今的一种做法。

笼统说理学家轻视史学，这样的看法不妥当。理学反对先史后经，反对废经治史，反对把史学作为"记诵之学"。他们把史学作为"格物穷理"的一种手段，求历史盛衰之理，以为修身齐家治国平天下之用。程颐说：

凡读史，不徒要记事迹，须要识治乱安危、兴废存亡之理。且如读高帝一纪，便须识得汉家四百年终始治乱当如何，是亦学也。

历史兴废存亡之"理"，在程颐看来是支配社会盛衰变动的普遍法则，物极则反，事极则变，是万事万物变化法则，也是人类历史变化的法则。

理学家说的历史盛衰之理，是先验的天理，这种天理体现为封建纲常道德名分的教条，维系这种天理，社会才可以长治久安。二程说："父子君臣，天下之定理，无所逃于天地之间。""大纲不正，万目即紊。""名分正则天下定。"朱熹说："纲常千万年磨灭不得，只是盛衰消长之势，自不可已，盛了又衰，衰了又盛，其势如此。"人间君王适应变化，对一些制度可以作变通损益，但天理纲常是不能变动的。二程说稽古而不泥常，是指古代的东西可以为借鉴，但不能死守着框框不作任何变动。

关于历史过程的见解，理学家一般都是美化三代，宣称三代是天理流行的时代。二程说先王三代之世以道治天下，后世是以法把持天下，以智力把持天下，历史的发展是后世不如前世。程颐说："若举大运而言，则三王不如五帝之盛，两汉不如三王之盛，又其下不如汉之盛，至其中间，又有多少盛衰。"邵雍编造出历史循环说，他以元、会、运、世作为时间单位，一世三十年，十二世为一运（每运三百六十年），三十运为一会（每会一万又八百年），十二会为一元（每元十二万九千六百年）。元、会、运、世是四个层次的大小不同的周期，历史就在这些大小层次不同周期里循环着。中国历史在这个周期里的运动是向后倒退。他把中国历史分成皇、帝、王、伯（霸）四种情况，以皇、帝、王、伯（霸）和一年四季的春、夏、秋、冬相比附，说：

"三皇，春也；五帝，夏也；三王，秋也；五伯，冬也。七国，冬之余冽也。汉，王而不足。晋，伯而有余；三国，伯之雄者也。十六国，伯之丛者也；南五代，伯之借乘也；北五朝，伯之传舍也。隋，晋之子也。唐，汉之弟也。隋季诸郡之伯，江汉之余波也。唐季诸藩镇之伯，日月之余光也。后五代之伯，日未出之星也。"

邵雍的皇帝王霸说，从趋势上看历史在倒退。一个周期结束后，接着是新的周期开始。但历史不是简单地循环，三代而后，基本是伯（霸）道，但其中汉、唐有些异样。汉是"王而不足"，唐为"汉之弟"，比汉更逊色，可也不是"伯"。

邵雍把皇、帝、王、霸作为统治的一种特征。他认为，三皇以道行事，五帝以德行事，三王以功行事，五伯以力行事。皇帝王伯和道德功力相配合，构成一个系统。邵雍的这一套编造出来的理论，在北宋理学中显示出自己的特点，对宋代史学产生影响。胡宏、朱熹、张栻、黄震一直到马端临的父亲马廷鸾，他们编修史书，都程度不等地受到邵雍的影响。朱熹对历史过程的看法是直接继承、发挥了二程的见解。

理学家关于《春秋》褒贬义例的各自见解以及关于正统看法的分歧，直接影响史书的编纂。有的史家称辨正统，是"直欲还天理人心之正"。有的人称朱熹写的《资治通鉴纲目》的凡例，是"合天理之正，人心之安"。一些史评著作以理学的观点评判历史是非功过，讨论历史盛衰兴亡。范祖禹在《唐鉴》中的议论，受到程颐的称赞，称范祖禹的议论是三代以下的好文字，原因是范祖禹以"纯正"的天理来评论唐朝的史事与人物。

（2）史学思想的发展

从史学思想上看，宋元史学表现出它的深邃性、丰富性。北宋时期，宋元史学思想的几个主要问题提出来了，围绕这些问题不同的观点展开了争论。南宋时期史家思考深入了一步，把历史问题和社会问题的思考在哲理的高度上进行更加系统的讨论。元代的史学思想是承南宋的余绪而有所变化。

宋元时期的史学思想发展可以归结为：

——历史变化的原因是什么。

——历史变化的过程是怎样的，怎样看待历史的王道时期和霸道时期。

——史学的意义是什么。这又涉及经和史关系的问题。历史研究的目的是什么，史学通过什么样的途径对社会产生作用。

北宋时期史学思想突出的是名教思想，强调名分等级，认为这是历史和社会的根本问题。司马光说："夫礼，辨贵贱，序亲疏，裁群物，制庶事，非名不著，非器不形；名以命之，器以别之，然后上下粲然有伦，此礼之大经也。名器既亡，则礼安得独在哉！"名分紊乱，礼制即崩溃，则天下大乱。这是司马光思考历史兴衰的主要观点。

和司马光不同的是王安石。王安石的思想还是要维护封建统治，但他不认为祖宗规定的一套等级制不能作变动，先王的法规是可以改变的。他赞成"三不足"的话。这"三不足"的内容是：天变不足畏，祖宗不足法，人言不足恤。对先王之政，只能"法其意"。王安石提倡《周礼》，不过借《周礼》之名，以行更革制度之实，他指出不能死守先王的礼制，说："以所观乎今，考所学乎古，所谓见而知之者。"

王安石反对灾异论，说：

"然则世之言灾异者，非乎？曰：人君固辅相天地以理万物者也，天地万物不得其常，则恐惧修省，固亦其宜也。今或以为天有是变，必由我有是罪以致之；或以为灾异自天事耳，何豫于我？我知修人事而已。盖由前之说，则蔽而葸；由后之说，则固而怠。不蔽不葸、不固不怠者，亦以天变为已惧，不曰天之有某变必以我为某事而至也，亦以天下之正理考吾之失而已矣。此亦'念用庶证'之意也。"

他认为灾异发生不是人事引起的，只有这样的认识，才是"正理"。

用历史事实附会灾异现象，是"妄诞"的做法，他说："臣等伏观晋武帝五年彗实出轸，十年轸又出孛，而其在位二十八年，与《乙巳占》所期不合，盖天道远，先王虽有官占，而所信者，人事而已。天文之变无穷，人事之变无已，上下傅会，或远或近，岂无偶合？此其所以不足信也。……裨灶言火而验，及欲禳之，国侨不听，则曰：不用吾言，郑又将火。侨终不听，郑亦不火。有如裨灶，未免妄诞，况今星工，岂足道哉？所传占书，又世所禁，誊写讹误，尤不可知。"王安石以"天文之变无穷，人事之变无已"的道理驳斥灾异论的"傅会"之讹误。这是宋代的史学思想一个大发展。

王安石主张学习各个方面的知识，说："故某自百家诸子之书，至于《难经》《素问》《本草》、诸小说，无所不读；农夫女工，无所不问，然后于经为能知其大体而无疑。盖后世学者与先王之时异矣，不如是不足以尽圣人故也。"王安石说过自己从史书中总结真宗澶渊之战的教训，体会到在边事斗争上要果断坚决。有一种观点认为王安石轻视史学，这至少是不全面的看法。王安石对知识的理解，和宋代主张史学致用的观点，从根本上说，在精神上是相通的。

南宋朱熹和陈亮关于王霸义利之辨，从天理、人欲的角度谈历史过程问题。朱熹认为是"道"支配历史，贯穿历史，对汉唐之君以存天理的要求去衡量，是不纯正，弥漫在整个社会中的是"利"与"欲"，只是有时"培合"义理。就整个社会中的历史来看，"三代专以天理行，汉唐专以人欲行"。朱熹认为"义"和"利"两者不能两立。陈亮反驳朱熹，说：

"自孟、荀论义利王霸，汉唐诸儒未能深明其说。本朝伊洛诸公，辨析天理人欲，而王霸义利之说于是大明。然谓三代以道治天下，汉唐以智力把持天下，其说固已不能使人心服；而近世诸儒遂谓三代专以天理行，汉唐专以人欲行，其间有与天理暗合者，是以亦能长久。信斯言也，千五百年之间，天地亦是架漏过时，而人心亦是牵补度日，万物何以阜藩，而道何以常存乎？故亮以为：汉唐之君本领非不洪大开廓，故能以其国与天地并立，而人物赖以生息。"

陈亮对"伊洛诸公"至朱熹的理学家的历史观点提出批评，认为二程的关于三代以道治天下、汉唐以智力把持天下的观点，已经不能使人信服；朱熹进而说"三代专以天理行，汉唐专以人欲行"，更是错误的。陈亮指出，治理社会，可以"王霸并用，义利双行"。在这场辩论中，陈亮坚持世界和历史的客观性质，论说历史过程发展是一贯的，不能把历史打成两截。其二，不能认为后代都不如古代，后代汉唐之君"本领非不洪大开廓，故能以其国与天地并立"。历史是向前发展的。其三，义、利不是绝对对立的，王道、霸道可以并用。陈亮虽然没有否认"天理"，但他说的"道"已经不是理学的"天理"概念所能涵盖的。他坚持历史过程前后联系的认识，坚持历史进步的观点，坚持义与利双行的思想，在宋代史学思想的领域里，显示出具有战斗性的品格。

郑樵提出"会通"观点，反对把历史过程割裂开来，但是历史究竟是怎样的过程，他没有说明。马端临把古今制度变化作为一个连续过程看待，指出"反古实难"，在这一方面，他的思考更深入了一步。

宋元时期关于史学工作作用的看法，可以概括为三种观点。第一种看法认为从历史的兴衰变化上，总结出可以借鉴的治道来，这可以称为"资鉴"的观点。第二种主要是理学家的看法，认为要从历史盛衰中总结盛衰之"理"，以历史证明天理万古常存；以"理"去"格君心之非"。使人君排除不合天理的杂念，按天理行事。史学是格物致知、认识天理的手段。第三种是从历史盛衰大势中，从历代典章制度得失中，总结认识，作为经世之用。陈亮的事功之学，叶适的经制之学，在史学致用上显示出自己的特色。吕祖谦集合事功、经制之学，在这个问题上有自己的看法。吕祖谦认为，学习历史最重要的是寻求历史变化的原因，说："看史须看一半便掩卷，料其后成败如何。其大要有六：择善、警戒、闻范、治体、议论、处事。"史学的作用很大，他说："文武周公之泽既竭，仲尼之圣未生，是数百年间，中国所以不沦丧者，皆史官扶持之力也。""春秋之时，非有史官司公议于其间，则骨戕胥虐，人类已灭，岂能复待仲尼之出乎？"吕祖谦重视史学，抬高史官的地位，反映出吕祖谦学术的特点之一。他对史官作用的评价太过分了。但是程朱贬抑史学为理学之附从，吕祖谦和他们相比较，是一个鲜明对照。

吕祖谦写《大事记》，不纠缠于凡例，兴趣在议论历史盛衰大势。他的《历代制度详说》和其他作品，对历代的选举、学校、赋役、漕运、盐法、酒禁、钱币、荒政、治河、田制、屯田、兵制、马政、刑法及政事等制度作考察。吕祖谦兼有事功之学与经制之学的特点，加上中原文献之学的家学传统，形成他独具特色的经世致用的史学。由吕祖谦等人开创的这种学风为后人继承、发扬，形成一种流派，即浙东史学。浙东史学重文献、重史学的经世致用，溯其源流，吕祖谦的学术当是一个源头。

（3）历史文献学的发展

宋元时期历史文献学比前一时期有显著的发展，可以归结为两个方面，一是历史文献学各个方面的成就，一是历史文献学工作的方法和理论。

历史文献学的发展表现在各个方面。第一，文献研究的范围扩大了。宋人重视金石材料的整理、收集。金石材料开始被运用到考订历史事实上，金石学出现了。欧阳修的《集古录》和赵明诚的《金石录》是这方面的代表著作。古代考古文物的研究也出现新的局面。第二，目录学分成两派。一派是对书籍进行分类，注录书名、作者姓名和卷数，有时还注出存、佚。这是《汉书·艺文志》《隋书·经籍志》延续下来的传统。《旧唐书·经籍志》和《新唐书·艺文志》是按照这个传统编写的。《通志·艺文略》简单著录书名等，但分类上跟过去不同。另一派是对注录各书的内容加以论述。汉刘向的《别录》使用的就是这种方法。宋人使用这样的方法写出目录方面的著作较多。晁公武的《郡斋读书志》、陈振孙的《直斋书录解题》、马端临的《文献通考·经籍考》，都是这样写的。第三，类书和丛书的编纂。类书前代就有，它是抄辑有关书籍中的材料，按照拟定的门类（或按类，或按字或按韵）加以编次，便于后人查阅。宋代大型类书很多，如《太平广记》《太平御览》《册府元龟》和王应麟的《玉海》等。丛书是按照一定要求，将前人的有关著作汇集刊刻，供人研究。丛书是宋代才开始出现的，如俞鼎孙、俞经的《儒学警悟》，左圭的《百川学海》。大型文集的编辑是我们要注意的，如《文苑英华》1000卷，姚铉《唐文粹》100卷、吕祖谦《宋文鉴》150卷，还有元苏天爵的《元文类》等。

以上就文献的收集、整理的方面谈宋元历史文献学的成就。

在考订、辨讹文献方面，宋元历史文献学在这方面的成就也相当突出。

第一，刊误和纠谬的专书出现。刊误，主要指订正书籍中的讹误。刘敞作《两汉书刊误》，吴仁杰作《两汉书刊误补遗》。纠谬，是纠正史事记载中的错误或指出记载中的矛盾。如吴缜的《新唐书纠谬》和《五代史记纂误》。这两部书是纠正欧阳修、宋祁等人写的《新唐书》和欧阳修写的《五代史记》中的文字错误或史事记载上的错误。李心传的《旧闻证误》和洪迈的《容斋随笔》、王若虚的《史记辨惑》《新唐书辨》及沈括的《梦溪笔谈》中都有刊误、纠谬的内容。

第二，考异的专书也出现了。考异是参考多种记载，辨正谬误，择其可信，专为一书，以明去取之故。著名的作品是司马光的《资治通鉴考异》。朱熹有《楚辞考异》《韩文考异》在校订异文、比勘版本等方面，很有特点。

第三，辨伪形成一种风气。王应麟引陆游的话，说明当时辨伪的情况："唐及国初，学者不敢议孔安国、郑康成，说圣人乎！自庆历后，诸儒发明经旨，非前人所及，然排《系辞》，毁《周礼》，疑《孟子》，讥《书》之《胤征》，黜《诗》之《序》。不难于议经，况传注乎！"疑《易》之系辞及《文言》《序卦》《说卦》《杂卦》非孔子所作有欧阳修。疑《周礼》并非"周公致太平之书"，说这本书系后人伪作，持这类观点的有苏轼、苏辙、胡宏及洪迈等。疑《左传》，以为左氏非丘明者，乃六国时人，王安石是这样认识《左传》的。疑《孟子》、非难孟子之言，有李觏、司马光。疑《诗序》有晁说之、欧阳修、王柏、郑樵、朱熹。疑《孔传》始于吴才老（吴棫），继之者为朱熹。刘敞《七经小传》一直至元人吴澄，疑经惑古形成一种风趋。这些可以说是开了清人考辨文献的先声。此外，汪应辰不信《孝经》，叶适不信《管子》《晏子》。欧阳修、朱熹在辨伪上作了突出的成绩。辨伪的情形不一样，要作具体分析。有的是求实精神在治学中的反映；有的疑经却是为尊经，认为经书有的内容或者后儒解经的内容中，有的不合天理的原则，因此便论定这些不是圣人之作。但总的说来，宋代辨伪的规模是以前不曾有的，是历史文献学的发展。

第四，古籍的注释。宋代前期文献注疏，基本还保留了汉人章句训诂的经学疏解形式，南宋光宗时合刊本《十三经注疏》，实际是在宋仁宗以前完成的。宋代邢昺、孙奭的注疏再加上前人的工作，《十三经注疏》各个部分都完成了。文献注释工作在庆历年间发生一大变化，打破了"疏不破注"的教条。南宋朱熹的《四书集注》，着重在阐发义理，一改烦琐的学风。胡三省的《资治通鉴注》是史注中有成就的代表作。

胡三省（1230—1302 年），字身之，又字景参。有人说他"释《通鉴》三十年"。事实上，他父子两代都从事这一工作。胡三省去世前，还在对《通鉴注》加工、修改。他注《通鉴》，把训解名物制度，考订史事，补充阙遗，训释文字，评论历史和抒发情感，结合为一。

最后是历史考据的成就。在这方面，王应麟的《困学纪闻》20 卷是很有成就的著作。书中考史的占 7 卷，其余部分和考史都有一定的关系。此外他还著有《汉书艺文志考证》《汉制考》《通鉴地理考》《通鉴答问》《通鉴地理通释》及《玉海》等著作。他继承吕祖谦的学术传统又有发展。

章学诚说王应麟，"搜罗摘抉，穷幽极微，其于经传子史、名物制数，贯串旁骛，实能讨先儒所未备"。梁启超说："宋王应麟《困学纪闻》，为清代考证学先导，故清儒甚重之。"有人把讲义理的学问叫"宋学"，把讲考据的学问叫作"汉学"，这是不确切的。其实，汉朝人何尝不讲义理，宋朝人又何尝不讲考据。宋人的考证之学与清代考据学有着直接的联系。

这个时期历史文献学贡献较大的，要推郑樵和朱熹。《通志》中的《艺文略》《校雠略》《金石略》和《图谱略》四略，集中反映出郑樵历史文献学的成就。《艺文略》提出新的图书分类方法，《金石略》和《图谱略》对图谱和金石材料的价值作了论述。《通志》卷71的《校雠略》中有《编次必谨类例论》《书有名亡实不亡论》《见名不见书论》《阙书备于后世论》《亡书出于后世论》《求书遣使校书久任论》《求书之道有八论》《不类书而类人论》《编次有叙论》等69篇。这些篇目，说明搜求文献的方法、搜求文献的组织和保存文献的相互关系，特别是他提出"类例"的方法，对后世很有影响。他说：

善为学者，如持军治狱，若无部伍之法，何以得书之纪；若无核实之法，何以得书之情。

类书，犹持军也。若有条理，虽多而治，若无条理，虽寡而纷。……类例既分，学术自明，以其先后本末具在。

郑樵所说的"类例"，不是形式上简单分类，要在明"本末""源流"的基础上。即从学术自身联系上区分条理，也就是章学诚说的："郑樵氏兴，始为辨章学术，考镜源流。"类例也不是粗疏分类，郑樵说："凡编书惟细分难，非用心精微则不能也。""类例不患其多也，患处多之无术耳。"

朱熹在历史文献的研究和整理上，有求实的精神。他把《周易》经、传，区分为伏羲之易、文王之易和孔子之易，这推论并不符合历史实际，但区分的方法是有历史观点的。对于《尚书》，他看出古文和今文的不同，觉察到有可疑之处。他认为《诗经》中有许多是情诗。《诗序》作者编造各种臆说，曲解《诗》，以宣扬纲常伦理教条，进行美刺褒贬。郑樵对这些进行揭露，说《诗序》的话信不得，《诗序》是村野妄夫所作。朱熹肯定郑樵的见解。

总之，宋代历史文献学的发展上承隋唐，下启明、清。在这方面，宋代学者的成就既是独到的，又是开阔的。

第三讲　历史学大家及其传世之作

1. 欧阳修的史学成就

(1)　《新五代史》和《新唐书》

欧阳修生活在北宋政局动荡年代里，处在中国中古学术风气大变化的时代，他是宋代开风气的一位大史学家，在史书编纂学、历史文献学等领域内，都有开拓性的成就。欧阳修是宋代大文学家，他的文学主张和文学风格在历史文学领域内显示出独有的魅力。对他的学术思想，苏轼有一段话，说："其学推韩愈、孟子以达于孔氏，著礼乐仁义之实以合于大道。其言简而明，信而通，引物连类，折之于至理，以服人心。""合于大道""折之于至理"，在欧阳修对历史的议论上，可以清晰地看出来。

欧阳修字永叔，吉州永丰（今江西）人，生于宋真宗景德四年（1007年），卒于宋神宗熙宁五年（1072年）。欧阳修家境贫寒，《宋史》本传说他，"四岁而孤，母郑守节自誓，亲诲之学，家贫，至以获画地学书"。他早年立下了发展儒说的志愿。其交游中有尹洙、梅尧臣、吕夏卿等。这样一批人有共同的志趣，形成一个派别，主张革新政治。在文化上，他们是宋代古文运动中坚力量，不少人尤长于史，如尹洙之于五代史，吕夏卿之于唐史。欧阳修因为支持范仲淹改革，同宋朝权臣抗争而遭受打击，先后贬至夷陵、滁州、扬州、应天府、青州、颖州、蔡州等地为地方官。欧阳修一生政坛上的沉浮，学术上的争议，是社会矛盾的折光。

欧阳修晚年退居颖州，自述生平，说："吾生本寒儒，老尚把书卷。眼力虽已疲，心意殊未倦。正经首唐虞，伪说起秦汉。篇章异句读，解诂及笺传。是非自相攻，去取在勇断。初如两军交，乘胜方酣战。当其旗鼓催，不觉人马汗。至哉天下乐，终日在几案。""自从中年来，人事攻百箭……买书载舟归，筑室颍水岸。平生颇论述，铨次加点窜。庶几垂后世，不默死刍豢。"这形象地说明他的学术风格与追求。

《新五代史》74卷，开始编修的时间，当在欧阳修被贬为夷陵县令之前。完稿大约在嘉祐五年（1060年）。《新五代史》是欧阳修私人修的一部正史，但尹洙对这部书的撰修也有贡献，只是尹洙早逝，未及完篇。尹洙曾与欧阳修编写《十国志》，讨论修《五代史》事，他所作的《五代春秋》保存在他的文集《河南先生文集》中。

由刘昫奏上的《唐书》前半部大抵抄实录，穆宗以后的部分史料缺乏，因此很多是采野史传说而修，这部书缺失很多，"纪次无法，详略失中，文采不明，事实零落"。庆历五年，仁宗诏修《唐书》，王尧臣、张方平、余靖、宋祁为同刊修官，曾公亮、范镇、宋敏求为编修官。皇祐元年，宋祁为刊修官。至和元年（1054年）欧阳修任刊修官。嘉祐五年《新唐书》225卷修成。《新唐书》的列传150卷是宋祁写的。本纪和志、表的序文出自欧阳修的手笔。

在史料的考订、选择上，在史书编纂上，《新唐书》《新五代史》和《旧唐书》《旧五代史》相比有很多优点。

第一，《新五代史》和《新唐书》晚出，有关五代、唐代的史书、文献显著增多，因此在材料上，新书有条件胜过旧书，加之欧阳修有见识，是文字高手，新书删削旧书的浮词和不实的材料，行文简严，篇幅大大节省，但这方面的成绩不能夸大。新书有的地方文字精简了，但文意不明，史事经过叙述不详。司马光的《资治通鉴》的唐代部分多取《旧唐书》就是一个很好的说明。二书在史实上，仍有不少错误，吴缜作《五代史记纂误》《新唐书纠谬》是为刊正二书中的错讹与不当。

第二，在史书编纂上，首先，欧阳修恢复表谱的传统。《史》《汉》以后，纪传体史书中立志谱的传统中断了。欧阳修在《新五代史》立《十国世家年谱》，在《新唐书》中立了《宰相表》《方镇表》《宗室世系表》。

其次，《新唐书》中增加了《仪卫志》《选举志》《兵志》。《地理志》尤重沿革、物产和水利的记述。《食货志》《天文志》《历志》《艺文志》与旧志相比，内容更丰满了。《新五代史》中的《司天考》《职方考》不拘成例，《司天考》为志书，《职方考》实为表志合一的体例。

再次，《新五代史》合五代十国为一书，实为通史性质之著作。十国入《世家》是一种见解，也是处理材料的一种手段。欧阳修大量采用专传的办法来记载这一历史时期中的人物事迹，专传于归纳中有贯通。《新五代史》把头绪纷繁的纷争年代的史事，错落有致地反映出来，很有章法。欧阳修写的《新五代史》问世后，薛居正的《旧五代史》不久散佚了。现在的《旧五代史》是四库馆臣从《永乐大典》中辑佚出来的。

最后，《新五代史》中有3卷《四夷附录》，其中2卷记契丹的兴起史，反映欧阳修重视民族史的记载，但也反映出欧阳修民族思想上有偏见的地方。在论契丹等少数民族的兴衰，论战争变化屈伸之机要，并且通过契丹对胡峤说的话，说明后晋失败原因是"主暗而臣不忠"，这些观察历史的地方有可取之处。

欧阳修写史事，着重于总结盛衰，讲惩恶劝善，但并非搞字字褒贬。徐无党注《新五代史》，发明其中字字褒贬的义例。应该说，这不完全符合欧阳修的思想，不能把徐无党的观点等同于欧阳修的观点。欧阳修认为搞字字褒贬的春秋笔法，是"妄意圣人而惑学者"。在欧阳修看来，《春秋》是"正名以定分，求情而责实，别是非，明善恶，此《春秋》之所以作也"。"《春秋》辞有同异，尤谨严而简约，所以别嫌明微，慎重而取信。"后儒解说《春秋》，"皆以名字氏族与夺为轻重，故曰一字为褒贬"，是不合实情；有些义例也是荒谬的。

编修《新五代史》涉及对正统的看法。薛居正写《旧五代史》的同时，宋仁宗又命李昉等编次前世年号。李昉等以梁为"伪"，既是"伪"，作史当然不能为梁帝作"本纪"，所谓"五代"亦无从说起。这直接影响到史书的结构。

欧阳修总的看法是：不能把梁看作"伪"政权，但梁也不是正统。在他看来，正统的争议不断，是由三个方面的问题造成的，一是作史者出于私心。南北朝，修史者各有私心，论其朝代必列入"统"。二是以五行运转来解说哪些朝代为正统。这也是私心，不过是带上了神秘的色彩。三是认为"统"是续而无断，正统是前后相接，中间不能有中断的时候。欧阳修认为，"正统"是"王者，所以一民而临天下"。修史应当"其实尝为君矣，书其为君。其实篡也，书其篡"。"不没其实"才能深得《春秋》之意。正统有几种情况，有居天下之正，合天下于一，如尧舜夏商周秦汉唐；有不得其正，卒能合天下于一，如晋、隋。即使在乱世，但能奋力而起，有功有德者又能合天下于一，虽然是大且弱者，也可以说是正统，这在道理上能说得过去。正统有续有绝，欧阳修认为宋以前的中国历史的正统三绝而复续。自尧舜，历夏商周秦汉后是一绝，晋以后是二绝，隋唐后是三绝。因此，梁虽不得为正统，但其国不能视为"伪"。基于这种看法，《新五代史》依旧为五代之君立本纪。欧阳修认为正统是"王者，所以一民而临天下"，同时对正统的接续提出灵活的看法，在宋代正统的争议中，他的意见较为平实、变通。

在天人关系的认识上，欧阳修的史学思想具有折衷主义的特点，批评了灾祥理论、谶纬学说，又不完全否定天人感应说。

欧阳修在《新五代史》《新唐书》中，开始用"天理""人理"解释历史变化的原因，《新五代史·晋家人传》把"三纲五常"称之为"人理"。天理、天道支配历史变化，而天理、天道又是人理的反映。《伶官传序》说："盛衰之理，虽曰天命，岂非人事哉。"用"理"总结历史盛衰，在欧阳修那里还只是开始，但却预示宋代史学思想要发生变化。

（2）开风气的历史文献学工作

欧阳修在历史文献学领域内的成就是多方面的，有些工作对转变学术风气至关重要，有些工作开拓了文献学的领域。在疑古辨伪上，欧阳修既有勇气、信心，又是在扎实的基地上发难的。在金石学上，他沉潜金石文物，开拓金石考史的路数。在修史中，欧阳修对历史事实考订有其独到之处。他参加《崇文总目》的编修。《崇文总目》是朝廷组织编修的书目，欧阳修为《总目》写的《叙释》，反映了他的文献学见解。欧阳修在文献学上做出了自己的贡献。

①疑古辨伪。《周易》有两部分，一部分是所谓"经"，指卦辞，包括卦形、卦名和爻辞，包括爻题。另一部分是所谓的"传"，被认为是解"经"的。《易传》共有10篇，即象上，象下，象上，象下，文言，系辞上，系辞下，说卦，序卦，杂卦。这10篇被汉人认为是《易经》的羽翼，因而称为"十翼"。传统的看法认为它是孔子写的。

欧阳修写《易·童子问》3卷，指出《系辞》以下的《易传》不是孔子写的。《系辞》的解说"繁衍丛脞而乖戾"，不可能出于孔子一人之手。有的解释前后矛盾，有的两三种说法自相抵牾，有的阐释不合人情事理，有的地方明显是后世学者为尊崇这本书说的话，"务为其说以神之，至其自相乖戾，则曲为牵合而不能通也"。《文言》等的"子曰"，不是孔子说的话，是后代经师解《易》的语言。《系辞》等是解释"经"的，自不成问题，但不可以说它是圣人所作。

《周礼》一书，后代学者批评很多，认为这本书是周代典章制度的材料，是不能相信的。欧阳修赞成这种看法。《周礼》规定那样繁杂的条文，如何执行，古时治理的办法怎么会烦琐到这样地步？秦建立后，去除古制。汉朝基本上沿袭秦制，只对其中作了一些损益。那么，《周礼》那一套为什么没有传承下来呢？王莽行《周礼》，导致社会大乱，为什么反不如秦制？因此，《周礼》值得怀疑。这些是欧阳修在《问进士策》中提出来的问题。欧阳修对于《诗》的毛亨、郑康成解说有疑问，认为二家的解说有许多失误，对《诗序》也提出怀疑。

欧阳修认为《孟子》中有些记载不可信。如关于舜的"涂廪浚井"一事的记载，"不载于六经，不道于孔子之徒"，只有孟子之徒谈论。其初，这些记载没有人追究，时间一久，当成是事实了。

关于《史记》的世系，欧阳修将它和《尚书》《孟子》、孔安国、皇甫谧诸书作比较，得出结论："参考其寿数长短，而尤乖戾不能合也。"

在这些辨伪中，欧阳修考之于史实，参之以它书，论以情理，辨其谬妄，他的辨伪方法有很多值得肯定的东西。

欧阳修竣为客观地对儒家经籍进行分析，指出后儒解释中的错谬，批评了那些曲解臆说。这对当时学术风气的转变起了重要的作用。

②金石学。欧阳修对三代以后的金石铭刻的收集与研究，是他的学术事业中一个十分重要的方面。他自述治金石的经历，说：

"余在河溯，不能自闲，尝集录前世金石之遗文，自三代以来古文奇字，莫不皆有。中间虽罪戾摈斥，水陆奔走，颠危困踣，兼之人事，吉凶忧患，悲愁无聊，仓卒未尝一日忘也。盖自庆历乙酉逮嘉祐壬寅，十有八年，而得千卷。顾其勤至矣。然亦可谓富哉！

在治金石学上，欧阳修首先是网罗广泛，兼收并蓄。上自周穆王以来，下更秦汉隋唐五代，外至四海九州名山大泽，穷崖绝谷、荒林破冢、神仙鬼物和诡怪所传，都在搜集之列。其次，搜集、整理与研究结合为一个整体。搜集金石，随得而录，撮其大要别为录目，"载夫可与史传正其阙谬者，以传后学"。

欧阳修治金石的旨趣在以金石与史传相参验，证史家的阙失。金石学成为史学的一个部门。《集古录跋尾》一书表明欧阳修以金石与史文参验，以金石证史取得了重要的成绩。以史书中史文记载，考鼎铭碑刻的作者、制作年代与内容，也以金石文字补史传缺漏，订正史文中的讹谬。历史上的典制说明不清楚的地方，有关金石文字成了阐释的根据。前世风俗文化、人物姓氏名字，在史书中交代不全者，碑刻往往有很好的说明。欧阳修深感"史官之失以惑后世者"，要以金石上的记载纠正"史家阙缪"，其考订有成效，他说："余于《集录》正前史之阙缪者，多矣。"金石成为专门学问，欧阳修的贡献是很大的。

③目录校勘。宋仁宗景祐元年，欧阳修任馆阁校勘，预四部书目。康定元年（1040 年）由夷陵返京后，充馆阁校勘，修《崇文总目》。《崇文总目》是宋仁宗时朝廷组织编修的书目。景祐元年诏张观、宋祁审录修订三馆及秘阁藏书，后命王尧臣、欧阳修写成书目，赐名《崇文总目》。收录在《欧阳修全集》中的《崇文总目叙释》反映欧阳修的文献学思想。

《叙释》对 29 类文献著作作了解说，是提要性质的文字。

《叙释》叙学术源渊流变，《易》《论语》分为三，《诗》分为四，《礼》分为二，《春秋》分为五家，各派学术兴衰变动、至宋尤有影响者的来龙去脉，缕述清晰。论述各家之说，较其短长，尤有所见，如论《周易》之作，指出"时更三圣，世历三古，虽说者各自名家，而圣人法天地之缊则具存焉"。论《诗》学四家，说：

> 三家并立学官，而毛以后出，至平（一作章）帝时，始列于学。其后马融、贾逵、郑康成之徒，皆发明毛氏，其学遂盛。魏晋之间，《齐》《鲁》之诗废绝，《韩》诗虽在而益微，故毛氏独行，遂传至今。韩婴之书，至唐犹在，今其存者，十篇而已。……至于考《风》《雅》之变正，以知王政之兴衰，其善恶美刺，不可不察焉。

《叙释》论诸子，儒家自孔、孟、扬、荀之后，"历世诸子，转相祖述，自名一家；异端其言，或破碎于大道。然计其作者之意，要之孔氏，不有殊焉"。论道家，认为圣人南面之术，"不可易也。至或不究其本，弃去仁义而归之自然，以因循为用，则儒者病之"。法家"辨职分，辅礼制，于王治不为无益。然或狃细苛，持刻深，不可不察者也"。论名、墨、纵横、农、小说、兵，各有见解。

《崇文总目叙释》继承《汉志》的辨章学术、考镜源流的传统，又得《庄子·天下篇》、司马谈《论六家要指》的精义；较之于同时代的书目，虽有不少缺失，受到学者批评，但确有其长。

欧阳修重视版本校雠。他自谓对《韩昌黎先生文集》潜心研究，搜罗各种版本，30年间，孜孜以求。少时得其6卷本，仕进前后，研读得其所得；中进士后"出所藏《昌黎集》而补缀之，求人家所有旧本而校定之"。他又说："《集本》出于蜀，文字刻画，颇精于今世俗本，而脱缪尤多。凡三十年间，闻人有善本者，必求而改正之"。求众本以校雠，论刻本而注重文字内容，以雠校所得，为倡道之需要。可见在校雠上，他也不同于学无所归的从事校雠的学者。

欧阳修修《新五代史》《新唐书》，在材料的考订上同样做了很多工作，论及后唐的世系姓氏，看到"世久而失其传者多矣"，这样的失误，原因很多，不仅仅是史官的责任。有些史料一时无法断其真伪，只能存疑。他说："史之阙文，可不慎哉，其疑以传疑，则信者信矣。"存疑与传信，是一个事情的两个方面。

（3）历史文学上的主张和成就

苏轼在《居士集序》中说欧阳修"论大道似韩愈，论事似陆贽，记事似司马迁，诗赋似李白，此非予言也，天下之言也"。这段话包括了对欧阳修在历史文学方面的肯定。"记事似司马迁"的评语，指明欧阳修在史传文学上的风格与特点。

欧阳修在《代人上王枢密求先集序书》中谈到三个方面的问题：事信、言文、载大。这三者的内容、相互关系和史传文重视这三者的意义，欧阳修解释说："言之无文，行而不远。君子之所学也，言以载事，而文以饰言。事信言文，乃能表见于后世。""故其言之所载者大且文，则其传也章；言之所载者不文而又小，则其传也不章。"

《论尹师鲁墓志》可以看作是欧阳修论史传文学的重要作品之一。《居士集》中的《尹师鲁墓志铭》一文，从史的角度，评价传主尹洙。在《论尹师鲁墓志》文章中，欧阳修解释自己写作的立意，进而提出史传文写作"意特深而语简"的要求，主张叙传主行历，要有重点，"其事不可遍举，故举其要者一两事以取信"。这与刘知幾说的"尚简""用晦"含意相类似。

清人赵翼比较新旧《唐书》与新旧《五代史》后说："不阅《旧唐书》，不知《新唐书》之综核也。不阅薛《史》，不知欧《史》之简严也。"这也是从史文上对欧阳修的肯定。赵翼仔细对《新五代史》的传赞议论文字作了一番分析，说："欧《史》纪传各赞，皆有深意。"又说："欧《史》无一字苟作。"

2. 司马光和《资治通鉴》

（1）《资治通鉴》的编修

司马光，字君实，号迂叟，陕州夏县（今属山西）涑水乡人，生于宋真宗天禧三年（1019 年），卒于宋哲宗元祐元年（1086 年），时年 68 岁。

司马光一生经历大致可分为五个时期。20 岁以前，是读书求学时期。司马光自幼年起，爱读史书，据《三朝名臣言行录》记载，司马光 7 岁听《左传》，咏其文，思其义。

第二个时期从 20 岁至 45 岁，即从仁宗宝元元年至仁宗嘉祐八年（1038—1063 年），司马光入仕途，开始修史活动。20 岁中进士甲科，以奉礼部郎为华州推官。为事亲，改签苏州判官事。父母相继去世，司马光服丧 5 年，闭户读书，著有《十哲论》《四豪论》《贾生论》《机权论》《才德论》《廉颇论》《龚君实论》《河间献王赞》等及史评 18 首。后来《资治通鉴》中"臣光曰"，不少是吸收了这些议论文字。

宋仁宗庆历四年（1044 年）服除，任武成军判官，改大理评事，补国子直讲，被荐为馆阁校勘，同知礼院，后改直秘阁，开封府推官，修《起居注》。立宋英宗有功，为天章阁待制兼侍讲，知谏院。

仁宗庆历年间，宋代学术风气发生变化。司马光写《疑孟》不是否定《孟子》，从根本上说还是为推崇《孟子》。他也反对章句之学，时代思潮在他思想上打下了烙印。

司马光出身官宦世家，其父司马池任地方官，后累迁尚书兵部员外郎，擢天章阁待制。司马光的仕途较为坦荡。在宋代品官地主阶层中，司马光的身份有其特异的地位，强调名门等级的观念在他的思想上是一大特征。

第三个时期是司马光45岁至49岁，即英宗治平元年至英宗治平四年（1064—1067年），可以说这是司马光修《资治通鉴》的准备时期。他作《历年图》5卷，上起战国，下迄五代的大事年表。又作《通志》8卷，起周威烈王，迄秦二世三年。治平元年进《历年图》，今佚。治平三年（1066年）四月，司马光在进《通志》后，受诏编辑《历代君臣事迹》。次年，宋神宗即位，司马光进读《通志》。宋神宗认为这部书是"鉴于往事，有资于治道"，赐名为《资治通鉴》，并且为这本书作序。

可以看出，《资治通鉴》的轮廓规模及指导思想已经确立。

第四个时期是司马光50岁至67岁，即宋神宗熙宁元年至元丰八年（1068—1085年）。司马光反对王安石变法。熙宁三年（1070年），他被拜为枢密副使，但六上札子，固辞。同年秋，司马光以端明殿学士知永兴军，徙许州。次年，改判西京御史台，归洛阳。这是闲差事，司马光"自到洛以来，专以修《资治通鉴》为事"。《资治通鉴》编写还是和他对新法的态度有关系。书中不少议论也是司马光的政治主张。

元丰七年（1084年），《资治通鉴》完稿。

第五个时期，是司马光最后8个月任宰相时期，哲宗元祐元年（1086年），拜尚书左仆射兼门下侍郎，废新法。这一年的九月，司马光逝世。在这8个月的政治舞台上，他是不光彩的角色，王安石赞成"天变不足畏，祖宗不足法，人言不足恤"，推行新法。司马光认为"天地不易"，"治乱之道，古今同体"，反对新法。司马光的学术思想、史学思想和他的政治思想有联系。

协助司马光写《资治通鉴》的主要助手有刘攽、刘恕、范祖禹。

刘恕（1032—1078年），字道原，筠州（今属山西）人。他治学谨严，自历数、地理、族谱至前代公府案牍，在严格考订后才加以采择；尤喜爱史学，不远数百里求书借读。道原曾经就亳州宋次道家借读，口诵手抄，昼夜不停；旬日之间读遍宋次道家中藏书，但眼睛损伤严重，"目为之瞖"。司马光召刘恕为修《通鉴》的局僚，遇到史事头绪纷繁难治的，则请刘恕解决。司马光判西京御史台，刘恕赴洛阳，留数月而归，途中受风寒，"右手足废"，但未中断修史。病逝时，年仅47岁，他另著有《五代十国纪年》《通鉴外纪》等。

刘攽（1023—1089年），字贡父，临江新喻（今属江西）人。刘攽著书百余卷，尤精于史学，所作《东汉刊误》为时人推崇。他同其兄刘敞，其侄刘奉世，精于考订，号称"三刘"。刘攽年龄比刘恕大。

范祖禹（1041—1098年），字淳甫，一字梦得，三人中年龄最轻。为助修《资治通鉴》，在洛阳15年，"不事进取"。他著有《唐鉴》《帝学》《仁皇政典》等。特别是《唐鉴》"深明唐三百年治乱"，时人称他为"唐鉴公"。

司马光和刘攽、刘恕、范祖禹的史学思想存在差异，对正统的看法，对唐代人物评价上都有一些分歧，但总体上能保持一致。三人承担的任务，历来学者说法不一样，大致是刘攽担任两汉部分的编修，范祖禹修唐代部分。刘恕是全局副手，具体的任务，或说是专修三国两晋南北朝，或说是专修五代部分，或说是三国至隋；也有说刘恕在洛阳期间和这以后，担任的工作有变动。司马光总其成。所以，这样的集体修史，是集"私家修史"与"众手修书"的长处，而避免其弊病。《资治通鉴》是众手修书的成果，又是司马光"一家之言"的作品。

《资治通鉴》编修的步骤，第一步是将收集的史料按照年月顺序，标明事目，剪粘排列。只要是与事件相关的材料，即注之，即使多一点也无妨，这叫"丛目"；第二步是整理丛目，对材料加以选择，重新组织编排，润饰文字，考订的材料作为附注，原则是"宁失于繁，毋失于略"。这样写出来的文字，叫"长编"。丛目与长编，主要是协修人员承担的。第三步是定稿，司马光参与整个修史过程，从最初收集材料到最后定编，司马光都做出了贡献。从编次草卷到成书，中间要经过"删""细删"多层次的加工，不断地修改、润饰，司马光匠心独运。

《资治通鉴》的编撰引用了丰富的材料，除采正史外，引用大量的杂史诸书。《通鉴》引用文献的种类，各家说法不一样，但总数当在300种以上。

司马光对材料考订的方法，是他的"考异"法。《资治通鉴考异》书名，标明考史的方法特征。这种方法的基本精神是司马光说的"抉摘幽隐，校计毫厘"，"参考群书，评其同异，俾归一途"。在选材上，他有两个标准：一是"求实"，比较各种记载，择其可信者而录之。有不同的说法，一时难以断定的，则并存。诸说不足信，则不采用。有出入的材料，而又无法断定真伪，则作为存疑。《通鉴考异》是说明《通鉴》对材料甄别的专书，有的材料在《通鉴》中没有采用，《考异》加以收录。当然司马光在考史上也有失当处，有些"理校"更属臆断。后人对《通鉴》中某些史实不确的地方，重加考订；选材的第二个标准是"专取关国家盛衰，系生民休戚，善可为法，恶可为戒"。这是史料学中的政治的、伦理道德的标准。

司马光还写了许多和《资治通鉴》相关的著作，其中有《通鉴目录》30卷、《通鉴考异》20卷、《历年图》5卷、《稽古录》20卷。另外，还有《百官公卿表》10卷和《涑水纪闻》，记载宋代的职官和闻见事实等，可以看成是《通鉴》延伸的内容。把这些著作作为一个相互联系的整体看待，司马光的《通鉴》反映出他是在通古今的基础上，思考周威烈王以后至五代历史的兴衰问题。

《资治通鉴》问世后，对于史书的编撰工作起了推动作用。一、续、补《通鉴》。补《通鉴》的史书有刘恕的《通鉴外纪》、金履祥《资治通鉴前编》等。续《通鉴》的史著，有李焘的《资治通鉴长编》和李心传的《建炎以来系年要录》等。李焘和李心传的书是两部大书。李焘称自己的书为《长编》，是谦词，表示自己的书不能和司马光的书相提并论。明清两代在这方面的著作数量不小。二、用新的体裁改编《资治通鉴》。袁枢立若干事目，把每个事目的相关材料集中在一起，按史事发生的次序加以编排。他编的《通鉴纪事本末》，创立了本末体史书体裁，跟编年体、纪传体鼎立而三，成为史书编写的重要体裁。这种体裁的优点是"文省于纪传，事豁于编年"。另外一种是朱熹和他的学生共同完成的《资治通鉴纲目》。这本书是朱熹署名，是否全出自朱熹之手，学术界有不同看法，但《纲目》反映朱熹的观点，与朱熹有密切的关系，是可以肯定的。纲目体是编年体的一种特殊形式，用很简短的文字把一些事实概括起来，放在史书突出的地方，称作"纲"，在"纲"的下面是比较详细的记载，称为"目"。其目的是使史书更好地"明道"。这书因为篇幅少，有纲有目，便于检读，经统治者提倡，纲目体史书流传相当广泛。

《资治通鉴》的考订、注释工作的进展也是值得注意的。重要的作品是胡三省的《资治通鉴音注》和《释文辨误》。《音注》与《通鉴》原来是分开来的，后来把《音注》分别放在《通鉴》有关内容下面，成为一个整体。

总之，《资治通鉴》的编撰是编年体史书的一个发展。在《通鉴》的影响下，本末体史书、纲目体史书都出现了。注释《通鉴》工作使文献注释达到一个新的境界。

（2）"资治"的指导思想

《资治通鉴》294卷，它记叙从战国时期周威烈王二十三年（前402年），至后周世宗显德六年（959年）的1362年历史。《通鉴》编撰的指导思想是"资治"二字。就是说希望人主从历史的往事中，看到历史治乱盛衰的道理，以为借鉴，治理国家。司马光说《通鉴》写作的意图是：

> 每患迁、固以来，文字繁多，自布衣之士，读之不遍，况于人主，日有万机，何暇周览！臣常不自揆，欲删削冗长，举撮机要，专取关国家盛衰，系生民休戚，善可为法，恶可为戒者，为编年一书。

人主读了这部书，以"鉴前世之兴衰，考当今之得失，嘉善矜恶，取是舍非，足以懋稽古之盛德，跻无前之至治"。

"资治"的思想要求，第一，是总结历史的盛衰。第二，是人主借鉴历史经验教训，治理社会达到古代盛世的境界，即"跻无前之至治"。第三，是人主的自身要求和治理的手段。

司马光认为名分等级礼制的维持，是封建统治能够长治久安的关键，他说的纪纲，也是指名分。《资治通鉴》开篇写出对历史盛衰的根本看法，说：

> 天子之职莫大于礼，礼莫大于分，分莫大于名。何谓礼？纪纲是也。何谓分？君臣是也。何谓名？公、侯、卿、大夫是也。夫以四海之广，兆民之众，受制于一人，虽有绝伦之力，高世之智，莫不奔走而服役者，岂非以礼为之纪纲哉！是故天子统三公，三公率诸侯，诸侯制卿、大夫，卿、大夫治士、庶人。贵以临贱，贱以承贵，上之使下犹心腹之运手足，根本之制支叶，下之事上犹手足之卫心腹，支叶之庇本根，然后能上下相保而国家治安。

司马光强调的名分，重点在尊君。君尊臣卑，君君臣臣一整套等级的制度维持好，就可以上下相保而国家治安。这是《资治通鉴》要说明的基本观点。

司马光说"跻无前之至治"，不过是"至君尧舜上"的意思，没有新的内容。他说："臣闻史者，今之所以知古，后之所以知先，故人主不可以不观史。善者可以为法，不善者可以为戒。自生民以来，帝王之盛者，无如尧舜。《书》称其德，皆曰：稽古。然则治天下者，安可以不师古哉！"上下相保，国家治安，是一种境界，而生民以来，治理最好的社会，司马光认为是尧、舜的天下。"资治"和"稽古"是二位一体。

司马光认为，人君的修养、素质、才干对历史的盛衰起着直接的作用。这种素质、修养是三个方面，"一曰仁，二曰明，三曰武"。"三者兼备则国治强，阙一焉则衰，阙二焉则危，三者无一焉，则亡。自生民以来，未之有也。治国之要亦有三：一曰官人，二曰信赏，三曰必罚"。仁、明、武和官人、信赏、必罚是一个问题的两个方面，司马光解释说："夫治乱安危存亡之本源，皆在人君之心。仁、明、武，所出于内者也；用人、赏功、罚罪，所施于外者也"。君心内在体现，是仁、明、武；外化为手段，是用人、赏功、罚罪。两者相结合，影响、作用历史的变动。在他看来，这是不可改变的法则。这就是司马光的君心决定历史盛衰论的内涵。

用人、赏功、罚罪再具体化，就是"王之八柄"，这八柄是：爵、禄、废、置、生、杀、予、夺。人君以此来驾驭臣下，控制臣民。《通鉴》多处发挥这样的观点。这是从"君"的角度说的。从"臣"的角度说，就是"忠"。"君臣之分，当守节伏死而已矣。""忠臣忧公如家。见危致命，君有过则强谏力争，国败亡则竭节致死。"君臣关系是纪纲，是名分，是礼。"何谓礼？纪纲是也。何谓分？君臣是也。何谓名？公、侯、卿、大夫是也。"礼成了封建统治者维护已经形成的等级统治的思想和准则。而礼制维持又为"君心"的状态所支配。《通鉴》中的"臣光曰"的思想就是"君心"决定历史盛衰论的具体发挥。

官人、信赏、必罚的落脚点是"用人"。司马光强调在人君主宰下，用人是关系社稷兴衰至关重要的事。用人不能讲门第、阀阅，举荐用人应当不论亲疏，考察臣僚以实绩进行升黜。敌国的材臣可用。从历史上看，秦国用由余霸西戎，吴国得伍员而克楚，刘邦得陈平诛项羽，曹操得许攸破袁绍。用人是治国的头等大事，"为治之要，莫先于用人"。这些方面是司马光历史观中的重人事的思想成分。

司马光没有否定天意的观念，说："天者，万物之父也"。但是在司马光的思想上，天命史观很淡薄。首先，他着重从人事的作用上谈历史盛衰，从中总结治国平天下的道理。其次，他明确反对谶纬说和迷信思想，认为借自然现象说祥瑞，讨好皇帝，这是"上诬于天，下侮其君"。最后，在讨论具体历史兴亡大事时，只是在无法用名分等级的礼教标准判断是非时，才乞助于天命。如赵匡胤夺取后周政权，用纲常礼教的尺子来评判，是不忠、不仁、不义。陈桥兵变是不光彩的事，但赵匡胤到底还是黄袍加身，后周灭亡了。司马光只好说："盖太平之业，天将启圣人而授之，固非人谋之所及也"。这只能用天命观点说明北宋兴起的合理性。但在总体上看，在司马光的史学思想里，重人事的思想是主要的。

（3）历史文学的成就

《资治通鉴》的高度文学成就，表现在几个方面。一是写战争、写人物、写场面，《通鉴》是相当成功的。二是评论历史，折衷至当，思绪明晰。三是史材剪接，浑然一体。

《资治通鉴》记赤壁之战、淝水之战、刘裕伐南燕、韦孝宽守玉壁、李愬雪夜入蔡州等，都是长期传诵的名篇。《通鉴》写赤壁之战，以六分之五的文字写战争的决策。首先，写面临曹操率领大军南下的严重局势下，鲁肃向孙权说明联刘抗曹的重要性和迫切性："如其克谐，天下可定，今不速往，恐为操所先。"然后写诸葛亮会见孙权，先以"激将法"试探其意向所在，继而述说刘备虽然新败，但还有一定的战斗力。曹操兵力虽众，却存在远来疲惫、北人不习水战，荆州民众附曹而心不服等三大致命弱点，以此坚定孙权联合抗曹的决心。再写在曹操致书进行恫吓后，孙权集团主战、主和的不同态度，着重写主战派首领周瑜对孙、曹双方政治、军事力量的分析，断言"将军（孙权）禽操，宜在今日"。于是孙权下定决心，"拔刀斫前奏案曰：'诸将吏敢复有言当迎操者，与此案同。'"。文章精彩之处，正是在上述写决策的过程中，通过对诸葛亮、周瑜的分析，已透露出胜负之结局。最后，绘声绘色地写出赤壁江面上大败曹军的情景：

……（黄盖）先以书遗操，诈云欲降。时东南风急，（黄）盖以十舰最著前，中江举帆，余船以次俱进。操军吏士皆出营立观，指言盖降。去北军二里余，同时发火，火烈风猛，船往如箭，烧尽北船，延及岸上营落。顷之，烟炎张天，人马烧溺死者甚众。瑜等率轻锐继其后，雷鼓大震，北军大坏。操引军从华容道步走，遇泥泞，道不通，天又大风，悉使羸兵负草填之，骑乃得过。羸兵为人马所蹈藉，死者甚众。

这样，前面深入的军事、政治条件的分析，跟后面紧张生动的战争画面相配合，构成了完整、精彩的篇章。

《通鉴》善于用对话表现人物的性格特点。书中写赤壁大战前夜，刘备到樊口迎接东吴统帅周瑜的场面：

（刘备）日遣逻吏于水次候望权军。吏望见瑜船，驰往白备，备遣人慰劳之。瑜曰："有军任，不可得委署；倘能屈威，诚副其所望。"备乃乘单舸往见瑜，曰："今拒曹公，深为得计。战卒有几？"瑜曰："三万人。"备曰："恨少。"瑜曰："此自足用，豫州（指刘备）但观瑜破之。"备欲呼鲁肃等共会语，瑜曰："受命不得忘委署；若欲见子敬，可别过之。"备深愧喜。

这里简短的对话，写出了刘备对实现联合抗曹的急切期盼而又信心不足的复杂心理；写出了周瑜的锐气、自负和严于职守，表现出这个青年统帅雄姿英发的风貌。

《通鉴》有些细节描写值得重视。淝水之战一节，在前秦军大溃败之后，末尾加了一个小插曲：

谢安得驿书，知秦兵已败，时方与客围棋，摄书置床上，了无喜色，围棋如故。客问之，徐答曰："小儿辈遂已破贼。"既罢，还内，过户限，不觉屐齿之折。

这里写谢安接读前方胜利的战报之后，因极度欢喜而"不觉屐齿之折"的细节，生动地揭示出他在外表平淡掩饰下，内心里对前方战事的关切和紧张，说明此役对东晋存亡攸关的重大意义，同时也表现出谢安的个性和风度。在记述一场鏖战之后，添上了这一细节，文章就耐人寻味，富有情趣。

司马光在《通鉴》中的议论，主要是"臣光曰"的文字。除此之外。司马光在叙事中有议论，有的议论是点睛之笔。如《通鉴》记刘邦死"葬于长陵"后，司马光以扼要的文字述评刘邦一生的行事，说：

初，高祖不修文学，而性明达，好谋，能听，自监门、戍卒，见之如旧。初顺民心，作三章之约。天下既定，命萧何次律、令，韩信申军法，张苍定章程，叔孙通制礼仪；又与功臣剖符作誓，丹书、铁契、金匮、石室，藏之宗庙。虽日不暇给，规摹弘远矣。

这一段简洁文字，首先写出刘邦的经历，交代了个性特征以及才能修养。接着详论刘邦定天下之前和既定天下之后的业绩。"顺民心，作三章之约"的"顺民心"三字蕴含着对刘邦的积极评价。开国后的制礼、次律令，同刘邦重用人才有关，所以行文中点出为刘邦安邦治天下的儒臣战将的贡献。温公未明说汉朝兴盛的原因，而叙事中足见论旨，最后的结语"虽日不暇给，规摹弘远矣"，既是叙事自然结论，又是对高祖统治的中肯评语。这段行文对刘邦一生业绩的评述，使读者对刘邦有一个总体的认识，避免了编年体史书不能集中完整记述人物行事的缺陷。司马光对刘邦的评价不同于司马迁，也不同于班固。《通鉴》叙事论史相结合，叙事中有论断，见论旨。这又是我国历史文学的一个好传统。

《资治通鉴》是我国历史文学中的一块瑰宝。其中有不少优秀的篇章一直为后人讽诵、学习。

3. 郑樵和《通志》

(1) 《通志》的编修

《通志》200卷是郑樵修撰的。郑樵，字渔仲，宋兴化军莆田（今属福建省）人，生于宋徽宗崇宁三年（1104年），卒于南宋高宗绍兴三十二年（1162年）。其父郑国器是太学生，宋徽宗宣和元年（1119年）卒于姑苏。16岁的郑樵护丧回莆田。这以后，郑樵在家乡的夹漈山筑室励志自学。

郑樵家境贫寒，在学习上却是"寸阴未尝虚度，风晨雪夜，执笔不休；厨无烟火，而诵记不绝"。他的学习有两个突出的地方，一是读书、治学兴趣广泛，通百家之学，对经籍、礼乐、文字、音韵、天文、地理、目录、校雠及虫鱼草木各类学问，都一一探求。二是注意把书本知识的学习和实际的观察结合起来。他学天文知识，一面读《步天歌》，一面按照书中的记载，观察星象。为了了解虫鱼草木的情性，他深入到夜鹤晓猿的出没处，与田夫野老往来，向他们讨教。

宋钦宗靖康二年（1127 年）北宋灭亡，宋室南渡，郑樵和他的从兄郑厚联合上书给宇文枢密，申述抗金的志向，但这次上书没有受到重视。此后，郑樵把自己的民族情思寄托在学术事业中。

郑樵在夹漈山读书时，就立志修史，筑了"修史堂"作为读书的地方，以明修史之志。他身处山林数十年，搜奇访古，到藏书丰富的人家借读，为修史积累大量的资料。他推崇司马迁，立志写一部"上自羲皇，下逮五代"的大通史。秦桧专权，不准私人修史，以"私史案"为由打击、迫害士人。郑樵修史是冒着风险的。不幸的是，他的妻子和长子先后去世，这对郑樵打击很大。在这样艰难困苦的环境下，郑樵继续从事学术工作，两度风尘仆仆去临安献书。绍兴二十六年（1156 年）秦桧死。绍兴二十八年，郑樵因为朝臣的推荐，得到高宗召对。高宗"诏给笔札，归抄《通志》"。绍兴三十一年（1161 年）冬郑樵带着《通志》至临安，次年春病逝，终年 59 岁。

郑樵的著述很多。除《通志》外，现在能见到的有《夹漈遗稿》《尔雅注》和近人顾颉刚先生辑录出来的《诗辨妄》。《通志》200 卷，可以说是他的学问总汇。

《通志》是一部纪传体的通史巨著。《通志》的编纂在史书体裁上，是一个发展。第一，是把《表》提到相当高的地位。《表》在《通志》中称作"年谱"。郑樵认为"年谱"在全书中地位很重要。他说："《史记》一书，功在十表，犹衣裳之有冠冕，木水之有本原。"又说："夫纪者，袭编年之遗风。传者，记一身之行事。修史之家，莫易于纪传，莫难于表志。太史公括囊一书，尽在十表。"《通志》中有《年谱》4 卷，作《年谱》的用意，如《年谱序》所说的："为《谱》所以洞察古今。"司马迁作《表》是观盛衰，郑樵作《谱》是为洞察古今，基本思想是一致的。可以说，《通志·年谱》是对司马迁史学的一种自觉继承。

第二，从致用的角度，重视史志。他说：

夫史者，国之大典也，而当职之人不知留意于宪章，徒相尚于言语。正犹当家之妇不事饔飧，专鼓唇舌，纵然得胜，岂能肥家？此臣之所深耻也。江淹有言："修史之难，无出于《志》。"诚以《志》者，宪章之所系，非老于典故者，不能为也。

郑樵认为只有写好志书，才能使史书成为国之大典。不注意典志的史书，是没有多大用处的。

《通志》把《志》改称为《略》，一共是 20《略》。20《略》是全书的精华，是郑樵学术的总汇。他说："臣今总天下之大学术而条其纲目，名之曰'略'，凡二十《略》，百代之宪章，学者之能事，尽于此矣"。这 20《略》中，郑樵用力最勤的部分是会通各种学术。《氏族略》《六书略》《七音略》《谥略》《艺文略》《校雠略》《金石略》《图谱略》等是有关学术的专篇。《昆虫草木略》记载有关动植物种类情况，是以前史书中所没有的。《天文略》《灾祥略》与旧史的《天文志》《祥瑞志》相比，旨趣不一样。《地理略》与旧志《地理志》区划地域的标准不同。《都邑略》是新增名目，郑樵作此略，意在说明宋之都城当在北方，"南阳可为中原之新宅"，可以看出他的政治主张。《礼略》《职官略》《器服略》《刑法略》等，抄录《通典》材料，粗陋得很；《食货略》过于单薄。

各《略》之前的序文集中表达了郑樵的见解。这种编纂形式是继承《通典》的传统，而又有所发展。

第三，纪传篇目的重新安排。《通志》纪传部分在全书中篇幅最多，与《谱》《略》相比较，它未可人意。但是，《通志》的纪传不能一概加以否定。从材料上说，他增补了《三皇本纪》、春秋时期大批人物列传等，把《三国志》的裴松之注的重要材料，补入正文或立新传。这些也都花费了心力。

在编纂上，郑樵安排篇目颇费斟酌。其中包含他的创造。首先，保留司马迁创设的《游侠列传》《货殖列传》《滑稽列传》三种专传。《汉书》只保存《游侠列传》《货殖列传》，后世史书不再有此三种专传。郑樵的安排是恰当的。其次，《通志》保留《宦者传》，废《阉宦传》。《南史》立《贼臣传》，《宋书》立《索虏传》，《北史》立《僭伪传》，郑樵对此给予批评。再次，《通志》的南北朝部分录《南史》《北史》的材料，但抛弃了李延寿以子孙附传的家传形式，没采用家传的体系，而是参照断代正史，按照历史时代先后，编次人物传记。在不影响一代史事的情况下，又不完全抛弃家传的形式，透露出那个时代的社会特征。宋代品官地主反对身份性世袭特权的思想，在郑樵历史编纂学上得到反映。

《通志》保留"载记"篇目。

总之，《通志》的体例有它创新之处，特别是"略"与"年谱"。纪传中也有可取之处，不可以一概抹杀。

（2）郑樵的史学批评和史学思想

在《通志》中，郑樵对前代的大史学家几乎都有批评。他推崇孔子、司马迁，但也有不满意的地方。对班固写的《汉书》的批评最多。对董仲舒、刘向、刘歆、范晔、陈寿、刘知幾，一直到宋代的欧阳修、马司光，郑樵从不同的角度，提出批评意见。这些批评就主要方面来说是不错的，要求也相当苛严。为此，郑樵招来不少非难和指责，用章学诚的话来说，是"纷纷攻击，势若不共戴天"。

郑樵的学术批评的用心是相当明确的，他说：

臣今论此，非好攻古人也。正欲凭此开学者见识之门户，使是非不杂糅其间，故所得则精，所见则明。

这里说的"非好攻古人也，正欲凭此开学者见识之门户"，很能表明郑樵史学批评具有的学术上的清醒意识。《通志·总序》中说到当时学术界的状况，是"经既苟且，史又荒唐"，郑樵的批评的意图是要打破这种"经既苟且，史又荒唐"的局面。

郑樵史学批评反映了他对客观历史和史学工作的看法。郑樵的史学思想是丰富的，也是具有批判的性质。

①"会通"思想。《通志·总序》开篇说：

百川异趋必会于海，然后九州无浸淫之患；万国殊途必通诸夏，然后八荒无壅滞之忧。会通之义大矣哉！

"会通"思想是对客观历史的一种看法，讲历史的贯通，同时又是历史编纂的方法论。首先，历史的贯通，在郑樵的论述中有三种情形。一是社会的外部条件古今一样，没有变化。《通志·总序》说："天文者，千古不易之象。""九州有时而移，山川千古不易。"二是历史事件前后相因。

三是各代的制度相因，也有损益。从这三个方面说明写通史的重要。由第一个方面说，写通史，可避免重复。由后面两个方面看，通史可以恰当地反映历史的相因与损益。班固著《汉书》，断汉为代，割断历史的因依联系，以后各家正史仿效班固，所以班固是开了一个不好的先例。郑樵批评班固的着眼点在此。

其次，"会通"思想是史书编撰的方法。郑樵认为孔子、司马迁修史的方法是"会通"之法。"会"是说史家修史要"会天下之书而为一书"，要网罗尽可能多的文献。"通"是"贯二帝三王而为一家"，"极古今之变"；孔子修史"上通于尧舜，旁通于秦鲁"。司马迁"上通乎黄帝，旁通乎列国，使天下无遗书，百代无绝绪，然后为成书"，写《史记》。因此"通"一是上下的纵通，二是旁通。这是"修书之本"。但是古今的贯通，是否今胜于昔？郑樵没有说明。这里说的"通"有很大的局限性。

②反对灾祥学说，认为灾祥说是"欺天"的"妖学"，郑樵说：

董仲舒以阴阳之学倡为此说，本于《春秋》牵合附会，历世史官自愚其心目，俛首以受笼罩而欺天下。

说《洪范》者，皆谓箕子本《河图》《洛书》以明五行之旨。刘向创释其《传》于前，诸史因之而为《志》于后，析天下灾祥之变，而推之于金、木、水、火、土之域，乃以时事之吉凶而曲为之配，此之谓欺天之学。

郑樵的批判，说明灾祥说产生的历史渊源，论说灾祥学说与史学相互的影响。

③反对任情褒贬的所谓"春秋笔法"。《春秋》这部书是纪实事的书，《春秋》字字有褒贬的说法，在郑樵看来，是后儒附会出来的。《春秋》重褒贬的说法是一种"欺人"的"妄说"。他说："凡说《春秋》者，皆谓孔子寓褒贬于一字间，以阴中时人，使人不可晓解，《三传》唱之于前，诸儒从之于后，尽推己意而诬以圣人之意，此之谓欺人之说。"

郑樵主张史家的责任是准确记载事实，让事实说话，不需要史家行褒贬美刺。史书中的褒贬一类的论赞没有必要。史家应当"平心直道"，在记载事迹上，要"不为智而增，不为愚而减"。

④实学的治史主张。在史学功能上，郑樵强调史书的实用性。史书中

要注重历史典章经制的记载，史书中要有图，有谱。《通志》的编撰反映宋代求致用的学术思想的发展。

郑樵把实学作为和空谈义理性命之学的对立面提出来，他说：

义理之学尚攻击，辞章之学务雕搜。耽义理者则以辞章之士为不达渊源，玩辞章者则以义理之士为无文采。要之，辞章虽富，如朝霞晚照，徒焜耀人耳目；义理虽深，如空谷寻声，靡所底止。二者殊途而同归。是皆从事于语言之末而非为实学也。

在另一个地方，他指出宋儒解经，是"操穷理尽性之说，以虚无为宗"。从这些地方可以看出，郑樵的实学思想反对理学"蹈空"的弊病。

（3）历史文献学的主张

郑樵在历史文献学上有很多建树。在第二讲中，郑樵的类例主张已有详细的论述。在他看来，类例是明学术、治学的要津；类例得当，有利于保存文献，使文献能流传后世。他说："书籍之亡者，由类例之法不分也。类例分，则百家九流各有条理，虽亡而不能亡也。"这是对书籍存佚的又一种看法。

对金石文献的重视。宋代金石学很发达，欧阳修、赵明诚在这方面做出过重要的贡献。郑樵在《通志》中立《金石略》，著录上古至唐的金石文献，其中包括模刻、钱谱、鼎铭、碑刻等。对模刻的上古文字作了记录；其他的材料仅注明年代、出处及发现的地点及作者的字体书法，内容则阙略。

《金石略·金石序》说："三代而上惟勒鼎彝。秦人始大其制，而用石鼓，始皇欲详其文而用丰碑。自秦迄今，惟用石刻。"金石从秦以后，发生了很大变化。郑樵重视金石文献，说明了金石文献的作用，金石学发展的过程。《通志》的《金石略》在中国金石学发展史上的地位很重要。

对图谱文献的重视。《通志》中的《图谱略》有《索象》《原学》《明用》《记有》《记无》几篇文字。前三篇是议论，后两篇是著录存、佚的金石文献。郑樵从实学的观点说明图谱的重要意义。

第一，文字与图应当相配合。图是经，书是纬，一经一纬相错才能成"文"。

第二，文字与图配合，便于学习。郑樵说：

图，至约也；书，至博也。即图而求，易；即书而求，难。古之学者，为学有要，置图于左，置书于右。索象于图，索理于书，故人亦易为学，学亦易为功，举而措之，如执左契。后之学者，离图即书，尚辞务说，故人亦难为学，学亦难为功。

郑樵认为书与图相配合，方便求学。图谱失传，只从文字上去认识事物与历史，是很困难的。他认为天下有16种学问，离开图谱则无法掌握。这16种学问是：天文、地理、宫室、器用、车旂、衣裳、坛兆、都邑、城筑、田里、会计、法制、班爵、古今、名物、书。"凡此十六种，可以类举。为学者而不知此，则章句无所用；为治者而不知此，则纪纲文物无所施"。图、谱（即表）在文献中的地位很重要，但是刘歆作《七略》，只收书，不收图。此后，图谱专门之学渐渐失传了，"至今虞、夏、商、周、秦、汉、上代之书具存，而图无传焉"。

第三，图谱是治理国家的重要参考文献。秦人虽然弃儒学，但不废弃图书。萧何入咸阳首先取秦之图书。这对汉人定律令、章程，申军法，制礼仪给了很大的帮助。所以郑樵说："天下之事，不务行而务说，不用图谱可也。若欲成天下之事业，未有无图谱而可行于世者。"又说："图谱之学不传，则实学尽化为虚文矣。"中国古代文献缺少图与表，给后人学习造成很大困难，政府想从这些文献里了解各种典制等详情细节，也难办得到。这些批评有道理。

文献注释工作上，郑樵有不少独到的意见。他认为注释名物、草木虫鱼、天文地理等，应当具备这些方面的实际知识。

郑樵认为文献注释除要具备实际知识外，还要明训诂之学：明六书、七音的文字、音韵学方面的知识。文字音韵方面的知识，统称之为小学。郑樵说："经术之不明，由小学之不振；小学之不振，由六书之无传"。这其中文字之义又是最为重要的。小学知识缺乏，则"经旨不明，穿凿蜂起"。同样，注释之学不能以虚无为宗的"义理之学"去解说经文。

注释文献还有一个重要方面，是应当考虑词语古与今意义上的差别。《尔雅》是一本训诂方面重要的书。但《尔雅》时的语言文字与后代的语言文字有差异，使用《尔雅》要注意到这种差异。另外，注释要言简易晓。杜预解《左传》，颜师古注《汉书》，是好的例子，传注之学，这两家值得称道。最后，注释要发挥有专门之学的人所长。杜预明天文地理，是其所长，但不识虫鱼鸟兽草木之名；颜师古通训诂，但不识天文地理，所以两人的注释各有所长，也各有所短。由此可见，专门之学在注释文献中的意义，是十分重要的。

在疑古辨伪上，郑樵写的《诗辨妄》对后世影响很大。

宋代在历史文献学取得重大成就的人，当推郑樵和朱熹。

4. 朱熹的历史哲学和史学

（1）朱熹的历史哲学

北宋理学家认为"理"支配天下事，支配人事历史，认识理，需要格物。格物穷理的一个方面，是研究古今。二程回答门人有关问题，谈到对史学的看法。

或问：学必穷理，物散万殊，何由而尽穷其理？

子曰：诵《诗》《书》，考古今，察物情，揆人事，反复研究而思索之，求止于至善，盖非一端而已也。

察古今是穷理的途径之一，求理是求支配历史变化的"理"。理学家是要把史学纳入理学体系中去。朱熹是理学的集大成者，这个思想体系包括了他的历史哲学。

朱熹生于宋高宗建炎四年（1130 年），卒于宋宁宗庆元元年（1200 年），字元晦，一字仲晦，晚号晦翁等。他一生仕宦的时间不长，先后任同安主簿、知南康军、提举浙东常平茶盐公事、知潭州荆湖南路安抚使。后除焕章阁待制、侍讲。给宁宗讲经史，时间只有 46 天。他被解除职务，重新聚徒讲学也不能安宁。宋宁宗时的统治阶级的内部斗争很激烈。朱熹等 59 人正式著于"伪学逆党籍"，史称"庆元党禁"。朱熹和他的学生以及其他一些学者遭到打击。朱熹死后，直到宋理宗时，他的学术被重新尊崇，朱熹及北宋的周敦颐、张载及二程列入孔庙从祀，理学被承认为官方的正宗思想。

朱熹做地方官只有 9 年，其余大部分时间是从事学术和教育活动。他从小就受到正统的儒家教育的熏陶。其父朱松跟从理学家罗从彦学。父亲死后，他先后师事儒者胡宪、刘勉之、刘子翚。朱熹18岁举乡贡，19岁登仕士，20岁授左迪功郎、泉州同安县主簿。24岁到任。朱熹数见李侗，其中三次是在任同安县主簿期间求见受教的。

李侗（1093—1163年），字愿中，人称为延平先生。李侗师从罗从彦（豫章先生）学，罗从彦从杨时（龟山先生）学，杨时为程颐的弟子。朱熹师事李侗，立下了理学的根基。李侗称赞朱熹是："进学甚力，乐善畏义，吾党鲜有。"李侗于宋孝宗隆兴二年（1163年）病逝。朱熹继续研究，"始知太极精蕴"。

从孝宗乾道四年（1168年）至淳熙十六年（1189年），在朱熹学术经历上是一个重要阶段。这一阶段可分两个小阶段。乾道四年至淳熙元年（1168—1174年），朱熹完成重要的几本理学著作，可以说是朱熹学术初具规模的时期。这一阶段编和著的著作有十余种，其中有《程氏遗书》25卷，《语孟精义》30卷，《资治通鉴纲目》59卷，《八朝名臣言行录》前集10卷、后集14卷以及《太极图说解》《通书解》《程氏外书》《伊洛渊源录》等。他的几本主要史学著作《资治通鉴纲目》及《伊洛渊源录》和《八朝名臣言行录》等是在这个时期写成的。他的史学是理学体系的有机组成部分。

淳熙二年（1175年）至淳熙十六年（1189年）是朱熹理学的传播发展时期。他与吕祖谦共编《近思录》，时为淳熙二年。淳熙四年《诗集传》《周易本义》成。朱熹讲学白鹿洞书院等处，广聚门徒，对传播理学起了重要作用。淳熙二年，朱、陆相互辩难，是为"鹅湖之会"之争。淳熙九年（1182年）以后五年之间，朱熹和陈亮展开皇帝王霸方面的辩论。通过这些辩论，朱学影响进一步扩大。

光宗绍熙元年至宁宗庆元四年（1190—1200年），朱熹理学进一步发展，形成体系。他在竹林精舍（后改为沧州精舍）等处继续讲学，《大学》《中庸》《论语》《孟子》四书刊成。《四书》以后成为官定的士子必修之书。

朱熹融会北宋理学家的历史观点，提出对历史的看法。他说：

气运从来一盛了又一衰，一衰了又一盛。只管恁地循环去，无有衰而不盛者。所以降非常之祸于世，定是生出非常之人。邵尧夫（雍）《经世吟》云：'羲轩尧舜，汤武桓文，皇王帝霸，父子君臣，四者之道，理限于秦。

降及两汉，又历三分，东西俶扰，南北纷纭。五胡十姓，天纪几梦，非唐不济，非宋不存，千世万世，中原有人！'盖一治必又一乱，一乱必又一治。

可以看出，朱熹的历史哲学是宋代理学家历史观点的集大成者。第一，他以气运来解释历史的盛衰变动，历史盛衰是一种必然的变化，没有盛而不衰的道理。这里，他综合二程和张载的见解，是明显可见的。

第二，历史盛衰的变化是一种治与乱的循环。从理的角度看，是"理限于秦"，天理流行的下限在秦，他的三代天理流行，汉唐人欲横流是由这个总体看法引而申之，自秦汉以后"千五百年之间，正坐如此，所以只是架漏牵补，过了时日。其间虽或不无小康，而尧、舜、三王、周公、孔子所传之道，未尝一日得行于天地之间也"。他引邵雍的话，说明历史运动是循环的，而在秦汉以后的后世只有各种纷纷扰扰；世事浮沉，缺少天理，没有尧舜三王周公孔子所传之道，因此历史又是今世不如三王之世，表现出皇王帝霸的不同。

第三，历史的理，体现在"父子君臣"上的等级名分，是封建纲常的内在东西。朱熹从古今过程中"格"出理来，就是要维护三纲五常的不变。

朱熹在读史、治史上，主张先经后史，认为求学当把经书放在主要位置上，先读《论语》《孟子》，次及诸经，然后看史，这种次序不能搞乱。他反对离经求史，认为治史不求理的害处是很大的，他说：

今人读书未多，义理未至融会处，若便去看史书，考古今治乱，理会制度典章，譬如作陂塘以溉田，须是陂塘中水已满，然后决之，则可以流注滋殖畎亩中禾稼。若是陂塘中水方有一勺之多，遽决之以溉田，则非徒无益于田，而一勺之水亦复无有矣。读书既多，义理已融会，胸中尺度一一已分明，而不看史书，考治乱，理会制度典章，则是犹陂塘之水已满，而不决以溉田。若是读书未多，义理未有融会处，而汲汲焉以看史为先务，是犹决陂塘一勺之水以溉田也，其涸也可立而待也。

这段话形象地说出经史关系。在朱熹看来，读经书是首要的，要融会义理以后再去读史，同样，读书既多，义理也融会了，如果不读史，不去考治乱、理会制度典章，就如同陂塘中水已满，不用于灌田，也是没有用的。朱熹把天理作为先验的东西，是不变的教条，这就颠倒了事情的始末。他说考治乱，理会制度典章，是说在义理融会之后，读史就更可体察天理以用于治世。

朱熹和吕祖谦的争论集中在经史关系的问题上。朱熹认为先经后史，经为本，史为末。吕祖谦则主张既重视经，也要重视史，而且对史的兴趣很浓厚，重视史学在社会日用中的意义，这和朱熹先经后史，由史返经、返理的观点有分歧。朱熹主张史学要"会归于理之纯粹"，在他看来，吕祖谦的学问是粗，是浅，也是这层道理。

（2）《资治通鉴纲目》和《伊洛渊源录》

司马光写的《资治通鉴》突出等级名分礼制在历史兴衰中的作用，同样鼓吹纲常不变的思想。朱熹对《资治通鉴》有所肯定，但又对这本书不满意。归结起来是两个方面。一是《资治通鉴》在具体论及史事变动时，不能正名分，明纲常天理。他说："臣旧读《资治通鉴》，窃见其间周末诸侯僭称王号而不正其名。汉丞相（诸葛）亮出师讨贼，而反书'入寇'。此类非一，殊不可晓。""温公论东汉名节处，觉得有未尽处，但知党锢诸贤趋死不避，为光武、明、章之烈，而不知建安以后中州士大夫只知有曹氏，不知有汉室，却是党锢杀戮之祸有以殴之也。"就是说，《通鉴》义例不明，正朔有颠倒处，表彰节义而不明理。一句话，不能达到理的纯粹的境界。其二，《通鉴》在体裁上编年系事，读者不容易了解事情的完整过程，"凡事之首尾详略，一用平文书写。虽有目录，亦难寻检"。史书这样处理材料不利于表达理学的观念。

朱熹和他的学生把《资治通鉴》改成《资治通鉴纲目》，其用意是使"义例益精密，上下千有余年，乱臣贼子真无所匿其形"。《纲目》的大经大法"莫不系于三纲五常之大"，"皆所以遏人欲于横流，存天理于既灭"。

《资治通鉴纲目》与《资治通鉴》不同，重要的方面是："义例精密"，它的编写凡例有统系、岁年、名号、即位、改元、尊立、崩葬、篡贼、废徙、祭祀、行幸、恩泽、朝会、封拜、征伐、废黜、罢免、人事、灾祥等。各类有关的史事记载，行文有讲究，连文字上的造句遣词都是微词奥义。通过这种办法达到辨名分、正纲常、示劝诚的目的。

在编纂形式上，《资治通鉴纲目》有纲、有目，创立了史书中纲目体。

《资治通鉴纲目》不是简单地对《资治通鉴》的改编，从《通鉴》到《通鉴纲目》是历史编纂学上的一步重要发展。

《伊洛渊源录》全书 14 卷。卷 1 至卷 6 是濂洛关学的部分，是全书的主体，分别记载周敦颐、程颢、程颐、邵雍、张载所谓"北宋五子"的事迹，兼收言论及门人朋友叙述。事迹或为事状，或为行状，或为年谱、墓志铭等有关材料，带有资料的性质。卷 7 至卷 13，为门人传学之人的有关内容，卷 14 是："身列程门而言行无所表见，甚若邢恕之反相挤害者，亦具录其名氏以备考。"《伊洛渊源录》在编纂上的重要特点体现在"渊源"两字上，也就是展示学派的学术渊源流变。它对以后史书中的道学传以及学案体作品有直接的影响。

《伊洛渊源录》从宋人笔记、野史、金石碑帖、诗话、语录、目录、行状、年谱、文集以见闻中辑录出原始资料，是这本书的编纂上值得注意的地方。《伊洛渊源录》编著的思想是"著明上承孔孟之统，下启关洛之传"。

另外，朱熹编《宋名臣言行录》，立意是从当代人物言行中寻找"有补世教"的材料，用来宣传他的理学观点。

总之，史学在朱熹那里成为理学的一个部分。朱熹史学上反映出强烈的理学性质，讲究凡例的严整以行褒贬劝诫，表明天理纲常为著史之宗旨。这些对后世中国史学的发展产生了多方面的影响。

(3) 历史文献学上的贡献

朱熹在历史文献整理上，在辨伪书，在文献考订上都是很有成就的，在宋代历史文献学上有较大的贡献。

朱熹在历史文献的整理上是有见解的。《诗经》原是儒家尊崇的一部经典，朱熹的《诗集传》认为《诗经》的《国风》，大部分是男女的情诗，这和过去的解说有很大的差别。

《大学中庸章句》《论语孟子集注》合在一起称为《四书章句集注》，是朱熹倾毕生精力完成的。据他说，对《论语》《孟子》，自 30 岁便下功夫，经过 40 多年的整理注释而成，在 71 岁临死前还在修改有关的章节。他通过注解，阐述他的理学思想。朱熹写《集注》表明宋代的二程理学是接孔孟之传，以阐明道统；儒者格物致知，而后诚意正心修身齐家达到国治天下平的目的。朱熹注释中文字训诂，名物典制考释，简而有要。他在整体上把握全书要旨进行解说，又分段阐明其要点，细注以诸家论说与训诂考订。《中庸章句序》说：此书之旨，"支分节解，脉络贯通，详略相因，巨细毕举；而凡诸说之同异得失，亦得以曲畅旁通。而各极其趣"。这段话说明了他注释文献上的风格，这和烦琐的注释经书的办法，显然不同。在文字上，朱熹一再推敲、修饰。《四书》在后世广泛流传，产生很大的影响。

朱熹注释文献，在辑补材料上也有主观的地方，在音韵上提出的协音说，不十分准确。但总的说来，朱熹的文献整理在历史文献学上是一个重要发展。

关于《周易》一书，朱熹认为伏羲以上没有文字，只有图，图是当时的《易》。文王以下有文字，产生后世所说的《周易》，但要把文王的《易》和孔子的《易》分开来。《易》有伏羲的《易》，有文王的《易》，有孔子的《易》，应分别看待，不能混为一谈。他对古书的看法持有一定的历史态度。朱熹关于《易》本是卜筮之书的论述，对人们认识《周易》这本书有重要的意义。他写的《周易本义》在易学发展史上有重要的地位。

在辨伪书上，朱熹的成就相当多。朱熹推崇吴棫对《尚书》的辨伪工作，并且继续揭发古文《尚书》可疑之处，认为孔安国作的传是魏晋间人所为，托孔安国之名。序文也不像汉人的文章。古文《尚书》平易，今文《尚书》多艰涩，古文《尚书》当是后人的伪作。

关于《诗》的《序》，朱熹揭出其伪作的痕迹。他说：

《诗序》实不足信。向见郑渔仲有《诗辨妄》力诋《诗序》。其间言语太甚，以为皆是村野妄人所作。始亦疑之，后来仔细看一、两篇，因质之《史记》《国语》，然后知《诗序》之果不足信。

朱熹疑《诗序》是继续前人的辨伪工作。他又说："看来《诗序》当时只是个山东学究等人做，不是个老师宿儒之言，故所言都无一事是当"。这样的看法和郑樵的观点相近。

在朱熹看来，《左传》是后来人做的，文字是秦时的文字；《春秋繁露》不是董仲舒写的。《孝经》中传文固多附会，而经文也不免有离析增加之失，这本书是后人缀辑编成的。《孔丛子》是伪书。此外，他指出一些子书及释、道等作品中是伪书。

朱熹辨伪书的方法，有两条，一是以其"义理之当否"，来判定是否为伪书。二是"以其左验之异同而质之"。

《韩文考异》《楚辞集注》是关于文献考订的著作。"考异"的方法重视版本校订。《韩文考异》10卷在这方面的特色很明显。韩愈的《韩昌黎文集》在宋代流行版本不少，方崧卿作《举正》，虽然参校众本，但实则是以馆阁本为主，有些地方是不合理的。朱熹重新考订，对其中有相异的文字，大书一二字，将其考订夹注写在下面，体例同唐朝陆德明的《经典释文》。朱熹谈到"考异"的方法时说：

悉考众本之同异，而一以文势义理及他书可验者决之。苟是矣，则虽民间近出小本不敢违；有所未安，则虽官本、古本、石本不敢信。又各详著其所以然者，以为《考异》十卷，庶几去取之未善者，览者得以参伍而笔削焉。

考异方法的要点是：第一，"唯是为从"，官本、古本不妥当的地方，不能一味依之，民间近出小本，如果是文字准确的，也应当以此为准。第二，以"文势义理及他书之可验者决之"。这里有两重标准，一是从整体上的文势义理上讨论，一是要有他书参证。第三，考异书应当写明取舍的理由。自己认为不妥当而要删去的部分，要写明，使后来的人可以进一步讨论。

此外朱熹还写有《阴符经考异》《周易参同契考异》等。其中是正文字，参考诸本，更相雠正等，都很有值得总结的地方。

《楚辞集注》是朱熹文献考订、整理上又一部重要著作。

此外，朱熹的《记〈易〉误》《记永嘉仪礼误字》《记乡射误字》等，都是刊误的作品。《孝经刊误》中以义理是正文句，表现出他的"理校"的观念。

朱熹注释、校勘、考订从大处着眼，重文字诂训，在音韵、名物地理制度的考订方面用力甚深，但不沉溺于琐碎的笺注、考订之中。他说："读书玩理外，考证又是一种工夫，所得无几，而费力不少。向来偶自好之，固是一病，然亦不可谓无助也。"他指出文献考订的意义，说明文献工作所处的地位，这种文献学的见解要进一步总结。

5. 马端临和《文献通考》

（1）《文献通考》的编修

马端临字贵与，饶州路乐平（今属江西）人。生于宋理宗宝祐二年（1254

年），卒年不详，只知道元英宗至治二年（1322 年），饶州路以《文献通考》刊刻时，马端临还健在，时年 69 岁。

马端临的著作除《文献通考》348 卷外，还有《多识录》153 卷、《义根守墨》3 卷及《大学集注》等。但这些书都失传了。

其父马廷鸾于宋理宗淳祐七年登进士第，后进参知政事兼同知枢密院事，又进右丞相兼枢密使，因和贾似道不合，辞官。马廷鸾是个博学的人，曾任过国史院编修官和实录院检讨官。他的作品很多，但都散佚了。清朝四库馆臣自《永乐大典》中辑录出《碧梧玩芳集》24 卷。其中诗文 23 卷，《读史旬编》1 卷。

马端临的史学工作，在资料的搜集和对史事的见解上，都受马廷鸾不少的影响。马廷鸾著《读史旬编》，以十年为一旬，起帝尧，迄后周世宗显德七年，共 38 帙。马廷鸾说这部史著是"集诸儒之说，以订其得失"，分 332 旬"类而编之"。在体裁上，《文献通考》和《读史旬编》不同，但在贯通古今，类编资料上，有类似之处。《文献通考》里有不少地方引的"先公曰"，都是马廷鸾的意见。

《文献通考》是一部典制体的通史。它是继杜佑《通典》以后，在典章制度方面的大书。马端临说他写这部书的目的，是"庶有志于经邦稽古者，或可考焉"。元人评价马端临，说他和他的治史是"济世之儒，有用之学"。

《文献通考》的《自序》说这部书的编撰旨趣和特点是：

凡叙事，则本之经史，而参之以历代会要，以及百家传记之书。信而有证者从之，乖异传疑者不录，所谓文也。凡论事，则先取当时臣僚之奏疏，次及近代诸儒之评论，以至名流之燕谈、稗官之纪录，凡一话一言可以订典故之得失，证史传之是非者，则采而录之，所谓献也。其载诸史传之纪录而可疑、稽诸先儒之论辨而未当者，研精覃思，悠然有得，则窃著己意附其后焉。

这是马端临对于《文献通考》命名的意义和取舍标准的说明。他的兴趣在于从文献考证方面贯通古今，思考历史。

《文献通考》348 卷，计有：《田赋考》7 卷，《钱币考》2 卷，《户口考》2 卷，《职役考》2 卷，《征榷考》6 卷，《市籴考》2 卷，《土贡考》1 卷，

《国用考》5卷，这8考27卷是关于经济制度方面的内容。

《选举考》12卷，《学校考》7卷，《职官考》21卷，这3考40卷，是关于政权机构，主要是关于封建专制主义国家的政权机构的内容。

《郊社考》23卷，《宗庙考》15卷，《王礼考》22卷，《乐考》21卷，这四考81卷，其中60卷是关于表达等级形式的礼制，包含有神化皇权的宗教形式的礼制。另外的21卷是关于和礼制密切联系的乐制。

《兵考》13卷，《刑考》12卷，这2考25卷是关于国家镇压武器的。《经籍考》76卷是关于意识形态的。

《帝系考》10卷，《封建考》18卷，这2考28卷是全书综合性质的内容。是关于历代纪元和国家组织形式的变迁的。

《象纬考》17卷，《物异考》20卷，《舆地考》9卷，以上3考46卷，是关于天象及各种变异现象和地理的内容。

《四裔考》25卷是关于汉族以外的民族和国家的。

和杜佑《通典》、郑樵《通志》的《二十略》相比较，马端临的《通考》增加了食货经济部分的材料，《通典》以"食货典"开篇，反映出他的独到的史识，但在200卷中却只有12卷，而礼的内容却占100卷，这又是他认识上的局限性。郑樵的《通志》把"食货"压缩为2卷，突出了学术的内容。《通考》中与食货有关的材料是27卷，同时也增添了"经籍"等学术文化的内容。通过比较，可以看出马端临的兴趣和历史眼光。

（2）马端临的史学思想

马端临继郑樵以后大大发展了"会通"的观点。《通考·自序》说：

《诗》《书》《春秋》之后，惟太史公号称良史，作为纪、传、书、表。纪、传以述理乱兴衰，八书以述典章经制。后之执笔操简牍者。卒不易其体。然自班孟坚而后，断代为史，无'会通''因仍'之道，读者病之。

这是对于郑樵论点的概括。《文献通考》，自远古叙至南宋末叶，总分为24考，每考又各另有子目，无论在议论上，在实践上都体现出会通的观点。

马端临的会通思想是一种研究历史的方法，和仅在历史记载中注意时代相续与类例贯通不同，他的思想更前进一步，也更深刻。第一，注意研究历史变化的阶段。从《文献通考》中马端临的议论看，他是把中国历史分成三个大阶段。第一个大阶段是唐虞以前，第二个大阶段是夏、商、周三代，第三个大阶段是秦灭六国以后。

马端临以人心是"公"还是"私"来划分历史阶段，认为唐虞以前是"公"天下；夏以后是家天下，也就是私天下。秦始皇灭六国以后，"尺土一民，皆视为己有"，就是说"私"得更厉害。在论述公和私时，马端临对历史阶段划分和朱熹的历史观相通，但又夹杂心学的特点，反映出南宋末理学的走向。

马端临还提出另外三个标志论述历史的变革。第一个是光岳之分。光是三光，岳是五岳，三光五岳指天地。第二个是职官之别。第三个标志是人的才智之殊。马端临所说的不同历史时代的特点，概括起来，就是：

①唐虞以前是公天下，光岳未分，社会等级的分别还没有形成，人皆才智之士，疆域观念缺乏。尧以前设官治天事，舜开始设官治民事。

②夏、商、周三代，是家天下（而犹有公的遗意），光岳已分，才乏智劣，封疆划界。原来治天事的官变为治民事的官，而实际治天事的官，职位下降到属吏的地位。

③秦始皇灭六国以后，"尺土一民，皆视为己有"，则是另外一个时代。

马端临在研究具体的有关经济制度时，也从不同的角度提出划分阶段的标志。在《田赋考》中把商鞅变法和杨炎变法的法典作为田赋制度变革的历史标志。《钱币考》以九府圜法为金属货币（即铸币）制度的标志。以飞券、交子、会子作为纸币制度的标志。《职役考》以唐宋户役为职役制度之阶段的标志，而差役、雇役和义役又是户役出现以后之小的阶段的标志。在《文献通考》各考中，这样的论述还很多。

马端临的会通观点中值得注意的第二点，是他在《自序》中提到的，要推寻"变通张弛之故"。他在论述史事时，有时说到"古今异宜"，有时说到"不容不然"，"不容不如此"，都是指必然性。

反对神秘主义的五行说，是马端临史学思想的第二个重要方面。《通考·自序》说：

《记》曰："国家将兴，必有祯祥；国家将亡，必有妖孽。"盖天地之间，有妖必有祥，因其气之所感，而证应随之。自伏胜作《五行传》，班孟坚而下踵其说，附以各代证应，为《五行志》，始言妖而不言祥。然则阴阳五行之气，独能为妖孽而不能为祯祥乎？其亦不达理矣。

虽然，妖祥之说固未易言也。治世则凤凰见，故有虞之时，有来仪之祥。然汉桓帝元嘉之初，灵帝光和之际，凤凰亦屡见矣，而桓、灵非治安之时也。诛杀过当其应为恒寒，故秦始皇时有四月雨雪之异。然汉文帝之四年，亦以六月雨雪矣，而汉文帝非淫刑之主也。斩蛇夜哭，在秦则为妖，在汉则为祥，而概谓之龙蛇之孽，可乎？僵树虫文，在汉昭帝则为妖，在宣帝则为祥，而概谓之木不曲直，可乎？前史于此不得其说，于是穿凿附会，强求证应，而采有所不通。"

马端临还有一种想法，就是尽管五行说不可信，但它对于在敬天畏神的精神体系下的皇家统治者，也未尝不可以起到一些约束的作用。

马端临反对《春秋》主褒贬的说法，这同郑樵的思想相通。他认为《春秋》经是汉朝以后的人编出来的，一些称之为经的文字是从中摘出来的。三传经文记载却有很多不同的地方，有什么根据可以判断哪一个是正经呢？三传的记载中有许多违背常理，或相互抵牾，因此，所谓《春秋》主褒贬说，也就没有根据了。马端临指出，三传的作者"以当时口耳所传授者各自为传，又以其意之所欲增益者挼入之；后世诸儒复据其见于三子之书者，互有所左右而发明之，而以为得圣人笔削之意于千载之上，吾未之能信也"。他举出确凿的证据，证明《春秋》经文可信的程度很低，进而指出《春秋》有圣人笔削之意的说法不可信，这就表明褒贬说的依据站不住脚了。

马端临对历史过程的认识、对灾异和主观主义《春秋》褒贬说的看法，以及前面论述的他在史书编撰上反映出来的思想，构成了马端临的丰富的史学思想。在宋元历史转变之际，他的史学思想达到一个新的高度。

（3）马端临的文献学

马端临对文献学的见解，表现在对"文""献"二字的解说上。文，是侧重在史料汇编考订上；献，是侧重在类辑前人的议论上。两者都包括文献的收集、采录、甄别、考订几个方面。这表达了他对文献学工作方法的看法。

《文献通考》辑录材料以求史事贯通是一个重要的特色。这部史书是典制体史书，类编典制材料，看出制度沿革因依是主干部分。《帝系考》《封建考》是全书的综合部分，"二者盖历代之统纪、典章录焉"。以典章录史事，由史而求贯通。

删削荒诞的文献材料。宋代一些史学家贯通天人写史，这些书中有很多材料是不可信的传说。马端临有自己的看法，他说：

按，古书之流传于今者，惟六经。六经之前则三坟、五典、八索、九丘是已。周官外史掌三皇五帝之书，则国家之所职掌者，此也；楚左史倚相能读三坟、五典、八索、九丘，则学士大夫之所诵习者，此也。今其书亡而其义则略见于孔氏《尚书》之《序》，故录之以为《经籍》（考）之始。

《索隐·史记·三皇纪》言《春秋纬》称，自开辟至于获麟，凡二百二十六万七千岁，分为十纪，凡世七万六百年。一曰九头纪，二曰五龙纪，三曰摄提纪，四曰合雒纪，五曰连通纪，六曰序命纪，七曰循蜚纪，八曰因提纪，九曰禅通纪，十曰疏仡纪，则上古之书盖不可胜计。然其说荒诞，故无取焉。

这段话说明马端临对文献材料的取舍的基本观点。

在两种文献材料记载有抵牾处，而又无法断定是非者，马端临的做法是：并存而录之。

马端临注意订正前人之错误。《资治通鉴》记载唐天宝六载登科情形：李林甫怕草野之士在对策中"言其奸恶"，采用各种卑劣手段从中作梗，终至"无一人及第，林甫乃上表贺野无遗贤"。马端临说："按，温公载此事于天宝六载，然以唐《登科记》考之，是年进士二十三人，风雅古调科一人。不知何以言无一人及第也，当考。"此外关于北魏户口数等，马端临都有精当考辨。关于宋代墨书贴义的式样，他还以亲见的实物作了说明。马端临的考订的范围广泛，考年、考地、考事、考制度、文化，涉及各个方面。有些在《通考》中虽未作说明，但仍然能看出他在材料考订上下的功夫。

《文献通考》的"考"内容相当广泛，有对问题的评论，有史书考异，有史实考订，有新意的发挥。

第四讲 五代十国的封建割据

五代宋时期是中国封建社会继续发展的时期，是又一次从封建割据到全国统一的过渡时期。

1. 五代辽宋夏金时期的杂乱

五代，包含在中原地区建立的后梁、后唐、后晋、后汉、后周等五个朝代，共 13 帝，54 年，约当于公元 907 至 960 年。

宋，有北宋，南宋。北宋，传 7 代，9 帝，168 年，约当于公元 960 至 1127 年。南宋，传 7 代，7 帝，150 年，约当于公元 1127 至 1276 年。

五代时期，还有另外的十个小国和契丹人建立的辽。

两宋时期，在北方，先后有辽、西夏、金和蒙古等政权，在西方和西南方有高昌、西辽、吐蕃和大理等政权。南宋首都于 1276 年陷落后，残余的抗元斗争还延续到 1279 年。

我们在叙述这段历史时，首先讲到的是曾经统一强盛的唐朝灭亡了，梁（后梁）建立了，与此同时与后梁分庭抗礼的，就有 9 个汉族割据的政权，中国历史从此进入了自秦统一以来的，继三国两晋南北朝之后的第二次大分裂时期。在此后的 50 多年内，中原地区相继更迭为唐、晋、汉、周，而其间先后并存而时间较长的有 10 个汉族割据政权，史称五代十国时期。

贞明二年（916 年），也就是后梁建立的第十年，我国北方的契丹族建立了辽（契丹），与五代对峙为南北朝。

后周显德七年（960年），宋朝（北宋）代周，而与辽对峙为南北朝。宋经过20年的时间，消灭了汉族割据政权，但这种统一也只是相对而言的，中国境内当时还有西南的大理，西北的党项、唃厮啰，以及甘州、高昌、于阗回鹘等少数民族政权。北宋宝元元年（1038年），西北的党项族建立夏（西夏），大体形成辽、宋、夏鼎立的形势。

辽天庆五年（1115年），辽东部的女真族建立金，金天会三年（1125年）灭辽，五年灭宋（北宋），同年宋朝重建（南宋）随后南迁，形成金、宋、夏鼎立，主要是宋金对峙的政局。金天会九年，辽宗室在中国西部及中亚地区重建辽朝（西辽）。

金泰和六年（1206年），金北部的蒙古族建立蒙古国，公元1218年灭西辽，西夏于宝义二年（1227年）被蒙古所灭，金于天兴三年（1234年）为蒙、宋联军所灭，形成蒙（元）、宋对峙形势。公元1247年乌思藏纳里（今西藏）归附蒙古，蒙古至元八年（1271年）改国号为元。宋德祐二年（1276年）恭帝降元，祥兴二年（1279年）南宋为元朝所灭，元朝是唐朝之后又一个统一而强盛的朝代。

五代辽宋夏金时期，正是处于唐、元两个统一皇朝之际的分裂时期，这一分裂就长达370多年。在这一时期，分裂与战乱给人民带来了巨大的灾难与无限的痛苦，但也就在其中各地社会经济的发展与相互之间交往的加强，为元的统一，也正在无形中运筹着基本的条件。在这一时期辽、宋、夏、金诸皇朝，也在相对和平的环境下，各自的社会经济文化都得到了空前的发展，契丹、党项、女真族，迅速由原始社会末期，经过短暂的奴隶制时期进入封建社会，也都制定了相应的政治、法律和经济制度，创造了本民族文字，极大地促进了中国历史的发展。"积贫积弱"的宋朝处在相对稳定的发展时期，经济重心南移，社会生产的迅猛发展，在于农业、手工业、商业、货币、科学技术、医学等方面的发展水平的提高；城市已由封闭型发展为开放型，并出现了百万人口的大城市，镇市发展为开放型的乡村经济中心，都不仅大大超越了前代，并在当时的世界上都是首屈一指的。就宋代的哲学思想、教育、文学、史学、艺术的总体水平来说也是超越前代的，成为中国封建文化的鼎盛时期。

五代辽宋夏金时期，可以讲是内容极为复杂的历史时期，少数民族众多而各有贡献，南宋屈尊臣服而仍不失为主体民族的地位，"变乱"中孕育着"绝静","倒退"与"进步"总是同出一辙,相反相成,验证着历史"辩证"之规律。

2. 五代中历史最长后梁

朱温建立的后梁,是五代中历年最长的一个朝代,但也只有17年(907—923 年)。

朱温,唐大中六年(852 年)十月二十一日生于宋州砀山(今属安徽)午沟里,912 年被他的亲生儿子所杀,死时整 60 岁。朱温建立了后梁,后梁最终被后唐取代了。

朱温兄弟 3 人,他为小,兄朱全昱、朱存。朱温的父亲朱诚,"家世为儒","皆以教授为业",只可惜朱温幼年丧父。母亲王氏带着他们兄弟 3 人,被萧县刘崇家雇佣,日子过得十分贫寒。朱温长大后,与二兄朱存,皆"勇有力,而温尤凶悍",招来多数乡亲们的非议与讨嫌。唐乾符四年(877 年),朱温与朱存一起参加了黄巢起义,并转战岭南一带,结果朱存战死,而朱温作战有功,补为队长。

广明元年十二月(881 年 1 月),黄巢起义军攻占长安,建立了政权。朱温所部屯驻于东渭桥(今长安东北),招降了唐夏州节度使诸葛爽。中和元年(881 年)二月,朱温任东南面行营都虞侯,奉命攻打邓州(今属河南),俘虏了刺史赵戒,阻拦了由荆襄地区北攻的唐军,稳定了新建"大齐"政权的东南地区的局势。六月,朱温返回长安,黄巢亲自在灞上劳军。七月,朱温奉命至长安西面的兴平(今属陕西),抗击从邠(今彬县)、岐(今凤翔南)、鄜(今富县)、夏(今靖边北)等州调集的唐军,大获胜利;又在东渭桥一带大败唐将拓跋思恭、李孝昌等军,建立大功。

中和二年(882 年),朱温任同州防御使,攻占同州(今大荔),成为扼守大齐政权东部的大将。在同州河东岸,曾为一度归降黄巢起义军,后又复叛的唐河中节度使王重荣驻地河中府(今山西永济西)。王重荣屯兵数万与朱温对垒,朱兵寡,屡败,多向黄巢求援,均受阻于知左军事孟楷,而未能送达,此时黄巢的内部不稳,造成军势受挫。朱温的谋士落第进士谢瞳乘机劝他降唐："将军力战于外，而庸人制之于内，此章邯所以背秦而归楚也。"是年九月，朱温杀监军使严实，与大将胡真等以同州全境降于王重荣。唐僖宗获悉后异常兴奋，立即任命朱温为左金吾大将军，充河中行营副招讨使，并赐名"全忠"。

中和三年三月，唐廷任朱温为汴州刺史、宣武军节度使，待唐军收复京城后赴任。朱温加紧与各路唐军围攻长安。四月，黄巢退出长安，由蓝田关（今蓝田境）东出，攻入蔡州（今河南汝南），唐蔡州节度使秦宗权投降，于是进围陈州（今淮阳）。七月，朱温进入汴州，并立为大本营。随后，他受命为东北面都招讨使援救唐陈州刺史赵犨，猛攻围困陈州的黄巢军，大小 40 战，击败黄邺、尚让等部，解陈州之围。接着他与唐河东节度使李克用所率精锐骑兵，先击黄巢军于郾城（今属河南），再击之于中牟（今中牟东）北面的王满渡，黄巢军大将霍存、葛从周、张归厚、张归霸等投降。由于追袭黄巢有功，光启元年（885 年）九月，朱温又任检校司徒、同中书门下平章事为使相，封沛郡侯，食邑千户。6 个月后，朱温晋封为沛郡王，后又改封为吴兴郡王，食邑 3000 户。

黄巢失败后，秦宗权称帝，攻占陕（今三门峡市西）、洛（今洛阳）、怀（今沁阳）、孟（今孟县南）、唐（今唐河）、许（今许昌）、汝、郑（今均属河南）等州，成为朱温西面的强大对手。朱温兵少，便一方面派朱珍到淄州（今山东临淄南）、青州等地募兵，另一方面又向兖州（今均属山东）朱瑾、郓州（今东平西北）朱瑄求援，先后击败恃众轻敌的秦宗权的部将。汴州北边孝村一战，秦宗权大败而逃，其各地守将也纷纷动摇，秦氏势力开始衰落。西部的威胁刚一减轻，朱温就于光启三年（887 年）九月，"诬瑄招诱宣武军士，移书诮让"，朱瑄恨其恩将仇报，"复书不逊"。朱温就命朱珍、葛从周袭占曹州（今曹县西北），在刘桥（今菏泽东北）大败兖、郓军，朱瑾、朱瑄仅以身免。唐廷任朱温兼淮南节度使、东南面招讨使，但既受到已占据淮南的杨行密的抵制，又受到占据徐州（今属江苏）地区的感化节度使时溥的阻挠。于是朱温与杨、时之间的交恶也趋公开。

文德元年（888 年），朱温被任为蔡州四面行营都统，取代时溥指挥各路兵马对秦宗权的围攻。这年三月，唐僖宗病死，其弟李晔继位，是为昭宗。朱温在新旧皇帝更迭时期，乘机扩大了个人的势力，并不急于进攻蔡州。他一面派朱珍渡河北上，插手魏博兵变，从救援乐从训演变为与斩杀乐从训的罗弘信集团修好，建立黄河以北东部地区的同盟据点；另一面又派丁会、葛从周等北上河阳救援受李克用部攻击的张全义，建立黄河以北西部地区抗击河东集团的桥头堡。为加速解决蔡州问题，五月，昭宗加朱温检校侍中，增食邑 3000 户。恰在这时秦宗权集团的赵德諲举山南东道降于朱温。朱温就乘机加紧对秦宗权的围攻。八月，攻破蔡州南城。不久，秦宗权被部将扣押送交朱温。

龙纪元年（889 年）二月，秦宗权被押送到长安处死，朱温晋封为东平郡王并加检校太尉兼中书令。朱温平蔡后，解除了西面的后顾之忧，便集中兵力对付东面的时溥和朱瑄兄弟。大顺元年（890 年）四月，宿州（今属安徽）小将张筠驱逐刺史后投靠时溥，朱温借故讨伐，小胜后攻宿州未下。时溥即出兵攻宋州砀山加以牵制，朱温派朱友裕率兵打败时溥。大顺二年八月，朱温派丁会急攻宿州，引汴水淹城，迫使张筠投降。十一月，时溥部将刘知俊等也率众归附。从此，时溥兵势一蹶不振。景福二年（893 年）四月，朱温派庞师古攻克徐州，时溥于燕子楼全族自焚。接着，朱温加紧对付兖、郓的朱瑾、朱瑄兄弟，令庞师古挟攻灭时溥之余威进攻兖州，驻军于曲阜，多次打败朱瑾。乾宁元年（894 年）二月，朱温亲率大军于郓州北济州境内的鱼山，与朱瑾、朱瑄大战，火攻取胜。次年二月，又派其子朱友恭再攻兖州，堑而围之。尽管杨行密攻占濠州、寿州进行牵制和李克用派遣李承嗣等率万骑驰援郓州，朱温还是在乾宁四年（897 年）正月攻占郓州，俘杀了朱瑄。兖州守将康怀英投降，朱瑾仓皇南奔投靠杨行密。朱温从此控制了黄河以南淮河以北的大片地区，势力超过了河东的李克用。

朱温在扫除东西两方，兼并黄河以南、淮河以北地区后，开始稳固黄河以北地区，以便战胜实力强大的宿敌李克用。早在中和四年追袭黄巢时，朱温已预感 28 岁的李克用将是自己的劲敌，特意将汴州城外宿营的李克用殷勤邀请到上源驿设宴款待，乘李克用醉酒不备，纵火围攻，意欲斩除。李克用幸得部下拼死相救，狼狈突围。从此，朱李不共戴天。那时河南、淮北大体稳定，淮南杨行密还未构成重大威胁，而在河北地区的魏博节度使罗弘信及其子罗绍威，经朱温拉拢，结为奥援，可以用来对付占据幽州（今北京）的刘仁恭这个李克用的不稳定同盟者，于是将矛头北指河东。

光化元年（898 年）三月，朱温兼天平节度使。四月，朱温部将葛从周攻取李克用在太行山以东的邢（今河北邢台）、洺（今邯郸东北）、磁（今磁县）3 州。十二月，李罕之以潞州（今山西长治）归降。次年，朱温派氏叔琮进攻太原（今太原西南）和榆次（今属山西），但两战失利，被迫撤军，此后二次围攻太原，也未攻克。但此时的朱温，已为当时最为强大的割据势力，并称雄中原，开始了觊觎帝位。

光化三年（900 年）十一月，宦官刘季述等幽禁唐昭宗，立太子李裕为帝。次年初，与朱温关系密切的宰相崔胤与护驾都头孙德昭等杀了刘季述，昭宗复位，改年号为天复，并进封朱温为东平王。此后，崔胤想借朱温之手杀宦官，而韩全诲等宦官则以凤翔（今属陕西）李茂贞、邠宁（今彬县、宁县）王行瑜等为外援。这年十月，崔胤矫诏令朱温带兵赴京师，朱温乘机率兵 7 万，由河中攻取同州、华州（今华县），逼近长安近郊。韩全诲等劫持昭宗到凤翔投靠李茂贞。朱温追到凤翔城下，要求迎还昭宗。韩全诲矫诏令朱温返镇。

天复二年，朱温在返回河中后，再次围攻凤翔，多战击败李茂贞。前来救助李茂贞的鄜坊节度使李周彝也被拦截，并归降了朱温。凤翔被围许久，城中无粮，处处可见冻死、饿死的百姓。李茂贞无奈，于天复三年（903 年）正月杀韩全诲等 20 人，与朱温议和。朱温挟昭宗回长安，昭宗从此成了他的傀儡。

唐昭宗深知自己的处境，对朱温说："宗庙社稷是卿再造，朕与戚属是卿再生。"因此他对朱温唯命是从。不久，朱温杀第五可范等宦官 700 多人。唐代中期以来，长期专权的宦官势力受到了彻底的打击。朱温则被任命为守太尉、兼中书令、宣武等军节度使、诸道兵马副元帅，进爵为梁王，并加赐"回天再造竭忠守正功臣"的荣誉头衔，并御制《杨柳词》五首。在任命朱温为诸道兵马副元帅之前，商议正元帅的人选时，"崔胤请以辉王祚为之。上曰：'濮王长'。胤承全忠密旨利祚冲幼，固请之。己卯，以祚为诸道兵马元帅"。天祐元年（904 年）正月，朱温再次表请迁都洛阳（今属河南），当昭宗"车驾至华州，民夹道呼万岁。上泣谓曰：'勿呼万岁，朕不复为汝主矣！'又对他的侍臣说："朕今漂泊，不知竟落何所！"朱温把昭宗左右的小黄门、打毬供奉、内园小儿等 200 余人全部缢杀，并选来形貌相似的亲信代替。"昭宗初不能辨，久而方察。自是昭宗左右前后皆梁人矣！"

迁都洛阳后，朱温仍担心 38 岁的唐昭宗有朝一日利用李茂贞、李克用等人伺机再起，就令朱友恭、氏叔琮、蒋玄晖等杀了唐昭宗，并借皇后之命，立 13 岁的李柷为帝，是为昭宣帝。为了避开罪责，朱温在事前带兵离开洛阳，到河中前线去讨伐新附于李茂贞的杨崇本。事后，朱温回到洛阳后，"朱全忠闻朱友恭等弑昭宗，阳惊号哭，自投于地曰：'奴辈负我，令我受恶名于万代！'癸巳，至东都，伏梓宫恸哭流涕。又见帝自陈非己志。"此后，朱温杀了朱友恭和氏叔琮，为灭口了事。

天祐二年（905 年）二月，朱温又杀了李裕等唐昭宗九子。六月，杀裴枢、独孤损等朝臣 30 余人，并投尸滑州（今滑县东）白马驿附近的黄河中，说是要让这些自诩为"清流"的官员成为"浊流"。

朱温迫不及待地要废唐称帝，令唐宰相柳璨、枢密使蒋玄晖等加紧筹划。柳、蒋一则认为"魏晋以来，皆先封大国，加九锡殊礼，然后受禅，当次第行之"。再则认为，"晋、燕、岐、蜀，皆吾勍敌，王遽受禅，彼心未服，不可不曲尽义理，然后取之"。因而建议朱温按部就班，依例而行。天祐二年十一月，唐昭宣帝任命朱温为相国，总百揆，并晋封魏王，以宣武等 21 道为魏国，兼备九锡之命。这本是柳璨等为朱温正式称帝在铺垫，但朱温误为柳璨等人有意拖延时日，待机行变，先后杀了蒋玄晖、柳璨等人，意在加快篡位步伐。

天祐四年（907 年）四月，朱温筹划唐宰相张文蔚率百官劝进，随即正式称帝，更名为朱晃，庙号太祖。改元开平，国号大梁，史称后梁。升汴州为开封府（今河南开封），建为东都，而以唐东都洛阳为西都。废17 岁的唐昭宣帝为济阴王，迁往曹州济阴囚禁，并于次年二月将他杀害，朱温篡唐立梁。

3. 朱温死在亲子友珪的手里

朱温在位 6 年，连年征战。

朱温称帝伊始，封马殷为楚王，以稳定两湖地区；封钱镠为吴越王，牵制淮南的杨渥；封刘守文为大彭王、刘守光为河间郡王（后又晋封为燕王），牵制河东李克用。他所做的这一切都是为了减轻其割据政权的压力，稳定局面。然而，以唐朝所封的诸王为主，反梁的势力依然相当强大。岐王李茂贞以唐朝忠臣的面目出现，仍以天复年号，开府置官，致书各地，声言讨伐朱梁；蜀王王建则在成都称帝，公开另立旗号，称霸一方；吴王杨行密已死，其子杨渥继立，内部虽多变故，但仍奉唐朝正朔，不肯臣服朱梁；晋王李克用，此乃反梁的核心势力，已成反梁各路势力的盟主。朱温针对这一切，便以李克用为靶心，向晋开战。

晋东的泽（今山西晋城）、潞（今长治）两州，地处入晋要冲，朱温称帝前，曾与晋军反复争夺，几经交战。开平元年（907 年）五月，朱温派康怀贞将兵 8 万，再攻潞州、高河（今屯留东南），梁军大败。朱温又派李思安去战，也久攻不下，急便亲临泽州，改用刘知俊，刘知俊率精兵万余，进攻晋军，小胜而骄，结果遭晋王李存勖偷袭，终大败。梁兵伤亡万计，才算解了围困一年之久的潞州。朱温闻讯而叹："生子当如李亚子（李存勖小名），克用为不亡矣！至如吾儿，豚犬耳！"潞州一战，内创严重，"士民冻馁死者大半，市里萧条"。

开平三年（909 年），朱温迁都洛阳，以养子博王朱友文为东都留守。自潞州大败之后，朱温对部下猜忌日增。镇守长安的王重师，朱温怒其"贡奉不时"，又听谗言，逼他自杀，并夷其族；镇守同州的刘知俊见王重师无罪被杀，心不自安，遂以同州附于李茂贞。朱温又怀疑镇守镇（今河北正定）、定（今属河北）两州的王镕私通李存勖，派王景仁出兵进攻，王镕向李存勖和刘守光求助。刘守光坐视不动，李存勖则乘机亲率大军东进。乾化元年（911 年）正月，在柏乡（今属河北）大败梁兵，杀敌 2 万，缴获粮食资财不可胜计。

乾化二年（912 年）二月，朱温再次进攻镇、定两州，号称用兵 50 万。命杨师厚等围枣强（今枣强东），贺德伦等围蓚县（今景县）。杨师厚昼夜急攻，枣强城小被陷，城中老幼悉数被杀，流血盈城。朱温亲率部队，竟被晋军数百骑兵突袭，狼狈逃窜，损失无数，扶病回到洛阳。朱温的滥杀是历史上罕见的，一是滥杀战俘，二是滥杀部属，三是滥杀士人。朱温的荒淫，行同禽兽，在帝王中也属罕见。他"纵意声色，诸子虽在外，常征其妇人侍，帝往往乱之"；"太祖兵败蓚县，道病，还洛，幸全义会节园避暑，留旬日，全义妻女皆迫淫之"。张全义之子愤极，欲手刃朱温，而朱温的儿子们，不知羞耻，用妻争宠，博取欢心，争夺储位，旷古丑闻。

朱温病重，欲将养子朱友文从东都招来洛阳，付以后事，"朱友文妇王氏色美，帝（朱温）尤宠之，虽未以友文为太子，帝意常属之"。朱温亲子，"友珪妇亦朝夕侍帝侧，知之，密告友珪曰：'大家（指朱温）以传国宝付王氏怀往东都，吾属死无日矣！'"朱友珪随即利用他掌握的宫廷宿卫侍从，及其亲信韩勍所部牙兵，发动宫廷政变，"中夜斩关人"，"友珪仆夫冯廷谔刺帝腹，刃出于背。友珪自以败毡裹之，瘗于寝殿"，朱温终于乾化二年（912 年）六月，死在亲子朱友珪的手里。

后梁世系：

（一）太祖朱温（907—912 年），（二）末帝朱友贞（913—923 年）。

4. 李存勖建立后唐的 14 年

李存勖建立的后唐，有 14 年（923—936 年）。

李存勖（885—926 年），李克用长子，沙陀部人。李克用（856—908 年），其祖先为西突厥别部，因驻帐于沙陀碛（今新疆古尔班通古特沙漠），自号为沙陀部，以朱邪为姓。祖父朱邪赤心，随唐将康承训击败庞勋起义，因功被任单于大都护、振武军节度使，并赐姓李，名国昌。李克用，别号李鸦儿，一目失明，又号独眼龙。他为李存勖建后唐称帝，奠定了基础。

天祐五年，又梁开平二年（908 年）正月，李克用病死，24 岁的李存勖袭位为晋王。二月即杀其觊觎王位的叔父李克宁，以稳定局面；四月又从潞州（今山西长治）前线，调回周德威，麻痹梁军。他对诸将说："汴人闻我有丧，必谓不能兴师；又以我少年嗣位，未习戎事，必有骄怠之心。若简练兵甲，倍道兼行，出其不意，以吾愤激之众，击彼骄惰之师，拉朽摧枯，未云其易，解围定霸，在此一役。"随即亲率大军，分三路进攻，先破除梁军所建"夹城"，从东北面进入潞州城，与守将李嗣昭会师，杀梁兵万余，俘梁副招讨使符道昭等将领三百人，取得了潞州解围战的全胜。接着，李存勖又乘王建、李茂贞合攻朱梁大安（今陕西勉县西南）之机，派周德威进攻晋州（今山西临汾），在神山（今浮山南）大败梁军。

天祐六年，镇守同州（今陕西大荔）的后梁大将刘知俊，叛附李茂贞，要求增援。李存勖亲率大军到阴地关（今山西灵石南关），再次派周德威攻打晋州，在蒙阬（今曲沃北）击败梁军。次年，朱温派王景仁攻打唐昭宗所封赵王王镕的镇（今河北正定）、定（今属河北）二州，王镕向李存勖求援，李存勖力排众议，率兵往救，在赵州（今赵县）境内的柏乡（今属河北）一带与梁军对垒。天祐八年正月，装备精良的梁军被打得大败，斩首两万，缴获马匹三千，辎重无数。经此柏乡一战，梁军元气大伤，被迫从深（今深县）、冀（今冀县）二州撤退。晋军则接连南攻邢（今邢台）、魏（今大名北）、博（今山东聊城东）、卫（今河南汲县）等州，一直打到黄河北岸。次年，梁军再次北攻，屠枣强（今河北枣强东），围蓨县（今景县），结果又被晋军打得大败，朱温狼狈南撤。

正当李存勖南攻时，幽州（今北京）一带的刘守光打算乘机谋取镇、定二州。李存勖回师战刘守光。李存勖先用骄兵之计，使愚将刘守光忘乎所以，后派周德威统兵三万联合镇、定二州之兵，围攻幽州。经两年苦战，杀了刘守光及其父刘仁恭，幽冀一带归李存勖辖地。

天祐十二年，又梁贞明元年（915年），梁末帝乘魏博节度使杨师厚病死之机，将其所辖六州分为两镇，以图削弱藩镇势力，结果引起魏博兵变。变兵请降附晋，李存勖乘势占领魏州，杀变兵首领张彦，亲自兼领魏博节度使。接着又攻取德州（今山东陵县）、澶州（今河南清丰西）。次年在大败梁援军之后，又攻取了卫州、磁州（今河北磁县）、洺州（今永年东南）、邢州。而相州（今河南安阳）、沧州（今河北沧州东南）和贝州（今清河西）均不战而取。这样，黄河以北除黎阳（今河南浚县东）一地外，都被晋军所占。

天祐十四年李存勖攻占博州，在黄河南岸的杨刘城（今山东东阿东北）建立了战略据点，并一度攻入郓州（今东平西北）、胡柳陂（今山东鄄城西南）。这一战，周德威战死，李存勖反败为胜。次年，李存勖又在澶州之南，夹黄河筑德胜南北两城，并架浮桥相通，梁军多次进攻，均被击退，此为晋军南进的又一桥头堡，晋军强势发展。

李存勖身为晋王，作战身先士卒，喜引轻骑，迫敌挑战，也常陷险境。他常说："定天下者非百战何由得之，安可深居帷房以自肥乎？"

天祐二十年，又梁龙德三年（923年）四月，李存勖在魏州称帝，以天祐二十年为同光元年，国号为唐，以此表示是唐朝的合法继承人，以增强反梁的号召力，史称后唐，李存勖庙号庄宗。

李存勖即位后，得知后梁郓州防守空虚，派李嗣源乘虚而入，占领郓州。这时，后梁大恐，派大将王彦章为北面招讨使，率精锐沿河东下。后唐军在德胜失守后坚守杨刘，李存勖亲率援军赶到，几经激战，保住了杨刘，迫使梁军撤退。紧接着，李存勖又趁梁军（时王彦章已被段凝取代）渡河北上和各路梁军分兵作战，导致汴梁地区防守空虚，再次乘虚而入，不顾归路被断、后方不稳等不利因素，直捣后梁首府开封，继而接连得胜，擒王彦章等梁将多人，轻骑兼程，顺利攻入汴梁。梁末帝自杀，李存勖也就此完成了灭梁大业。废开封府为汴州，后定都东都洛阳。同光三年灭前蜀，达到后唐全盛时期。

李存勖骁勇善战，战绩非凡，堪称杰出军事家。但他治国乏术，用人无方，称帝三年而终至众叛亲离、身死族灭。李存勖弊政之一是重用伶人和宦官。他常自傅粉墨与伶人共戏，因而伶人们恃宠怙势，出入宫掖，侮弄朝臣，其中伶官景进，"军机国政，皆与参决。三司使孔谦兄事之，呼为八哥"；他采纳宦官建议，"分天下财赋为内外府，州县上供者入外府，充经费；方镇贡献者入内府，充游宴及给赐左右。于是外府常虚竭无余而内府山积"。唐代后期宦官跋扈之势俨然重现，朝臣不满。李存勖弊政之二是允许皇后干政。皇后刘氏，本不为元妃，是一个六亲不认的势利小人，因有宠于李存勖，后进封为皇后。伶官如景进、降将如段凝、张全义、袁象先都通过厚赂刘氏而得到重用。同光三年，大将郭崇韬带兵伐蜀，仅用 70 天，就迫蜀主王衍出降。但他与宦官不合，被诬告存有异心，李存勖在犹豫，刘氏竟密令杀郭崇韬父子，后又杀了大将朱友谦及其部将史武等 7 人，皆灭其族。这些都让后唐功臣宿将，人人自危，诸镇怨愤，流言四起。伐蜀建功的骁将康延孝为郭、朱复仇而反唐，尽管很快兵败身死，但此兵变终酿成后唐史上的重大事变。同光四年，军粮不足，军心动摇，宰相请发内库供应诸军，刘氏竟交出妆具银盆两只和三名幼皇子，谎言宫中别无积蓄，让拿去便卖充军，吓坏了众宰相。

同光四年（926 年）二月，戍守瓦桥关（在今河北雄县南）的士兵期满回镇，到达贝州，接到敕令，要他们就地留屯，人心浮动，发生兵变，指挥使杨仁晟被杀。变兵奉赵在礼为帅，焚掠贝州后兼程南下，攻占邺都（今河北临漳西南）。李存勖急派元行钦带兵进讨，反为所败。危急之际，李存勖不得已，起用所忌宿将李嗣源，率侍卫亲军前去镇压。兵至邺都城下，亲军哗变，拥李嗣源入城与赵在礼联军。李嗣源本无此意，但迫于内外形势，在无以自明的情况下率变兵南下。李存勖得知情况大变，急忙率扈从兵两万五千人从洛阳东进大梁，途中得知大梁失守，只好下令回师，沿途士兵逃亡一半。他再三抚慰士卒，许以厚赏，士卒不感圣恩。李存勖曲折返洛，亲军从马直指挥使郭从谦率众哗变，混战之中，李存勖被流矢射中，身亡。

后唐世系：

（一）庄宗李存勖（923—926 年），（二）明宗李嗣源（李克用养子）（926—933 年），（三）闵帝李从厚（934 年），（四）末帝李从珂（李嗣源养子）（934—936 年）。

5. 石敬瑭羞耻的后晋 11 年

石敬瑭建立的后晋，有 11 年（936—947 年）。

石敬瑭（892—942 年），唐沙陀部人。

石敬瑭的父亲名臬捩鸡，"其姓石氏，不知得其姓之始也"，善于骑射，有经远大略，在李克用、李存勖时累立战功，官至洺州（今河北邯郸东北）刺史。石敬瑭是他的次子，唐景福元年（892 年）二月二十八日生于太原汾阳里。他为人沉厚寡言，爱读兵法，推崇战国李牧、汉将周亚夫用兵之术。李嗣源任代州刺史时，很器重他，妻以爱女，从此他隶属于李嗣源帐下，统领号称"左射军"的亲军，成为李嗣源的心腹爱将。

天祐十三年，又后梁贞明二年（916 年）二月，后梁将刘鄩突至清平（今山东高唐西南），情况危急。石敬瑭此刻率十余骑，深入敌阵，左右冲杀，无人敢当，终于将李存勖的被围部队解救出来。李存勖对他大加奖掖，他也因此而扬名。天祐十五年十一月，晋军攻占杨刘镇（今东阿东北），李嗣源中了埋伏，十分狼狈。石敬瑭作为殿后，击败梁军骑兵，从容退回。十二月，李存勖与梁军于胡柳陂大战，大将周德威战死，石敬瑭指挥左射军跟随李嗣源再次打败梁军。此后，李嗣源曾多次遇险，均得石敬瑭力战，得以解脱。赵在礼、魏博兵变时，李嗣源被派去镇压，到了魏州（今河北大名北），所部又发生兵变，李嗣源打算独自返回，以示自己并无反意。石敬瑭说："岂有军变于外，上将独无事者乎？且犹豫者兵家大忌，不如速。愿得骑兵三百先攻汴州，夷门天下之要害也，得之可以成事。"李嗣源同意石敬瑭的见解，很快占领汴梁。李存勖从洛阳赶来，为时已晚，兵众溃散，只好西返。李嗣源就以石敬瑭为前锋西攻。不久，李存勖在洛阳被杀，李嗣源继位为帝，石敬瑭佐命夺权有功，被任为保义军节度使（镇陕州，今三门峡市），赐号"竭忠建策兴复功臣"，兼六军诸卫副使。

石敬瑭于李嗣源在位的8年间，不断受到重用，到了长兴三年（932年）十一月被任为河东节度使（镇山西太原），兼大同（镇云州，今大同）、振武（镇朔州，今朔县）、彰国（镇应州，今应县）、威塞（镇新州，今河北涿鹿）等军蕃汉马步军总管，成为后唐居北方地区军权的大员。

长兴四年（933年）十一月，李嗣源死，子李从厚继位，是为闵帝，次年改元应顺。石敬瑭加中书令，并调任成德镇节度使（镇镇州，今河北正定），而以凤翔节度使（镇凤翔府，今陕西凤翔）潞王李从珂为河东节度使。李从珂拒不受命，率军攻入洛阳，急召石敬瑭前去商议大事。石敬瑭在卫州（今河南汲县）遇到出逃的闵帝，尽杀其左右百余人，并将其幽禁于卫州，向李从珂邀功。四月，李从珂继位为后唐末帝，改元清泰。开始怀疑石敬瑭，处处提防，常常试探。石敬瑭清楚自己已处险境，事事小心谨慎。"山陵（指安葬明宗）既毕，不敢言归。时石敬瑭久病羸瘠，太后（曹太后，魏国公主母）及魏国公主（石敬瑭妻）屡为之言，而凤翔将佐多劝帝留之。惟韩昭胤、李专美以为赵延寿在汴，不宜猜忌敬瑭。帝亦见其骨立，不以为虞。乃曰：'石郎不惟密亲，兼自少与吾同艰难，今我为天子，非石郎尚谁托哉！'乃复以为河东节度使。"这一安排，对于石敬瑭来说，真是喜出望外，被称之为纵蛟龙入深渊。

"石敬瑭既还镇，阴为自全之计"，"于宾客前自称羸瘠，不堪为帅，冀朝廷不之忌。"石敬瑭借口契丹屡犯北边，要求调运军粮。他的部属都已看出他的用心，打算扶立石敬瑭以邀赏，而石敬瑭认为时机未成，就命刘知远杀了为首的挟马都将李晖等36人，遮掩阴谋。此举，李从珂也更加疑心，当石敬瑭之妻辞归太原时，李从珂乘醉说："何不且留，遽归欲与石郎反邪？"石敬瑭知后，更加不安。为了窥测李从珂意图，石敬瑭"累表白陈羸疾，乞解兵柄（指北面马步军都总管），移他镇"。总之，石敬瑭为了等待夺权的时机，已是韬光养晦，费尽了心机。

李从珂曾一度打算采纳吕琦、李崧等人提出的实行和亲政策，抢先与契丹结好，而除去石敬瑭反叛的依靠力量，可是并没成功。当李从珂与朝臣议论是否接受石敬瑭的移镇请求时，群臣均认为不可。枢密直学士薛文遇则认为"河东移亦反，不移亦反，在旦暮耳，不若先事图之"。李从珂表示赞同，下令以石敬瑭为天平节度使，并且派张敬达为西北蕃汉马步都部署，催促石敬瑭移镇郓州（今山东东平西北）。

石敬瑭先是称病，观察动静，接着就上表，要李从珂下台，说："帝养子，不应承祀，请传位许王（李嗣源幼子李从益）。"李从珂随即下诏削夺石敬瑭官爵，令张敬达等围攻太原。"石敬瑭遣间使求救于契丹，令桑维翰草表称臣于契丹主耶律德光，且请以父礼事之。约事捷之日割卢龙一道及雁门关以北诸州与之。"这些实在是太失体统，置国格人格不顾，连亲信刘知远都说："称臣可矣，以父事之太过，厚以金帛赂之，自足致其兵，不必许以土田，恐异日大为中国之患，悔之无及。"可是，一心想做皇帝的石敬瑭，则舍一切，厚颜无耻，竟认小自己10岁的耶律德光为父，可谓历史上臭名昭著的帝王。这年九月，耶律德光率5万骑兵，由雁门关入援石敬瑭，大败后唐军。十一月，"契丹主作册书，命敬瑭为大晋皇帝"。石敬瑭于柳林（在今太原东南）即皇帝位，是为后晋太祖。石敬瑭"割幽（今北京）、蓟（今天津蓟县）、瀛（今河北河间）、莫（今任丘北）、涿（今涿县）、檀（今北京密云）、顺（今顺义）、新（今河北涿鹿）、妫（今沦为官厅水库）、儒（今北京延庆）、武（今河北宣化）、云（今山西大同）、应（今应县）、寰（今朔县东）、朔（今朔县）、蔚（今灵丘）十六州以与契丹。仍许岁输帛三十万匹"。改后唐长兴七年为后晋天福元年（936年）。不久，张敬达营寨内乱，张敬达为其副手杨光远所杀，杨光远率全军降晋。于是石敬瑭与契丹联军南向，耶律德光至上党（今长治）北返，石敬瑭渡河南下，李从珂与家属登洛阳玄武楼，自焚而亡。后晋定都汴州，升为东京开封府。

石敬瑭"新得天下，藩镇多未服从，或虽服从，反仄不安。兵火之余，府库殚竭，民间困穷，而契丹征求无厌"。宰相兼枢密使桑维翰"劝帝推诚弃怨以抚藩镇，卑辞厚礼以奉契丹，训卒缮兵以修武备，务农桑以实仓廪，通商贾以丰货财。数年之间，中国稍安"。

天福三年（辽会同元年，938 年），石敬瑭"上尊号于契丹主及太后。戊寅，以冯道为太后册礼使，左仆射刘煦为契丹主册礼使，备卤簿、仪仗、车辂，诣契丹行礼；契丹主大悦。帝（石敬瑭）事契丹甚谨，奉表称臣，谓契丹主为'父皇帝'。每契丹使至，帝于别殿拜受诏敕，岁输金币三十万之外，吉凶庆吊，岁时赠遗，玩好珍异，相继于道。乃至应天太后、元帅太子伟王、南北二王韩延徽、赵延寿等诸大臣皆有赂。小不如意，辄来责让，帝常卑辞谢之。晋使者至契丹，契丹骄倨，多不逊语。使者还以闻，朝野咸以为耻，而帝事之曾无倦意"。

石敬瑭的所作所为，只有少数人赞同支持。不少藩镇则乘民心不归之机，起兵谋取帝位，石敬瑭就用各种办法加以镇压。尽管多次反抗失败，但众多的反抗，不仅在军事上大大削弱了石敬瑭的力量，更在心理上沉重地打击了石敬瑭。石敬瑭终于忧郁成疾，不久结束了他可耻的一生，终年51 岁。

后晋世系：

（一）高祖石敬瑭（936—942 年），（二）出帝石重贵（942—947 年）。

6. 刘知远所建后汉只有 4 年

刘知远建立的后汉，只有 4 年（947—950 年），是最短命的一个朝代。

刘知远（895—948 年），沙陀部人，为东汉明帝第八子淮阳王刘昞的后代，唐乾宁二年（895 年）二月四日生于太原。刘知远，体弱不好动，表情严肃，沉默寡言，面紫色，眼翻白，外表似威严。

刘知远年轻时家贫，为晋阳（即太原）李氏赘婿，后他与石敬瑭一起，隶属李嗣源的麾下，为偏将。李嗣源与梁军在德胜（今河南清丰西南）作战时，石敬瑭的马甲断裂，几乎被梁军赶上，刘知远便把坐骑让于石敬瑭，他则后还，石敬瑭为此很感动。李嗣源即帝位，石敬瑭任河东节度使，特地扶他在自己属下，担任押衙，成为心腹。

应顺元年（934 年），李从珂攻入洛阳，石敬瑭在卫州（今汲县）与出逃的闵帝李从厚相遇，双方发生冲突，刘知远作了周密安排，亲自护卫石敬瑭，并且率兵把闵帝的左右全部杀光，将闵帝幽禁。李从珂继位后，石敬瑭重新被任为河东节度使。不久双方发生矛盾，石敬瑭在太原策划叛乱，以刘知远和桑维翰为左右手。桑维翰提出向契丹称儿臣，割土地以换取援助时，刘知远不以为然，说："称臣可矣！以父事之太过；厚以金帛赂之，自足致其兵，不必许以土田，恐异日大为中国之患，悔之无及。"但是未被石敬瑭采纳。当后唐进围太原时，刘知远以五千之众，抵住了张敬达五万大军的进攻，受到石敬瑭的赏识。

石敬瑭称帝后，刘知远任侍卫亲军都虞侯，领保义军（镇陕州，今三门峡市）节度使。耶律德光很看重他，临别时指着刘知远对石敬瑭说："此都军甚操剌（勇猛），无大故勿弃之。"石敬瑭进入洛阳，令他负责巡警，全城肃然，无敢犯令。

天福二年（937年）四月，刘知远升任检校太保、侍卫马步军都指挥使，领忠武军（镇许州，今许昌）节度使。不久，让他与杜重威交换职务任归德军（镇宋州，今商丘南）节度使。他历来看不起靠裙带关系向上爬的杜重威，对于与杜同制的安排极为不满，多日杜门不出，拒不受命。石敬瑭十分恼火，打算罢去他的兵权勒归私第。宰相赵莹认为不妥，就派人前去宣诏，刘知远这才勉强受命，而石敬瑭从此对他不满。天福五年（940年）刘知远被任邺都（今河北大名东北）留守，虽然仍兼侍卫亲军马步都指挥使，实际已将他驱逐出朝廷。第二年，刘知远又被改任北京（即太原府，今山西太原西南）留守、河东节度使，但免去他侍卫亲军马步都指挥使的兼职，改由杜重威代之。刘知远清楚这一调任的用意，也就利用河东这块地盘，不断发展自己，储备实力。他"遣亲将郭威以诏指说吐谷浑酋长白承福，令去安重荣归朝廷"，白承福归降后，"处之太原东山及岚（今岚县北）、石（今离石）之间，表承福领大同节度使（镇云州，今大同），收其精骑以隶麾下"，石敬瑭来不及采取行动，就于天福七年（942年）六月病死，继位的少帝石重贵昏庸无能，加之对外忙于应付契丹，对内只好姑息藩镇，对刘知远一再加官晋爵，先是加检校太师，进位中书令，继而又封太原王，兼北面行营都统。可是当契丹南下，后晋朝廷"命刘知远会兵山东，皆后期不至。帝疑之，谓所亲曰：'太原殊不助朕，必有异图。果有分，何不速为之？'"在刘知远则"虽为都统，而实无临制之权，密谋大计，皆不得预。知远亦自知见疏，但慎事自守而已”。郭威劝他说：“河东山川险固，风俗尚武，士多战马。静则勤稼穑，动则习军旅，此霸王之资也，何忧乎？”刘知远一心扩充实力，伺机待动。

石重贵为帝后，对契丹称孙不称臣，耶律德光大怒，两次派兵南下伐晋，均被击退。开运三年（946年），耶律德光第三次南下伐晋，由于杜重威投降，而导致契丹进占开封，石重贵只得投降，后晋灭亡。

晋辽作战时，刘知远据守本境，一概不问，坐观成败，相机行事。等到耶律德光占领了汴梁，他才派王峻“奉三表诣契丹。一贺入汴，二以太原夷夏杂居，戍兵所聚未敢离镇，三以应有贡物，值契丹将刘九一军自土门西入，屯于南川，城中忧惧，俟召还此军，道路始通可以入贡”。耶律德光明知刘知远骑墙观望，别有所图，只因中原不稳，无力西顾，也就假意褒美，而语多有讥讽。有人劝刘知远举兵进取，而他却说：“用兵有缓有急，当随时制宜，今契丹新降晋兵十万，虎据京邑，未有它变，岂可轻动哉！且观其所利，止于货财，货财既足，必将北去，况冰雪已消，势难久留，宜待其去，然后取之，可以万全。”当石重贵一行被掳北去时，刘知远还装模作样，说要“出兵井陉，迎归晋阳”，当军士们向他争呼万岁，要他“先正位号”时，他却又说：“虏势尚强，吾军威未振”，命左右遏止之。直到郭威、杨邠等再三劝进，他才表示接受建议，并于开运四年（947年）二月，在太原登上皇位。刘知远“自言未忍改晋”，只厌少帝的开运年号，就重新启用天福年号，称947年为天福十二年。这年六月，刘知远到洛阳，正式改国号为汉，史称后汉。次年正月改年号为乾祐，可是不到半个月他就病死了，终年54岁。这种先称帝，后改国号和年号的做法，在我国历史上也是罕见的，可见刘知远的用心如此良苦。

刘知远虽有应运，但无君德，在位也仅有一年，谈不上什么治绩。他称帝后，其亲信将佐都执掌重要部门。杨邠、郭威任正副枢密使，苏逢吉、苏禹珪同为宰相，王章任三司使，史弘肇为侍卫亲军马步军都指挥使兼平章事。这些人中除郭威外，都横蛮无知，嗜杀成性，而刘知远也是一个杀人不眨眼的武夫。早在后唐的张敬达围攻太原时，有千余名骁卒投降，石敬瑭打算将其编入亲军，刘知远却下令将他们全部杀掉；他任后晋河东节度使时，招致吐谷浑白承福，而到开运三年（946年）他又与郭威一起“诬承福等五族谋叛，以兵围而杀之，合四百口，籍没其家赀”。

耶律德光从汴梁北撤时，留守河南的萧翰获悉刘知远自太原南下，出逃前慌忙令后唐明宗的幼子李从益及其母王淑妃维持局面，"矫称契丹主命，以从益知南朝军国事"，当时李从益母子不得已而从之，只待萧翰一逃，王淑妃就要求部属"宜早迎新主"。尽管如此，刘知远也不肯放过李从益母子，待他一到洛阳，"命郑州防御使郭从义先入大梁清宫，密令杀李从益及王淑妃。"

可是刘知远对于拥兵自重的藩镇，却拉拢姑息有加。他不但为活着的大小军阀加官晋爵，而且还为死去的军阀赠爵封王。他对杜重威这样一个投降契丹，而招致后梁灭亡的叛臣，仍然任命为太尉、归德军节度使。杜重威据邺城不愿换防而举兵反，刘知远亲自带兵镇压迫其投降后，竟仍拜他为检校太师、守太傅、兼中书令。直到刘知远自己病重临终，才嘱顾命大臣杀杜重威父子。

综上所述，盖棺史评：刘知远"虽有应运之名，而未睹为君之德"，这是有一定道理的。

后汉世系：

（一）高祖刘知远（947年），（二）隐帝刘承祐（948—950年）。

7. 太祖郭威在后周进行改革

郭威建立的后周，有9年（951—960年）。

五代时期的晚期，后周的郭威在政治上、经济上进行了改革。他减轻了赋敛和刑罚，惩办了一些贪官污吏，使农民有一个比较安心的生产条件。他的改革曾吸引了数十万人迁入后周统治区内来。

郭威（904—954年），字文仲，邢州尧山（今河北隆尧）人。郭威之父郭简，后晋时任顺州刺史，后被刘仁恭所杀。

郭威于唐天祐元年（904年）七月二十八日出生于尧山；3岁时徙家太原，不久就成了孤儿，由姨母韩氏抚养；18岁时，往依潞州（今长治）故人常氏，正值李继韬在潞州招募兵勇，由于身材魁梧，习武好斗，便去投军，并得到李继韬的赏识，常有犯禁之事，李继韬也常加以庇护；21岁时，李存勖杀了李继韬，并将其部属编入自己的亲军"从马直"，那时郭威也在其中，而且因通书算，当上了军吏。那时，郭威认真地读了《阃外春秋》，也就略知兵法一二，从此脑中多了根弦，处事也就不再鲁莽了。

在刘知远任后晋侍卫亲军都虞侯时，郭威已主动归隶其下，很受器重。不论刘知远调任何处，他都追随左右，可谓刘之心腹。契丹灭后晋时，郭威和苏逢吉、杨邠、史弘肇等，力劝刘知远建号，也就成了后汉的开国功臣。"时百度草创，四方犹梗，经纶缔构"，郭威等辈也都悉心竭力，知无不为，为刘知远最重要的辅弼功臣之一。刘知远临终前，任命郭威与杨邠、史弘肇等为顾命大臣，其目的是要他们辅佐年仅18岁的刘承祐。刘承祐继位后，以郭威为枢密使。

不久，河中节度使（镇河中府，今山西永济西）李守贞、永兴节度使（镇京兆府，今陕西西安）赵思绾、凤翔节度使王景崇相继发动叛乱，刘承祐派白文珂、郭从义、常思等分别去讨伐叛军，但久而无功。刘承祐此时想要请郭威出征讨伐叛军，郭威说："臣不敢请，亦不敢辞，唯陛下命。"于是刘承祐就加封郭威，以同中书门下平章事的头衔，督诸将征讨三镇。

郭威在军中接见宾客时，衣着宽袍大袖，风度儒雅；上阵打仗时，则身穿短装，与士兵一样。郭威"临矢石，冒锋刃，必以身先，与士伍分甘共苦"，士兵立功，即与厚赏；作战负伤，亲自慰问；不管何人建议，都能和颜悦色，接待请听；属下得罪了他，也从不介意，深得部下将士的拥护和忠顺。这次出征讨伐叛军，郭威在议论如何用兵时，虚心听取了部将扈彦珂的意见，先击河中。郭威自栅于城东，令常思栅于城南，白文珂栅于城西，又调壮丁两万人筑连垒，以护三栅，围而不打，消耗敌军实力。一年后，城中兵食俱尽，郭威这才下令攻城，一举获胜，迫使李守贞与妻子自焚而去。在此攻城前后赵思绾、王景崇也因力弱，或降或亡，从而控制和稳定了当时的局势。为此，刘承祐论功行赏，加封郭威检校太师兼侍中的官爵，送玉带给他。此时，郭威却说破贼不是他一人之功，应该还有当朝将相，不能独受。于是刘承祐把杨邠、史弘肇等一批大臣们都招来，赐以玉带。郭威又推功大臣，于是窦贞固、苏逢吉等都加官晋爵。此外，他又提出汉诸宗室、天下方镇、州县官员等，于是滥赏遍于天下。因此，朝廷上下皆大欢喜，郭威也就自然而然地助长了自己的威望。乾祐三年（950年）四月，郭威被任为邺都（今河北大名北）留守、天雄军节度使（镇邺都），且以枢密使名义节制河北各州军事。

这年十一月，刘承祐不愿再受顾命大臣的控制，便与舅父李业等定计，先杀了在京的史弘肇、杨邠、王章等，再派人去杀在外的郭威、王殷、王峻等人。当郭威得知汴京事变后，与亲信魏仁浦商量对策，"仁浦劝威反，教威倒用留守印，更为诏书，诏威诛诸将校以激怒之，将校皆愤然效用"。于是郭威就以清君侧、杀李业等为名在邺都起兵，渡河南下。此时，刘承祐一面派兵抵御，一面杀了郭威在京的亲属，甚至"婴孺无免者"。几天后，"（郭）威兵临开封城下，刘承祐为乱兵所杀。郭威入京师，纵火大掠"。郭威并没有立即称帝，却让太后下令，立刘知远的侄子刘赟为嗣，并派大臣去徐州迎接；同时又暗中派人，在途中将刘赟杀死。郭威自己则以北上讨伐契丹为名，带兵在澶州（今河南濮阳），"诸军将士大噪趋驿，如墙而进，帝闭门拒之。军士登墙越屋而入，请帝为天子。乱军山积，登阶匝陛，扶抱拥迫，或有裂黄旗以被帝体，以代赭袍，山呼震地"。然后，郭威返回汴京，迫使太后下令，由郭威监国。此时，郭威还发布文告，表白自己"逊避无由，俛俯遵承，夙夜忧愧"。其实，这一切所为，只是掩人耳目。次年正月，郭威即定帝位，庙号太祖。郭威自认为周朝虢叔之后，定国号为周，史称后周，改为广顺元年（951 年），仍建都东京开封府。

郭威幼年孤贫，也知民间疾苦，即位后，着手革除前朝弊政，减轻赋税、刑罚，并当即下诏："凡仓场库务掌纳官吏，无得收'斗余''称耗'。旧所进羡余物，悉罢之。"这减免了原先所收的额外税收，大大减轻了农民的负担。同诏又说："犯窃盗及奸者，并依晋天福元年（936 年）以前刑名，罪人非反逆，无得诛及亲族，籍没家赀。"这与后汉时"窃盗一钱以上皆死，又罪非反逆往往族诛籍没"的规定相比，有了明显的减轻，自然就得到了百姓的拥护。

广顺二年（952 年）七月，郭威就后汉时"犯私盐、曲无问多少抵死"的规定，下诏："犯盐、曲者以斤两定刑有差"。具体规定："诸色犯盐、曲，所犯一斤已下至一两，杖八十，配役；五斤已下，一斤已上，徒三年；五斤已上，重杖一顿，处死。"同年十一月，郭威又下诏："约每岁民间所输牛皮，三分减二。计田十顷，税取一皮，余听民自用及买卖，惟禁卖于敌国。"这比起后汉"兵兴以来，禁民私卖牛皮，悉令输官受直"，就政策而言，极为宽松。因为这所谓的"受直"，在后唐明宗时，只给些盐；

后晋天福中期，连盐也不给了；后汉更严厉到"犯私牛皮一寸抵死"的程度，然而牛皮"民间日用实不可无，帝素知其弊，至是李谷建议均于田亩，公私便之"。

唐末以来，在中原有户部管理的营田务，流弊很多；还有当年朱温征讨淮南时，将掠得的以千万计的耕牛租给农民，可数十年后，"牛死而租不除，民甚苦之。帝素知其弊"。广顺三年（953年）正月，"敕悉罢户部营田务，以其民隶州县，其田、庐、牛、农器并赐见佃者为永业，悉除租牛课。"郭威如此之举，无疑大大地调动了农民的积极性，有利于恢复和发展农业的生产。那时，曾有人建议郭威，将部分肥沃的营田出卖，"可得钱数十万缗以资国。帝曰：'利在于民，犹在国也。朕用此钱何为？'"

郭威在整顿朝廷、强化皇权上也颇有作为。广顺元年（951年）十二月，刘知远的同母异父弟泰宁节度使（镇兖州，今属山东）据兖州策反，郭威随即于次年正月派曹英等前去讨伐，五月又亲征，斩慕容延超等，巩固了政权。大臣王峻恃功不逊，干涉皇权，郭威于广顺三年（953年）将其贬为商州（今陕西商州）司马。至于有"震主之势"的王殷，乘其入朝，也加以贬杀。郭威在惩治贪官上，也多有良好记录。郭威的这些改革与整顿，为后周世宗柴荣的著名改革，奠定了基础，开创了局面。

此外，郭威还是历史上较为节俭的皇帝。他即位伊始，就对近臣们说："朕起于寒微，备尝艰苦，遭时丧乱，一旦为帝王，岂敢厚自奉养以病下民乎！"下诏悉罢四方贡献珍美食物。又"内出宝玉器及金银结缕宝装床几、饮食之具数十，碎之于殿廷。帝谓侍臣曰：'凡为帝王，安用此！'仍诏有司，凡珍华悦目之物，不得入宫"。郭威在临终前，甚至还下诏薄葬："陵所务从俭素，应缘山陵役力人匠，并须和雇，不计近远，不得差配百姓。陵寝不须用石柱，费人功，只以砖代之。用瓦棺纸衣……切不得伤他人命。勿修下宫，不要守陵宫人，亦不得用石人石兽。只立一石记子，镌字云：'大周天子临晏驾，与嗣帝约，缘平生好俭素，只令著瓦棺纸衣葬。'若违此言，阴灵不相助。"郭威于显德元年（954年）正月病故，终年51岁。后周太祖郭威虽死，但他作为封建帝王的这种难能可贵的精神，却值得被后人传颂。

后周世系：

（一）太祖郭威（951—954年），（二）世宗柴荣（郭威养子）（954—959年），（三）恭帝柴宗训（959—960年）。

8. 五代时的杰出政治家柴荣

后周的柴荣，也是郭威的养子。

柴荣生于唐天祐十八年，又后梁龙德元年（921年）九月二十四日。亡于959年，邢州龙冈（今河北邢台西南）人，本是郭威内侄，后收为养子。生父柴守礼，是郭威妻子柴氏之兄。

柴荣成年以前，生活在姑父郭威家里。当时郭威见柴荣办事谨慎，为人厚道，就把家里开支等事交他去管。柴荣悉心经度，曾与一商人一起到江陵（今湖北荆沙）贩卖茶货，使本不宽裕的家用得到周济，郭威很赏识他，就把他收为义子。柴荣有机会深入社会下层，深知民间疾苦和地方利弊，这对于他日后的一切发展，都有着极其重要的意义。

郭威在后汉朝廷中任枢密使时，柴荣被任为左监门卫将军。郭威改任天雄军节度使镇守邺城（今河北大名东北）时，柴荣就任天雄军牙内都指挥使，并领有贵州（今广西郁林）刺史、检校右仆射的头衔。郭威带兵去首都开封夺权时，柴荣便留守邺城，柴荣追随郭威，忠于职守，是郭威最为信任和倚重的心腹。

广顺元年（951年）正月，郭威即位为帝，柴荣被任为澶州（今河南濮阳）节度使、检校太保，封太原郡侯。他为政清肃，盗不犯境，而且在澶州遭洪水破坏后，整修和拓宽街道，扩大城市规模，得到吏民好评。次年正月，慕容彦超在兖州（今属山东）起兵反周。柴荣几次上表请求征讨，郭威也打算用他，但由于枢密使王峻阻挠而未实现。这年底他晋衔为检校太傅、同平章事，进一步引起王峻的不满，广顺三年（953年）正月入朝觐见郭威后竟不得留京。直到王峻被贬逐后，柴荣才被任为开封尹，封晋王。

显德元年（954年）正月，柴荣晋升为加开府仪同三司、检校太尉、兼侍中，依前开封尹兼功德使，判内外兵马事，从而控制了最高军事指挥权。两天后，郭威病死，秘不发丧。过了4天宣布了郭威的遗命："晋王荣可于枢前即位。"柴荣即帝位，是为世宗。

世宗柴荣，确实是五代时期最为杰出的政治家。

柴荣即帝位不到10天，潞州（今山西长治）方面就传来北汉刘崇举兵南下的消息，柴荣打算亲征，宰相冯道认为不妥，反复谏阻。柴荣则表示自己要学唐太宗，要以泰山压卵之势击败刘崇。经过一番准备，柴荣于三月十一日亲征，十九日即在泽州高平（今属山西）与北汉契丹联军展开大战。

954年，据有今山西省的北汉主刘崇，趁郭威新丧的机会，勾结契丹，向后周进攻。柴荣亲自率军抵抗，在高平大败北汉军，迫使刘崇带了一百多个骑兵仓促逃走。柴荣在这一战役后，开始有了统一全国的愿望。他着手整顿军纪，注意从平均租税、兴修水利等方面恢复中原的农业经济。他向南发展到长江的北岸，在北方收复了契丹所占据的宁州（今河北省青县）、益津关和淤口关（今河北省霸县）、瓦桥关（今河北省雄县）、莫州（今河北省任丘县）、瀛州（今河北省河间县）、易州（今河北省易县）等军事要地。柴荣的事业，为后来北宋在一定规模内的统一提供了有利的条件。

柴荣虚心求谏，身体力行，因此扬名。显德二年二月，柴荣下诏，认为自己"涉道犹浅，经事未深，常惧昏蒙，不克负荷"，并要求"内外文武臣僚，今后或有所见所闻，并许上章论谏。若朕躬之有阙失，得以尽言；时政之有瑕疵，勿宜有隐"。这年四月，柴荣又下诏，并明确要求"翰林学士承旨徐台符已下二十余人，各撰《为君难为臣不易论》《平边策》各一首"。如此大量命题，征取对策，在历史上是很少见的。他审读了王朴的《平边策》中所及"先易后难"的主张最为赏识，并随即付诸实践。

是年五月，柴荣派向训、王景等西征，不出半年，先后攻取了后蜀的秦（今甘肃天水）、阶（今武都东）、成（今成县）、凤（今陕西凤县东）等4州之地。十一月，他派李谷等南征，围攻南唐寿州（今安徽寿县）等地。显德三年初，他亲征寿州，取得正阳（今颍上西南）之战的胜利，且派兵攻取了南唐的滁（今滁县）、扬（今江苏扬州）、泰（今属江苏）、光（今河南潢川）、舒（今安徽潜山）等州，但寿州由于南唐将领刘仁赡死守未能攻下。显德四年初，柴荣第二次南征，终于攻下了寿州城。这年底，他又第三次南征，连取濠（今凤阳西北）、泗（今泗县东南）、楚（今江苏淮安）、扬等州，到显德五年，南唐李璟遣使求和，割江淮之间 14 州 60 县土地，并付犒军银 10 万两、绢 10 万匹、钱 10 万贯、茶 50 万斤、米麦 20 万石。并规定今后岁输贡物 10 万。三次南征，不但使南唐俯首就范，而且震慑了南方各割据势力，为柴荣的北伐之举，扫除了后顾之忧。

显德六年（959 年）三月，柴荣再次北伐。取道沧州（今属河北）北上，率步骑数万直入辽境。到五月就先后收复瀛（今河间）、莫（今任丘北）、易（今易县）3 州和益津（今文安县境）、瓦桥（今雄县境）、淤口（今霸县境）3 关，共计 17 县之地，这是五代以来对辽作战所取得的最大胜利。

正当柴荣大会诸将，议取幽州（今北京）之时，突然患病，只得班师回到汴京，六月十九日病逝，年仅 39 岁。柴荣在世时，以十年开拓天下，十年养百姓，十年致太平"想为君 30 年的愿望，终未实现。然而，柴荣在位 5 年半的文治武功，已为结束割据、开创新局面，奠定了基础。曾有史评：柴荣"神武雄略，乃一代之英主"。

后唐、后晋、后汉的开国皇帝都是沙陀人，后梁和后周的开国皇帝是汉人。

后唐、后晋、后汉控制的地区有所扩展。后周的地域最广，南境直达今湖北、安徽、江苏三省境内的长江北岸。这五个朝廷所直接控制的地区虽广狭不同，但当时各地的割据势力，大体上都向它们表示屈服，所以它们在政治上都居于重要地位。后唐的都城在洛阳，后梁等四朝的都城在开封。

后梁等五个朝代变换的频繁，反映了当时政局的混乱。五代开国之君，都是以前朝方镇的身份夺取了帝位。

在一个朝代的内部，政权的争夺也很尖锐。后梁的朱温，是被他的一个儿子杀死的，而这个儿子又被弟弟杀死，最后由这个弟弟当了皇帝。后唐的第二个和第四个皇帝，也都是以兵力取得了帝位。为了争夺政权，各个军事力量之间经常发生战争。战争、横征暴敛、严刑峻法的灾难，破坏了中原地区的社会经济，不断激起人民群众的起义。

902 年，毋乙、董乙在陈州发动的农民起义，沉重地打击了后梁政权，使其不得不使用禁军和几个地区的兵力进行镇压。这是五代时期最有名的一次起义。

9. 五代十国以及契丹的猖狂

　　五代时期的十国，有杨行密建立的吴，钱镠建立的吴越，刘隐建立的南汉，马殷建立的楚，王建建立的前蜀，王审知建立的闽，都是在后梁开国前后建立起来的。它们的创建者，都是唐末的方镇。还有高季兴，他是后梁的一个方镇，他在后梁亡后建立的荆南，也称南平，是十国中最小的一国。孟知祥建立的后蜀，徐知诰建立的南唐，刘崇建立的北汉，是十国中后起的三个小国，是在后唐末年、后晋初年和后周初年分别建立的。

　　在南方的几个小国，不像中原地区那样频繁地更换朝代和进行战争，社会经济没有遭到破坏，并且还有发展。像前蜀、后蜀、吴越、南唐、南汉等国，或二三十年，或四五十年没有战争，这是中原地区所不易得到的比较安定的环境。有不少中原人来这些地方逃避战乱，他们带来了一些生产技术，也带来了学术文化。

　　五代时期的文坛以词为盛，而以前蜀、后蜀和南唐为主。南唐的末代君主李煜（937—978 年），也是有名的词人。

　　五代时期，在北方的契丹，后来改称为辽，日益强大起来。在朱温建立后梁的同年，耶律阿保机完成了契丹族内部的统一。916 年，阿保机即皇帝位。在后梁、后唐时期，契丹屡次出入今河北、山西省境内，掠夺人口、财物。阿保机的儿子耶律德光支持了石敬瑭建立后晋。石敬瑭自称"儿皇帝"，跟契丹建立了臣属关系，并割让今河北、山西两省北部十六个州的地方作为报答。石敬瑭死后，侄子石重贵继位，对契丹称孙不称臣。德光以此为借口，兴兵南下，于946 年占领开封，灭了后晋，并四处抄掠，造成中原地区很大的破坏。各地人民纷起抗击，"多者数万人，少者不减千百"，终于把契丹军赶走……

　　五代时期的历史，是唐末藩镇割据的继续，也是藩镇割据的转变。在社会经济上，它开始了经济重心向南方的转移。

十国简表：

一、建立较早者六国

吴（902—937 年）占有今江苏、安徽、江西和湖北等省的各一部分。亡于南唐；

吴越（907—978 年）占有今浙江省，江苏省一部分。亡于北宋；

南汉（907—971 年）占有今广东省，广西大部分。亡于北宋；

楚（907—951 年）占有今湖南省，广西东北部。亡于南唐；

前蜀（907—925 年）占有今四川省，甘肃省东南部，陕西省南部，湖北省西部。亡于后唐；

闽（909—945 年）占有今福建省。亡于南唐。

二、建立较晚者一国

荆南（南平）（924—963 年）占有今湖北省江陵县、公安县一带。亡于北宋。

三、建立最晚者三国

后蜀（934—965 年）占有今四川省，甘肃省东南部，陕西省南部，湖北省西部。亡于北宋；

南唐（937—975 年）占有今江苏、安徽两省的南部，福建、江西、湖南等省，湖北省东部。亡于北宋：

北汉（951—979 年）占有今山西省北部，陕西、河北两省的一部分。亡于北宋。

第五讲　北宋皇朝的兴亡

960 年到 997 年是北宋的初期，是它的兴建时期，是赵匡胤和赵匡义，即宋太祖和宋太宗统治的年代。

1. 赵匡胤灭后周兴北宋

960 年，赵匡胤以后周禁军统帅的身份，在他的弟弟赵匡义和谋士赵普的策划下，发动兵变，夺取了后周的政权，建立北宋，仍在开封建都，称为东京。

赵匡胤，宋朝的开国皇帝，称宋太祖。后唐天成二年（927 年）生于洛阳，祖籍涿郡（今河北涿州），故于 976 年。

赵匡胤的父亲赵弘殷，后梁时在成德军节度使王镕部下为将，参加了李存勖的军队攻打后梁，而被留用。在后唐任禁军将领。后以功升侍卫马军护圣军都指挥使。后周初，侍卫亲军编制扩大，赵弘殷改任铁骑第一军都指挥使。显德元年（954 年），赵弘殷升为侍卫马军龙捷军（护圣军改称）右厢都指挥使、加领岳州防御使。显德三年，后周世宗攻打南唐，赵弘殷随侍卫马军都指挥使韩令坤攻占扬州，再升任侍卫马军副都指挥使。同年七月病死。宋初追谥昭武皇帝，庙号宣祖。赵弘殷对赵匡胤的影响还是很大的。

赵匡胤是赵弘殷的长子。后汉乾祐元年，枢密使郭威讨伐李守贞，22岁的赵匡胤应募从军，投郭威帐下。后周广顺元年（951 年），赵匡胤补为禁军近卫班直，任东西班行首。广顺三年三月，郭威养子柴荣任首都开封府尹，赵匡胤改任开封府马直军使。显德元年正月，柴荣即帝位，是为后周世宗，赵匡胤随后也调回禁军。同年三月，后周与北汉的高平之战，赵匡胤率军杀敌，大败北汉军。赵匡胤的勇敢与军事才能，大受世宗的赏识，回京后升任殿前都虞侯、领严州（今广西来宾东南，时为南汉辖地）刺史，虽是加衔，但已属中高级将领。十月，赵匡胤又升领永州（今属湖南，时为楚国辖地）防御使。赵匡胤作为殿前司的副长官，随后参与世宗整顿殿前司的工作，组建新的殿前司所属诸班直及龙捷（马军）、虎捷（步军）、铁骑、控鹤等诸禁军，殿前司所属禁军遂成为后周最精锐的军队，殿前司地位虽低于统辖大部分禁军的侍卫亲军司，但它所统辖的禁军是皇帝的亲卫军，赵匡胤是世宗的亲信将领之一。

显德三年春，赵匡胤随世宗攻南唐，进军淮南。赵匡胤在涡口（今安徽怀远东）、清流关（今滁州西北）战役中，先后大败南唐军，随即攻占滁州，招降天长（今属安徽），再败南唐军于六合（今属江苏），屡立战功，更显军事才能。十月，赵匡胤升任殿前都指挥使、领匡（宋避讳改定）国军（同州，今陕西大荔）节度使，30 岁的赵匡胤只经过了八九年的时间，就由"无名小卒"升为高级将领，并获得了武官最高的节度使衔。显德四年春，赵匡胤随世宗再征淮南，在占领寿州后班师。五月，31 岁的赵匡胤被正式授以义成军节度使。九月，世宗又出兵淮南，赵匡胤率骑兵，攻占濠州（今安徽凤阳东北）东北十八里滩南唐军寨，顺流而下攻占泗州城（今江苏盱眙北）。世宗自率军沿淮河北岸，命赵匡胤率步骑沿淮河南岸，水军乘船，东下攻楚州（今淮安），大败南唐援军于清口（今淮阴西南），追奔数十里，赵匡胤擒获南唐援军长官都应援使陈承昭。

次年正月初，赵匡胤率军攻下楚州北城，后周军遂攻占楚州。世宗南下扬州，赵匡胤又击败南唐水军于瓜步（今扬州南），南唐被迫求和，割江北与后周，世宗罢兵北归。赵匡胤在此次淮南战役中，奋勇作战，战功第一，五月移领忠武军节度使，仍任殿前都指挥使。

显德六年（959 年）三月，世宗北伐攻辽，侍卫亲军副都指挥使韩通任陆路都部署，赵匡胤任水路都部署。后周军进至益津关（今河北霸州），辽守将降。四月，赵匡胤率军首先进抵瓦桥关（今雄县西南），辽守将又归降。辽莫州（今任丘）、瀛州（今河间）守将也相继向后周军投降。五月，世宗因病班师回京。六月，赵匡胤升任殿前司正长官殿前都点检，数日后世宗病死。

五代时，赵匡胤从军后结成"义社兄弟"的组织，即所谓"十兄弟"。这是军官互相结援，培植帮派势力的组织。"十兄弟"，除赵匡胤外，还有杨光义、石守信、李继勋、王审琦、刘庆义、刘守忠、刘廷让、韩重斌、王政忠等9人，史称"勋臣"。经过10年军战，到了后周末，赵匡胤晋升最快，官职最高，成为"义社兄弟"的首领，其他9人也同样晋升，各任要职，都是后来赵匡胤兵变的基本力量。再加上赵匡胤的父亲在禁军侍卫亲军司中任职30年，其部属、友好非常多，也是赵匡胤后来兵变，可以借助或利用的重要力量。显德三年十二月，李重进、张永德两大派系的权势之争，加剧了他们的矛盾。"鹬蚌相争，渔人得利"，显德六年六月，回京后病重的周世宗，决定资历和名望较低的赵匡胤改任为殿前都点检，恭帝即位后赵匡胤改领归德军节度使。年仅7岁的后周世宗的长子柴宗训继位，孤儿寡母，"主少国疑"，加上"点检"做的"神符"，引发了新任殿前都点检赵匡胤篡夺后周政权的野心，自编自导了一出"陈桥兵变、黄袍加身"的闹剧。

显德七年（960年）正月初一，赵匡胤指使人谎报军情，称镇州（今河北正定）、定州（今属河北）报称北汉结契丹入侵，后周即"命（赵匡胤）出师御之，次陈桥驿"（时在古黄河南，今河南封丘南，在今黄河北岸），"夜五鼓，军士集驿门，宣言策点检（赵匡胤）为天子，或止之，众不听。迟明，逼寝所，太宗（赵匡义）入白，太祖（赵匡胤）起。诸校露刃列于庭，曰：'诸军无主，愿策太尉（对高级将领尊称）为天子。'未及对，有以黄衣加太祖身，众皆罗拜，呼万岁，即掖太祖乘马"。这次兵变，即为"陈桥兵变"。赵匡胤随即率兵返回开封，改变以往兵变士兵抢劫的惯例，禁止抢劫以争取民心。当日（初四）大臣们早朝还未退，侍卫亲军副都指挥使韩通立即自内廷奔回，准备率军抵抗，被赵匡胤的党羽、殿前司散员都指挥使王彦昇追杀于家中，也有记载称韩通是以亲卫军抗击赵匡胤战死。赵匡胤又指使将士将宰相范质、王溥等大臣押至殿前司公署，已脱下黄袍的赵匡胤"呜咽流涕曰：吾受世宗厚恩，为六军所迫，一旦至此，惭负天地，将若之何？"装得似乎无法可想，受到首相范质的指责，赵匡胤指使的殿前司散指挥都虞侯罗彦瓌，立即挺剑，威胁说："今日必得天子。"前已暗中向赵匡胤表示拥立他为帝的次相王溥"降阶先拜"，首相范质等不得已随后也拜，"遂称万岁"。赵匡胤等随即来到崇元殿行禅代礼，赵匡胤的党羽、翰林学士承旨陶榖立即拿出后周帝的退位制书，赵匡胤在殿下拜受后登殿即皇帝位，是为宋太祖。次日，即正月初五（960年2月4日）诏，因所领归德军节度使州名宋州，建国号宋，改后周显德七年为宋建隆元年，宋朝正式建立。

宋太祖为了不使宋朝成为后周似的"短命朝"，先将那些过去名位与自己相近的高级将领免除军职。建隆二年（961年）春末，就先免去了慕容延钊的殿前都点检，还又免去了侍卫亲军马步军都指挥使韩令坤的军职，两人却都出任节度使。七月，宋太祖又对自己的亲信下招，在宴会上，他便向亲信石守信等指明利害关系，第二天这帮亲信就老老实实地交出了兵权，侍卫亲军都指挥使石守信、殿前副都点检高怀德、殿前都指挥使王审琦、侍卫亲军都虞侯张令铎等，都被免去了军职，而出任节度使，石守信虽名兼任侍卫亲军都指挥使职位，但已没了军权，不久也辞去这一名义上的兼职。这便是著名"杯酒释兵权"。

宋太祖经过这两次的"清洗"，殿前司的正副长官都点检、副都点检，实被取消，以前的属官殿前都指挥使、副都指挥使、都虞侯，即作殿前司的长官。从此，侍卫亲军司的都指挥使、副都指挥使、都虞侯等长官，也逐渐被取消，侍卫亲军司的下属机构马军司和步军司都成为直属机构，长官为都指挥使、副都指挥使、都虞侯，与殿前司合称"三衙"，任命名位较低的将领，担任三衙的长官，各分管一部分军队，改变了由重臣名将统领禁军的做法，三衙只有管兵权，发兵权由文臣担任长官的枢密院，出征作战临时任命统军将领，以文制武，相互牵制，从制度上稳固宋朝的统治，消除了禁军将领发动兵变、夺取政权的可能。

当时削弱乃至取消节度使的职权，是消除地方割据势力的根本。宋太祖在乾德元年（963年）攻占荆湘后，就开始了将新统治区的各府州直属朝廷，并于乾德四年（966年）命令各地为朝廷选送精兵，编入禁军，而遗留在地方的老弱军人编为厢军，以削弱地方军力，削弱节度使的兵权。同年，宋太祖还命令各地的财赋收入，除留日常经费外，全部上交朝廷，进一步剥夺了节度使的财权。太平兴国二年（977年），宋太宗又将节度使属下的支郡，全部收归朝廷直辖，节度使只领一府或一州，进而消除了节度使的大统区。不久又将节度使留住京城，其他一切终成虚衔。中唐以来，危害皇权的节度使只有荣誉，而无实权。

宋太祖为了安抚后周留下的大批官员，又要适应皇权的需要，在保留了唐代以来三省、六部及各寺、监的官称的同时，实行官职名称与实际职务相脱离的政策，另派官员担任实际职务，称为"差遣"，而原来的官称只有按官品的高低，领取俸禄多少的标志。政权集中于"中书"（政事堂、政府、东府），除以侍中、同中书门下平章事为宰相外，另设参知政事为副相以分宰相之权。与中书对称"二府"的枢密院（枢府、西府），则掌握兵权，兵权不归朝廷，是宋太祖沿袭五代旧制的决策。宋代又沿袭了五代旧制以三司使掌财政，使政、军、财三权分立，互相制约。对地方上的府、州，则另设通判以抑制知府、知州的职权，这在宋初对于消除地方割据势力曾起到一定的作用。至道三年（997年）又将全国划为15路，各路设转运使，后又设提点刑狱，除负责转运财物、审理刑狱外，还负责监察地方官员，称为监司，这也包括后来设置的提举常平司，以加强朝廷对地方的统治。

在政治制度上，北宋初期力求加强皇权的封建专制。它把原来由武人任职的地方高级长官逐渐改由文官担任，把原来由地方上任命的县级以上的官员改由朝廷任命，把地方上的精兵编入禁军，并把地方上的财权划归朝廷专设的机构去管辖。然后，又把集中在朝廷的权力划归多头管辖，以避免任何部门的权力过大而便于皇帝的统治。这时的政治机构，是以政事、军务和财政并列为三个系统。中书省管政事，执政的宰相称"平章事"，但他不能总揽全国军、政大权，而另设枢密院，由枢密使掌管军事；设三司，由三司使掌管财政。枢密使也不能统帅禁军，而是把禁军分成三个系统，各有各的统帅。另外，设御史台，由御史中丞掌管对朝廷百官的监察。这种制度在防范地方割据势力的出现和大臣对皇位的威胁上，是有成效的。但皇权的过分强化和对大臣的防范，特别是对武臣的防范，也成为政治腐化和对外来军事威胁表现软弱的一个原因。

2. 赵匡义图统一却败辽

此后15年内，先后平定了荆南、后蜀、南汉和南唐。978年和979年，赵匡义又先后合并了吴越和北汉，形成了一定范围内的统一。赵匡义还想把辽在今河北、山西省内占据的地区攻夺过来。但979年的高梁河（今北京市城西）之战和986年岐沟关（今河北省涿县西南）之战，宋都被辽打得大败，因而对辽就改取了守势。

开宝九年十月，宋太祖赵匡胤驾崩，晋王赵匡义继位，是为宋太宗。赵匡义在即位的当年，对使用去世皇帝的年号，到次年元旦才改用新年号的制度并不了解，急于在十二月一日，即改当年为太平兴国元年，"上（太宗）以亲政逾月，特与天下更始，非故事也。"

宋太宗，名赵匡义（939—997年），太祖赵匡胤弟。后为避讳改为赵光义。赵匡胤死后继位。在位22年，因箭伤屡发而死，终年59岁，葬于永熙陵（今河南省巩县西南堤东保）。

赵匡义，即位后改名赵炅。他曾参与陈桥兵变，拥立其兄太祖为帝，并为殿前都虞侯，领睦州（今浙江省建德县东）防御使。后加中书令，封为晋王。赵匡义在位期间，继续推行统一全国的政策，迫使吴越王钱俶纳土归宋，出兵攻灭北汉，又数次大举北攻辽国，试图收复燕云十六州，但因准备不周，均遭大败，并使与辽国的关系转为被动。他又继续加强中央集权，用文人执政，使儒学渐渐抬头。他注意农田水利，继续鼓励垦荒，使社会生产有所发展，社会秩序比较安定，但对百姓的盘剥颇重。晚年，他镇压了四川地区的王小波、李顺起义。

公元979年，赵匡义在高梁河（今北京市大兴县东）被辽军战败，全军溃逃。辽兵紧迫，赵匡义脱身逃走，大腿中箭，此后箭伤每年复发。公元996年，赵匡义箭伤重度复发，八月立三子赵元侃为太子，命李沆、李至为太子宾客，负教育之责。997年三月癸巳日，赵匡义病死于汴京万寿殿西阶。太子遵遗命在灵柩前继位，是为真宗。998年，辽决定来年攻宋，从此，宋辽战争再次进入高潮。

宋咸平二年（辽统和十七年，999 年）冬，承天太后、辽圣宗亲率辽军，大举攻宋，宋将杨延昭被围于遂城（今徐水西），他命令士兵乘夜水浇城墙外，次日冻成冰城，辽军不能靠近城墙，无法攻城。辽军虽攻占乐寿（今献县），战果不大，于次年正月只得退兵，此后辽军连年南侵。宋景德元年（辽统和二十二年，1004 年）闰九月，承天太后、辽圣宗又以收复被后周世宗占领的关南地区为名，发动大规模的战争。宋朝虽也调整和部署了边防的将领，准备抗击辽军，但宋朝君臣对于辽军长驱直入的攻势，惊恐万分，请真宗西逃至成都（今属四川）。真宗犹豫，但也不得已，同意亲征，但求和心切，尚未离京，就先派人与辽议和。

宋景德元年十一月间，宋真宗才从开封府北上，但前进不到 200 里到达韦城（今滑县东南）时又想南逃金陵，但是已不可能，宋真宗只得继续北上，并在寇准、高琼迫请下渡过黄河，进到澶州（今濮阳）北城，宋军士气因而大振。辽军也早已进至澶州北城下，但辽军主将萧挞览（凛）却被宋军伏弩射伤致死，宋朝重兵驻守的定州（今河北定县）也威胁着辽军的后方，辽承天太后、圣宗也想议和退兵。十二月，双方订立和议，规定宋朝每年交给辽朝绢 20 万匹、银 10 万两，以换取和平，从此宋辽和平相处直至北宋末年。那时的澶州，郡名为澶渊，故此这次盟约史称"澶渊之盟"。

3. 中衰期及儒佛道之合

真宗、仁宗、英宗统治的年代（997—1076 年），是北宋的中期，是它的中衰时期。这时，行政机构和军队数量越来越庞大，腐化程度也越来越加深。国家不断加重对农民的剥削，但国库却一年一年地闹亏空。农民起义的频繁和广泛，都超过北宋初期。在外来的威胁方面，辽以外还有一个新兴于西北的夏。宋跟夏，从 1040 年到 1042 年，在延州（今陕西省延安市）、好水川（今甘肃省隆德县东的甜水河）和渭州（今甘肃省平凉县），先后打了三次仗，都被打得大败。1044 年，仁宗也是以每年给夏银绢为条件，跟夏达成和议，以换取西北境上的苟安。

在政治和军事都没有多大办法的情况下，真宗从思想统治方面采取了新的步骤，于尊儒之外，还要尊佛尊道。这是麻痹人民的新办法，比起简单地尊儒要起到更大的作用。北宋中期兴起的"理学"，作为一个新的儒家派别，也就是把儒跟佛道结合起来，使儒学在理论上有所发展而更好地为地主阶级服务。周敦颐，是理学的奠基人。他提出了"太极"的概念，说这是宇宙的本体，是超越物质的精神。他把封建秩序说成是太极在社会关系上的体现，从而虚构封建秩序的绝对性和永恒性。周敦颐（1016—1073 年），字茂叔，道州（今湖南省道县）人，著有《太极图说》和《通书》。他的思想是属于客观唯心主义体系的。跟周敦颐同时的哲学家张载（1020—1077 年），字子厚，凤翔县（今陕西省眉县）人，他肯定物质性的气是万物的本体，由于气有阴阳对立而发生变化，气有变化而形成万物。张载的这种思想是唯物主义的。但他又认为，人与天地同体，人我君民同体，要消解一切矛盾，这又是明显的唯心主义。所著代表作，有《正蒙》和《西铭》。

4. 由中衰到北宋的灭亡

神宗、哲宗、徽宗、钦宗的年代（1067—1127 年），是北宋的晚期，是它由中衰到灭亡的时期。

神宗初期，朝廷上就展开了变法和保守的斗争。变法派主张施行新法，夺取特权阶层的部分权利，并增加农业产量，以开辟财源。保守派认为，增产不可能，而新法只能使人受到损害。1070 年至 1074 年间，在神宗主持下，新法的推行达到高潮。但新法一直受到保守派的围攻，神宗也不断地动摇。1085 年以后，有时是保守派上台而变法派失势，有时是变法派上台而保守派失势。一直到 12 世纪初，这个斗争才告一段落。

两派在学术上的斗争，像在政治上的斗争一样尖锐，并且更为持久。变法派的首领王安石（1021—1086 年），字介甫，临川（今属江西省）人，在哲学上是一个唯物主义者。他认为，物质性的"元气"是宇宙万物的根本，而物质世界是遵循一定规律运行的，人们不能改变自然的规律，但应发挥主动的能力而不应消极地服从所谓"命定"。他的学术主张，被称为"新学"，曾引起学术领域里的很大震动。这是他的新法的理论基础。他有大量著作，《三经新义》《洪范传》和《老子注》是他的代表作。

变法派的成员沈括（1031—1095年），字存中，钱塘（今浙江省杭州市）人，也是一个唯物论者。他有很丰富的科学知识，对于数学、天文、历法、地理、制图、地质、气象、物理、化学、冶金、兵器制造、水利、建筑、植物、动物、农业和医药等学科有广泛的接触，并有所创见。他提出了二阶等差级数求和的算法、从圆径和高求弓形弧长的算法，提出了改革观测仪器和革新历法的建议，详细地论述了指南针的性能并有对磁偏角的发现。他所著《梦溪笔谈》，具体地反映了北宋时期科学技术发展水平。

保守派的首领司马光是一个唯心主义的命定论者。他认为，命是最高的主宰，人的贵贱、贫富、智愚、寿夭，都是命决定的，人们应该安心承受自己的命。如果对命不顺从，是要受到惩罚的。在政治上，他宣扬守礼的重要性。所谓"礼"，是指封建秩序并包括某些等级制的细节。实际上，他是认为，能不能守礼是能不能受命的最大体现。他著的《资治通鉴》，是费了19年功夫编撰的一部294卷的编年史巨著，记述了从战国时期到后周末年1362年间的主要史事，有很高的史料价值。他所著的《潜虚》《易说》和《太玄经》，是在哲学方面的代表作。

保守派的理论家程颢（1032—1085年），字伯淳，洛阳人。他的弟弟程颐（1033—1107年），字正叔。他们是继承了周敦颐而建立了理学学派的重要人物。他们首先提出了"理"，作为宇宙的本体，说这是先于一切事物而存在的。他们说"天下只是一个理"，人与万物是浑然一体。但人有各种身份上的差别，须各自尽到应尽的责任，才算是合理。他们的学说是属于客观唯心主义的，其现实意义是要人民大众安于贫困和屈辱，服服帖帖地遵守封建秩序，不应当有什么改革的想法。他们的著作和语录，被汇集为《二程全书》。

在党派斗争中，还有以苏轼为首的一派。苏轼（1037—1101年），字子瞻，眉州眉山（今属四川省）人。他在政治上，先是主张改革，后来又反对新法。在学术上，他不同于王安石，而又跟二程抗衡。他的成就主要是在文学上。北宋文学的主流，是以"古文"取代骈俪，以词取代诗。欧阳修是当时倡导古文的主将，司马光、王安石都是古文大家。苏轼和他的父亲苏洵、弟弟苏辙，号称"三苏"，是古文作家中的重镇。北宋词人，如欧阳修、柳永、周邦彦等都是一时名家，而大抵是以缠绵细腻的笔法写男女柔情和旅人离愁。苏轼没有为这个狭笼所限，他的名作如《念奴娇》《水调歌头》的豪放，《洞仙歌》的清丽，是别有风格的。有《东坡集》传世。

北宋晚期的党派斗争，是当时社会矛盾的产物，表明宋皇朝是处在必须改革而又改革不了的困境中。王安石变法只是采取一些政策上的改良措施，仍然行不通。

王安石变法之前，在宋仁宗时曾有范仲淹上《答手诏书条陈十事》以整顿吏治为中心的改革主张，欧阳修等亦上书附和建议，仁宋采纳，但反对派以范仲淹、韩琦为朋党相攻击，仁宗大忌朋党，范仲淹、韩琦、欧阳修等相继被贬，新政废止。史称"庆历新政"。"庆历新政"失败，"三冗"问题越来越严重，官吏们又纷纷要求改变现状，并认为均税法也遭罢除是失策。皇祐三、四年（1051—1052年）间，沧州（今属河北）知州田京、博州（今山东聊城西北）知州蔡挺，都进行过均税，然而这两地均田税，沧州在至和元年（1054年）被明令取消；博州的均税法虽被采纳，推行于全国，实际是不了了之。嘉祐四年（1059年）八月，旧事重提，又派人分往诸路均田税，实际上也只是为了应付官吏们的议论，并不认真推行。

嘉祐八年（1063年）三月仁宗死，宗室赵曙入继帝位，是为英宗，因病由仁宗皇后曹氏垂帘听政。英宗病愈后处理的政事，仍须经曹太后复审后才能施行，治平元年（1064年）五月中旬，曹太后勉强撤帘还政。英宗提出："积弊甚众，何以裁救。"也关心国家财政及"冗兵"情况，希望改革积弊。然而首相韩琦、副相欧阳修、枢密使富弼都没有支持改革的意向。加上尊奉英宗已故亲生父母的礼仪问题，成为英宗时最重大的事件。直到治平三年九月，英宗才又提出"去冗官之患"，并对官员考绩升迁官资的制度作了一些改革。但是，英宗于次年正月去世，他的改革愿望只能留待太子赵顼去进行。赵顼即位，是为神宗。

宋神宗即位前即已关心国家大事，属下韩维不时将好友王安石的见解告诉神宗。王安石曾于嘉祐四年（1059年）上《言事书》，列举时政弊端及改革意见，虽然没有被采纳，但却代表了改革者的共同心声，并日益高涨。神宗即位时，王安石已经负天下盛名多年，司马光也说大家都认为只要王安石当政，"则太平可立致，生民咸被其泽"。宋神宗即位不久，即召王安石赴京，但王安石引病不赴，神宗即令王安石就在本地任江宁（今江苏南京）知府，同年召为翰林学士兼侍讲。熙宁二年（1069年）二月，王安石任参知政事，首先创设变法改革的指导机构"制置三司条例司"，由王安石和枢密副使韩绛兼领，吕惠卿任"检详文字"，章惇为编修三司条例官，曾布任检正中书五房公事。同年七月至十一月先后颁布实行均输法、青苗法（常平法）、农田水利法，熙宁三年五月，废"制置三司条例司"，并其职权归中书（宰相府），司农寺成为推行新法的机构，吕惠卿改任判司农寺。同年十二月，王安石与韩绛同时拜相，变法一直在守旧派的攻击和变法派内部意见不一致的艰难情况下进行。熙宁七年四月，王安石在实行免行法时，受到神宗和曾布的联合抵制，辞相就任江宁知府，吕惠卿升任参知政事。八年二月王安石复相，受到吕惠卿的攻击，神宗对王安石的意见也多不听从，加上爱子王雱病死，精神受到重大打击，遂力请辞相。同年十月王安石第二次罢相，出任判江宁府，次年六月又辞官闲居江宁，元祐元年（1086年）四月去世。

而新法的时行时废，也增加社会上的不安。徽宗时期，党争停止了，而统治集团更为腐化，剥削搜刮使人民不能忍受，尤以东南地区特别严重。1120年，方腊领导的农民起义在青溪（今浙江省淳安县）爆发。

北宋朝廷在方腊起义前，曾派使到金，相约共同攻辽。方腊起义被镇压后，宋对辽用兵，仍一再打败仗。1125年，金灭辽，随即转而全力图宋，使宋直接面临金的威胁。仅仅两年，在1127年，金就攻破了东京。这时，宋徽宗已禅位于他的儿子，即钦宗。金把徽宗、钦宗、后妃、皇族及大臣3000多人俘虏北去。北宋亡。

北宋世系简介：

（一）太祖赵匡胤（960—976年），父赵弘殷，赵匡胤927年生，从小喜习武艺，960年发动"陈桥兵变"，建立宋朝，史称北宋，统一全国后，建立新的军事制度，加强中央集权。976年卒。

（二）太宗赵匡义（976—997年），赵匡胤之弟，939年生，即位后继续太祖未完成的统一全国的事业，978年吴越王投降，979年，北汉王投降，但在两次与辽国的作战时，均遭受惨重失败。也开始了宋朝与外族作战屡战屡败的历史。997年卒。

（三）真宗赵恒（997—1022年），真宗赵恒是太宗第3子，968年生，"性好学"，前期颇勤于政事。但在军事上却无所作为，不顾寇准等反对，与辽国议和，签订"澶渊之盟"，每年向辽国进贡。1022年卒。

（四）仁宗赵祯（1022—1063年），原名受益，真宗第六子，1010年生，仁宗即位时才12岁，由皇太后垂帘听政，1033年亲政，仁宗"好近女色"，军事，政治均无大作为，与西夏交战战败，起用范仲淹变法也失败。1063年卒。

（五）英宗赵曙（1063—1067年），1032年生，宋太宗曾孙，濮安懿王赵允让第十三子，因仁宗无子，被立为皇太子，仁宗死后即位。英宗"有性气，要作为"，提倡简朴，只是在位时间过短，1067年卒，时年36岁。

（六）神宗赵顼（1067—1085年），英宗长子，1048年生。1069年起用王安石变法，新法推行了十几年，取得一定效果，但在大官僚、大地主的反对下，于神宗死后废除。1085年卒。

（七）哲宗赵煦（1085—1100年），哲宗赵煦，神宗第六子，1076年生。10岁即位，由祖母宣仁太后垂帘听政，起用司马光，将王安石的变法尽行废除。哲宗1100年卒。

（八）徽宗赵佶（1100—1135年），神宗第十一子，1082年生，宋哲宗死后无子由哲宗弟赵佶继位。任用奸相蔡京，吏治腐败。在位期间，爆发了诸如宋江、方腊等农民起义。1125年金兵南下，死于1135年，宋徽宗1125年传位于其子赵恒（钦宗），自称太上皇。1127年为金兵俘虏北去五国城。宋徽宗败国，但却有很高的艺术成就，是艺术家和书法家。他工画花鸟，书法首创"瘦金体"。

（九）钦宗赵恒（1125—1156年），徽宗长子，1100年生，宋钦宗即位后"声技音乐，一无所好"，颇有振作之意。杀或贬蔡京、童贯等奸臣。任用李纲抗金。1127年金兵攻破汴梁，被金兵俘虏，在位1年，1156年被杀，终年57岁。

第六讲　北宋的农民起义

开宝六年（973年）初，川东渠州（今渠县）发生了李仙起义，渝（今重庆）、合（今合川）、果（今四川南充）、涪（今重庆涪陵）等州的百姓纷纷响应，投身起义。当起义军进入广安军界，李仙为知军朱昂所俘，起义失败。淳化二年至四年（991—993年），昌州、合州、荣州、资州（今四川资中），先后发生过小规模起义，相继为官军所镇压。

1. 王小波提出"均贫富"

北宋初期的阶级矛盾仍然尖锐，农民、士卒和少数民族的起义不断地出现。993年，青城（今四川省灌县西南）贫民王小波发动起义，明确地提出了"均贫富"的口号。这反映了农民大众对财产权的要求，比起秦汉以来农民起义中提出来的对人身生存权的要求有了新的发展。起义的队伍，很快就壮大起来。994年初，王小波中箭死。

淳化四年二月，青城（今都江堰市南）茶农王小波领导100多人起义，终于发展成宋初规模最大的起义。王小波针对社会上贫富对立这一主要矛盾，提出了"均贫富"作为号召，被称为旁户的佃农纷纷响应，随即攻下青城县城，挥军南下，同月又攻下彭山（今属四川），杀死贪官、县令齐元振，民心大快，参加起义的百姓日益增多。北上邛州（今邛崃）、蜀州，所到之处命令富人除留家用外，其余财物调发分给穷人，得到广大穷人的拥护。

淳化四年十二月，王小波率起义军与宋西川都巡检使张玘所部激战于江原（今崇庆西南），王小波杀死张玘，但此前也被张玘射中头部，伤重而死，起义军推李顺为首领继续进行斗争。

2. 李顺建立了国号大蜀

李顺继续领导起义军，攻占了成都，控制了剑阁以南、巫峡以北的广大地区，建立了国号大蜀的农民政权。

淳化四年冬天，两川大旱，官府督催税赋，百姓被逼，无法谋生，只有参加起义，闯出一条活路。起义军接连攻下蜀州、邛州，杀死知州、通判、监军等官吏。又与宋巡检使郭允能部战于新津，杀死了郭允能。随后攻占永康军（今都江堰市）、新津、双流、郫县、温江等川西平原的许多县城，起义军随即转向进攻成都。

淳化五年正月初，起义军攻下汉州（今广汉）、彭州，成都不久也被攻占，知府郭载率残兵败将逃往梓州（今三台）。李顺起义军攻占成都后，随即建立政权，国号蜀，李顺称蜀王，建元应运，建官设职，并派兵四出，所向无敌，北至剑门关（今剑阁北），东到巫峡（今重庆、湖北两省市接界处），都建立了农民政权，其势汹涌。

在开封，宋太宗得知李顺起义军在川西平原攻城略地的消息，即派心腹宦官王继恩率兵攻讨李顺起义军。但二月初，宋军还未入川，起义军就攻占了成都，并建立了政权。宋太宗获悉后，随即加派王果率军由北路攻蜀；尹元率东路军沿江西上，都受宦官王继恩节制。此时，杨广正率起义军追击逃往剑门的宋军郭延浚残部，起义军虽受小败，但仍直奔剑门，并迅速攻占了川北门户剑门关。剑门关原只有监关官上官正所部数百宋军，但成都监军宿翰所率残部，已先期逃到剑门关，起义军不知虚实，遂被守关宋军击败，退保剑州（今剑阁）。进攻川东门户夔门（今重庆奉节）的东路起义军，也被阻于夔门之西。起义军企图夺取剑门、夔门，控制川北、川东，阻击宋军两路进攻的计划严重受挫，并导致宋两路大军得以长驱直入，数十万起义军则陷于长期围攻眉州（今四川眉山）、梓州的战役中，此为宋军主力攻蜀提供了有利时机。四月，北路的一支宋军自剑门关西小剑门南下，击败研石寨（今剑阁北）防守的起义军，攻占剑州；又于柳池驿（今剑阁西南）大败起义军，进而攻占绵州；北路的另一支宋军由剑门关东的葭萌（今剑阁东）南下，攻占阆州（今阆中）；还有一路宋军，又攻占巴州（今巴中）。东路的一支宋军，西进至新宁（今开江），虽击败起义军，但被起义军层层阻击于川东的梁山（今重庆梁平）、广安（今属四川）、渠州（今渠县）、果州（今南充北），久久不能继续西进。20万起义军围攻梓州达80多天仍未能攻占，反而为进犯的北路宋军所击溃。宋军遂直扑成都城下，并于五月六日攻占成都，李顺被俘并牺牲。

起义军又推举张余为首领，继续斗争。他们避开宋军的主力，顺岷江、长江而下，势如破竹，半个多月连克嘉州（今四川乐山）、戎州（今宜宾）、泸州（今属四川）、渝州（今重庆）、涪州（今重庆涪陵）、忠州（今忠县）、万州（今万县）、开州（今开县），并乘胜进攻夔州（今奉节），企图夺取川东门户，阻止宋东路军继续西上。但宋东路进蜀的军队、赶到夔州，起义军腹背受敌，大败而退，大伤元气，被迫退往云安军（今云阳）。

当时，宋军虽已占领了成都4个多月，但成都的四郊，仍在起义军掌管之下，直至九月，宋军才进攻了成都附近的起义军。宋军攻占蜀州、双流等地，起义军分成小股退往山区继续斗争。至道元年（995）二月，起义军首领张余在嘉州（今四川乐山）兵败就义。次年五月，起义军残部又推举王鸬鹚为邛南王，活跃在邛州（今邛崃）、蜀州一带，又为石普扑灭。散处各地的起义军残部，也相继为当地官府招降或消灭，李顺起义终于失败。

3. 方腊"摩尼教"起义

元符三年（1100年）正月，哲宗病死，年仅25岁。宰相章惇主张依礼、律，当立哲宗同母弟简王赵似，否则当立长弟申王赵佖，但向太后（神宗皇后）以自己无子，神宗诸子皆庶子，排除患有目疾的赵佖后，主张立哲宗次弟端王赵佶，章惇指出赵佶"轻佻不可以君天下"，但向太后在曾布、蔡卞、许将等执政的支持下，立赵佶为帝，这就是昏君徽宗，此举也终将北宋皇朝推上了灭亡的道路。

方腊的起义，事先是通过摩尼教的宗教形式进行宣传、组织活动。参加他们组织的，穷人可以得到帮助，出门的人可以得到食宿上的方便。他有基层组织，设有管理宗教活动和教众捐款的专人。他领导的起义显然是早有组织基础的。在起义的时候，他谴责北宋朝廷和官吏剥夺农民劳动所得，谴责他们苛刻地搜刮东南人民必需的生活资料以供他们的奢侈享受。他宣称斗争的目标是要打倒北宋皇朝以谋取农民生活的改善。这跟王小波的起义一样，都以着眼经济问题而具有新的历史意义。

方腊领导的农民起义军，是北宋末年规模最大的一支农民起义的队伍。方腊是两浙路睦州（今浙江建德东北）青溪（今淳安西）西部山区的帮源洞（通峒，指山谷地区）漆园主（一作佣工），屡遭"造作局"的酷取。方腊利用包括明教（摩尼教）等各种秘密宗教组织起义，后被发觉，便破釜沉舟，于宣和二年（1120年）十月起义，十一月即建立政权，首先攻占了青溪县城。

方腊领导的农民起义军，深受两浙受苦百姓的纷纷响应，随即攻占了睦州、歙州。消息传到首府开封后，徽宗立即派亲信宦官、知枢密院事（最高军事长官）童贯统率数十万原准备攻辽的大军，迅速南下，而起义军差不多与此同时已攻占两浙路首府杭州（今属浙江），方腊拒绝部属关于北上抢占江宁、控扼长江天险抗击官军渡江的建议，而是主力南下，先后攻占婺州、衢州、处州（今丽水西）等地。

北宋官军于宣和三年正月，受命首先抢占江宁、润州。当月下旬，北上的东路起义军围攻秀州（今浙江嘉兴）之际，东路官军也到达秀州，起义军在官军的内外夹击下退往杭州，二月中旬官军攻占杭州。北上的西路起义军，先后受挫于旌德、宁国、歙州。三至四月之际，官军又攻占衢州、婺州等地。四月中旬，方腊放弃青溪，退回西部山区帮源洞，帮源洞在东西两路官军的夹击下，激战数日后起义军战败，二十六日，方腊为官军小吏韩世忠所俘，起义失败。起义军的余部转战于浙东地区，至八月间，才最后失败。

方腊被俘后被解往首都开封，于八月下旬被杀害。北宋朝廷虽然镇压了方腊起义，但并没有吸取教训，更为黑暗腐败，此距北宋被金灭掉，也只不过仅有5年左右的时间了。

4. 梁山泊起义及其传说

在方腊起义的前后，还有在今山东境内以宋江为首的梁山泊起义。这也是一支有名的起义队伍，民间有关于这支队伍的丰富的传说。

宣和元年（1119 年），宋江于河北路起义，同年十二月已发展成有一定规模的农民起义军，被称为"河北剧贼"。北宋朝廷曾下诏，对宋江招降，宋江未受，并于 1120 年转战南下京东路，被称为"京东贼"，活动于青、济、郓、濮（今山东鄄城北）诸州境内。这时南方的方腊举行起义，发展迅猛，亳州（今属安徽）知州、前执政侯蒙上书称："（宋）江以三十六人横行齐、魏，官军数万无敢抗者，其才必过人。今青溪盗起，不若赦江，使讨方腊以自赎。"徽宗即任侯蒙为梁山泊附近的东平府（郓州）知府，负责招安宋江，而侯蒙未到任，就病死了。南宋时，传说宋江起义军在梁山泊活动，可能就在这个时候。在这以后，宋江移军南下，沂州（今山东临沂）知州蒋圆，假作同意起义军借道，实际上袭击了南下的宋江起义军，起义军遭受较大损失后，"北走龟蒙间"。

宣和三年初，宋江起义军南下淮阳军（今江苏邳县南），朝廷派官军追击，起义军继续南下，进入淮南路楚州（今淮安）地区，又被称为"淮南盗"。起义军转而北上，途经沭阳时，遭到县尉王师心邀击，略有损失。这年二月，在海州（今连云港市区西南部）为知州张叔夜"伏兵乘之，擒其副贼，（宋）江乃降"（另一种记载：宣和四年夏季，折可存在参与镇压方腊起义军之后，又"奉御笔，捕草寇宋江"），宋江向何人投降，目前无从考证。

李若水在《捕盗偶成》中，概述了宋江投降前后的状况：

> 去年宋江起山东，白昼横戈犯城郭。
> 杀人纷纷翦草如，九重闻之惨不乐。
> 大书黄纸飞敕来，三十六人同拜爵。

狞卒肥骖意气骄，士女骈观犹骇愕。

宋江起义军活动的地区，离首府开封较近。起义军的 36 个将领投降后，又同日封官，在首府开封行进时，他们趾高气扬，意气风发，给百姓们留下了深刻印象。虽然宋江起义军的规模不大，但极有较强的战斗力，这对北宋朝廷来讲是极富威胁力的。

关于宋江起义军 36 个将领的传说、画像、说唱曲艺、话本小说的传播等，在南宋时已是名闻遐迩，元末明初的《水浒传》更使宋江之名妇孺皆知，直至如今。

第七讲　辽夏金与北宋之政权

辽夏金，是以少数民族贵族掌握最高权力的政权。它们相互之间，以及它们和北宋之间，有政治、军事上的矛盾和妥协，也有经济、文化上这样那样的交流。

1. 以契丹族为主的辽政权

辽是以契丹族为主的政权。契丹族是长期以今辽宁省辽河上游的西拉木伦河流域为活动中心的古老民族。不知从什么时候开始，这个民族就由8个部落组成，各部落共同选出一个可汗作领袖，每三年改选一次。907年，耶律阿保机当选为可汗。他破坏了选举制度，一直占据了可汗的宝座。916年，他设计杀害了各部落领袖，即皇帝位，建立了契丹国，并以皇位世袭制代替了可汗选举制。他被称为辽太祖。

阿保机建国的过程，同时也是契丹社会变革和汉化的过程。他任用一些汉人做政治顾问，并在一定程度上接受汉族的封建制生产方式。契丹原来以游牧和渔猎为主，使用很多从战争中俘虏来的奴隶。后来在汉人的影响下，学会种田、冶铁和其他生产技术，生活上就发生了变化。阿保机对于从中原掳去的汉人不再作为奴隶对待，而是建立城郭，把他们分别安置在那里，使他们像在中原一样从事农业和手工业生产。在官制上，有南面和北面两个系统。南面官统治汉人，管理州县租赋军马等事，由汉人和契丹人充任。北面官统治契丹人和汉族以外的其他族人，都由契丹人充任。

阿保机不断四处征讨，在国势最盛的时候，据有东从日本海，西到阿尔泰山，北至克鲁伦河，南抵今河北省雄县一带的广大地区。926年，阿保机去世，耶律德光继位，历史上称为辽太宗。947年，他改国号为辽。

北宋初年，辽支持北汉，成为宋北方边境上的威胁。979年和986年，辽两次大败宋军，在军事上取得对宋的优势。1004年，澶州和议规定，辽每年从宋取得大量银绢，而宋真宗要称辽的萧太后为叔母，并跟辽圣宗以兄弟相称。此后，宋在边境上开辟了市场，用茶叶、丝织品、麻布、粳糯、瓷器、图书、犀角、象牙、香料，换取辽的羊、马、骆驼和皮毛，从而发展了汉族跟契丹族及其他民族之间的联系，也丰富了有关各族人民的经济生活和文化生活。

2. 夏是党项族建立的政权

夏是以党项族为主的政权。党项，属古羌人的一支。

原来分散居住在今青海省和四川省西北部，后来迁移到今陕西省、甘肃省和宁夏回族自治区的毗连地带定居下来。大致是9世纪时，这个民族在畜牧外，也从事农业生产。从唐末到宋初，党项首领对这一地区的统治都得到皇朝的承认。他们还接受了皇朝赐予的皇室姓氏。所以他们在唐朝姓李，到宋朝又姓赵。在辽、宋相争中，他们往往联结辽作为外援，跟宋对抗。

1032年，赵元昊做了党项族的首领以后，把势力伸展到河西走廊一带。1038年，元昊称帝，建都兴庆（今宁夏回族自治区银川市），国号大夏，历史上叫作西夏。他的统治地区，东到黄河，西界玉门（今甘肃省敦煌县西），南接萧关（今宁夏回族自治区固原县东南），北控大漠。夏境内各民族的社会发展阶段不相同，而党项族大都处在从奴隶制向封建制过渡的阶段。

元昊通藏、汉文字，知晓佛教经典和汉人的兵书、法律。他模仿唐宋官制，建立起一套行政机构，同时任用少数民族人和汉人。

元昊仍然按照传统的政策，联辽抗宋。1040年到1042年间，宋、夏间有三次大战，大大加重了双方的经济负担和人口的伤亡。战争也造成了正常贸易的停滞，使夏境内的粮食和日用品感到不足，造成了各族人民生活上的困难。1044年，双方达成和议，商定夏对宋称臣，而宋则每年要给夏银72000两，绢帛153000匹，茶叶30000斤，并恢复宋边界上的市场。

3. 金为女真族的强力政权

金是以女真族为主的政权。女真族住在松花江流域，在契丹族兴起后，受到辽的统治。1114年，女真人在杰出领袖阿骨打的领导下，发动抗辽斗争。在宁江州（在今吉林省扶余县五家站地方）、出河店（在今扶余县任家店地方）两个战役中，女真军以一支不过一两万人的队伍，把十来万、几十万辽军杀得大败，力量立即强大起来。

1115年，阿骨打摆脱辽的统治，即皇帝位，国号金。他被称为金太祖。紧接着，辽朝的战略要地黄龙府（今吉林省农安县）和其他一些地方，也易手了。在这一胜利形势鼓舞下，辽朝境内长期被压迫的各族人民相继起义反对辽的统治。

4. 辽夏金北宋的存亡之战

北宋政权看到辽已岌岌可危，认为有了可乘之机。宋徽宗派人跟金相约共同攻辽。议定灭辽之后，北宋可以得到后晋割给契丹的大片土地，而金可以得到宋原来每年给辽的银绢。1122年，战争展开后，宋军两次向辽的燕京进攻，都被辽军击退。后来金军打下燕京，北宋答应以每年再给金朝100万贯钱作条件以换取燕京和其他一些地方。

1125年，辽天祚帝在逃亡途中，为金人所俘，辽亡。这时，阿骨打已死，吴乞实嗣位，即金太宗。在辽亡的前一年，辽皇族耶律大石率领一部分人在天山南北及中亚一带建立政权，称哈剌契丹，即西辽，建都虎思斡耳朵（今吉尔吉斯斯坦楚河州北部的城市）。这个政权延续了90多年。

金人在灭辽这一年，分兵两路，南下攻宋。西路被阻于太原，没有进展。东路很快占领了燕京，渡过黄河，直抵东京城下。宋钦宗起用主战派李纲抗击金兵。军民协力，打退金兵的几次进攻，固守了开封。但钦宗并没有抗战的决心，当受到投降派包围的时候，却又罢了李纲的官，同意割地赔款，向金朝求和。这事激怒了东京人民，以太学生陈东为首，有十来万人聚集在皇宫门前要求起用李纲坚决抗金。群情愤慨，呼声震地，钦宗才不得不给李纲复职。金军见开封一时不易攻下，而民气不可侮，便北撤了。金兵退后，宋廷君臣们依旧在腐化生活中混日子。李纲又被罢了官。

1126年秋，金兵第二次南下。次年攻克东京。北宋亡。金从阿骨打称帝到灭辽，只有11年。再两年，又灭了宋。金的崛起，是一个暴风雨式的发展。

辽，夏，金，都有自己的文字，用于公私文书、货币，并用以翻译汉文儒书和汉、藏文佛经。辽的契丹文和金的女真文都是参照汉文形体而以音缀组成的方块字，各有大字和小字之分。大字制作复杂，小字比较简单。契丹大字创制于920年，小字的创制在后。女真大字创制于1119年，小字创制于1138年。西夏文也是仿汉字形体，并采用会意、形声等汉字的构造方法，创制于1036年至1038年间。契丹文，在金初已不使用。西夏文，一直到15世纪初年仍在个别地方使用。

辽世系：

（一）太祖耶律阿保机（916—926年），（二）太宗德光（926—947年），（三）世宗阮（947—951年），（四）穆宗璟（951—969年），（五）景宗贤（969—983年），（六）圣宗隆绪（983—1031年），（七）兴宗宗真（1031—1055年），（八）道宗洪基（1055—1101年），（九）天祚帝延禧（1101—1125年）。

第八讲　南宋与金的南北分立

1. 宋高宗建南宋，任凭金军掠夺

1127 年，宋钦宗的弟弟赵构在南京（今河南省商丘县）即皇帝位，延续了宋的政权，史称南宋。赵构，历史上称作宋高宗。1128 年，南宋定都杭州，称临安府。

宋高宗在位的 35 年，正当金太宗、熙宗、海陵王在位，是金国兴盛的时期。这时，金对南宋一直采取攻势，而南宋则采取守势。在宋高宗即位之初，北方人民纷纷组织起来抗击金军，形势对宋有利。但宋高宗只满足于维持东南的半壁江山，根本没有收复中原的打算。

1128 年秋，金将完颜宗弼率军进攻山东，很快就打下了徐州，渡过淮河，逼近扬州。这时，宋高宗逃到扬州还没有多久，就又慌忙从扬州逃到杭州，再从杭州逃到越州和明州，最后又从定海入海，逃到温州。他任凭金军长驱直入，不组织有效的抗击。

金军的南下，主要目的在掠夺江南的财富和俘虏人口，一时还没有直接统治这一广大地区的打算。

2. 宋将韩世忠、岳飞等奋起抗金

1130 年初，金军在江南饱掠以后，撤军北归。完颜宗弼没有想到，在镇江遇到宋将韩世忠的阻击，被堵截在黄天荡（在今江苏省南京市东北）48 天，号称 10 万的金军被韩世忠的 8000 人打得大败。紧接着，金军在由建康撤出准备从静安镇渡江的时候，又受到宋将岳飞的阻击，再度受到沉重的打击。

1130 年秋，金军在陕西进攻。第二年，在和尚原（今陕西省宝鸡西南）被宋将吴玠、吴璘的队伍打得大败，宗弼身中流矢，金官兵被俘者数以万计。

1133 年以后，金军多次南下，金宋之间互有胜负，而宋军打过几次大胜仗。1133 年，吴玠军打退了金军在川陕的进攻。1134 年，岳飞军收复了襄阳等六郡。1140 年，刘锜军以 2 万人在顺昌大破金军 10 余万人，大量消灭了金的精锐队伍。同年，岳飞军收复了郑州和洛阳，跟金主力军在郾城决战，打了一个很大的胜仗，由郾城进军朱仙镇，离东京只有四五十里路了。宗弼承认，自他出兵以来，从未遭到这样大的挫败。

岳飞（1103—1141 年），字鹏举，相州汤阴（今属河南省）人，自应募从军后，屡建战功，逐渐建成了一支坚强的队伍，因而民间流传着"撼山易，撼岳家军难"的佳话。

3. 抗金胜利，宋高宗仍退让求和

宋战场上的一切胜利，都不能改变宋高宗退让求和的打算。高宗对于镇江、和尚原等战役的胜利不仅没有扩大战果的要求，反而滋长了对抗金将领的疑忌。他任用了自称从金国逃回的秦桧为相，策划对金求和的步骤。襄阳六郡收复了，但却加紧了求和的活动，终于在 1139 年，接受了金朝的诏书，约定宋每年向金纳银 25 万两、绢 25 万匹。郾城大捷后，高宗急诏岳飞班师，并捏造罪名，捕岳飞入狱。1141 年冬，宋再度接受金的和议条款，规定：宋要割让大片土地；宋金以淮水为界，西起大散关，东至淮水中流；宋要"谨守臣节"，岁贡银绢。高宗早已罢免了韩世忠等抗金将领的军权，现在又按照金的要求，杀害了岳飞。

宋金和议后，宗弼掌握了金的政治、军事大权。同时，金朝贵族内部的斗争也有显著的发展。1148 年，宗弼死，这种斗争更为发展。1149 年，完颜亮刺杀了金熙宗，即皇帝位，历史上称作海陵王。完颜亮有统一江南的打算，进行了灭宋的准备。他改革了政治制度，加强了皇帝的统治地位。1153 年，他把金朝的政治中心由上京会宁府（今黑龙江省阿城县南的白城子）迁到燕京，称作中都。1158年，又派大臣修建开封宫殿。1161年，完颜亮率领了号称60万的大军，分四路南下。宋军在淮水东西的队伍不战而溃。宋高宗吓得又想逃到海上躲避。但当完颜亮要由和州渡江东进的时候，为虞允文率领的宋军由采石镇迎击，被打得大败，局势发生了变化。此后不久，完颜亮听说完颜雍（即历史上的金世宗）在后方发动政变，自立为帝，便急欲灭宋北归。他勒令将士于限定期内渡江，因而激起将士的叛变，被乱箭射死。他统一江南的打算，完全失败了。

4. 宋孝宗动摇抗金，宋金再议和

1162年，宋高宗传位给养子赵昚，历史上称作宋孝宗。孝宗即位后，起用抗战派将领张浚，并下诏追复岳飞的官爵，积极准备北伐。第二年，张浚派兵北上，很快打下了一些地方。但当金兵反攻时，宋军因将领不和，在符离战败。孝宗动摇了，他以秦桧余党汤思退为相，准备跟金议和。张浚因坚决反对，被免去右相的职务。1165年初，宋金达成和议，条件还是要宋割让大片土地，并每年献岁币20万两。在这次和议以后，宋金之间约30年没有发生大的战争。

5. 强大蒙古灭金，宋金对立结束

1194年，宋宁宗赵扩即位，重新做伐金的准备。1206年，北伐军正式出发，连续收复了几个州县。后来，南宋的军政大权又落到了投降派的手里。1208年，宋又跟金订立了和约，把每年交给金的岁币增到30万两，还赔偿金犒师银300万两。这时，金的背后已兴起了一个强大的蒙古。1211年以后，金连续受到蒙古军的打击，已无力招架。1234年，金终于被蒙古灭亡，宋金对立的局面也就结束了。

第九讲　宋金对立中的农民起义

自宋高宗即位以来，经历了一个世纪的宋金对立，给广大人民群众带来了深重的苦难。双方统治区内都爆发了一连串的农民起义，其中规模较大的有南宋境内湖湘地区的钟相、杨么起义和金统治区内山东半岛上的红袄军起义。

1.　钟相的"等贵贱，均贫富"

钟相是鼎州武陵（今湖南省常德市）人。他通过宗教，联系了大量的群众，有 20 年之久。1130 年春天，他为了反抗南宋朝廷的横征暴敛，发动了以农民为主体的武装起义。起义军提出"等贵贱，均贫富"的口号，很快占领了洞庭湖周围的广大地区，建立了政权，定国号为楚。后来因有宋军派出的奸细混入起义军，钟相的营寨被破，钟相父子被掳走，遭到杀害。起义军在杨么领导下继续战斗。他们平时上岸耕种，宋军来时则登舟作战。他们曾一再地打败宋军，势力扩展到长沙、岳阳等地。宋廷派岳飞率军镇压。起义军在 1135 年终于失败。

钟相在家乡利用宗教活动组织群众，凡加入他的组织——乡社的农民要交一点钱粮，社内实行互助共济，因此都能"田蚕兴旺，生理丰富"。他宣称："法分贵贱贫富，非善法也。我行法，当等贵贱，均贫富。"这代表了农民要求财富上平均、社会地位平等而提出的政治主张。钟相以此深受群众拥护，被称为"老爷"或"天大圣"。周围数百里的贫苦农民加入乡社的不计其数。如此 20 余年，其影响扩大到洞庭湖周围各县。

杨么名太，在南宋初洞庭湖地区农民起义的诸首领中是最年轻的，楚语称幼为么，故称他为"么郎"或"杨么"，钟相故后，仍继续坚持斗争，逐渐成为起义军拥护的领袖。

2. 红袄起义军被蒙古军镇压

红袄军起义发生于 1211 年，当时金的统治已经发生动摇，北方社会经济凋敝，人民生活十分痛苦。在民族矛盾和阶级矛盾十分尖锐复杂的情况下，杨安儿、李全等领导农民在山东发动了起义。起义军穿红袄作标志，故称红袄军。红袄军在控制了山东半岛的绝大部分后，开始建立政权。后来杨安儿在转战途中病死，其妹杨妙真与丈夫李全率部向南宋境内转移。另一部分起义军在彭义斌率领下继续在山东坚持战斗，一度转战到河北。彭义斌不但屡次打败金兵，并且还与南下的蒙古军作战，给以打击。1225 年，这支起义军被蒙古军镇压。

杨安儿（？—1214 年），山东省益都人。原名安国，以卖鞍材为业，人呼"安儿"。大安年间，聚众起义，后降金，为刺使、防御使。大安三年（1211 年）领兵戍鸡鸣山（今河北省涿鹿北），亡归山东，与张汝楫等再次起兵反金，因穿红袄作标志，故称"红袄军"。

杨妙真，金末武术家，号"四娘子"。杨安儿死后，率部与李全会合，结为夫妇，随李全投宋，又降蒙古。善骑射，所创梨花枪，号称天下无敌手，为后世军事家所推崇。

李全（1190—1231 年），山东省潍州北海（今山东潍坊）人。

彭义斌（？—1225 年），初从刘二祖起义。刘二祖牺牲后余部由他和郝定等领导在滕、兖（今山东省滕州市和兖州市）等州，建天齐政权，改元为顺天。郝定牺牲后，他率余部归附李全。后因不满李全倒行逆施，遂联合山东散处各地的红袄军攻占青州（今山东省青州市）、富州（今山东省诸城市）等地。1222 年（宁宗嘉定十五年）与李全决裂，战败李全，收李全兵，攻克山东不少州县，乃北上积极开展抗蒙斗争，进攻被蒙古占领的京东诸州县。到 1225 年，彭义斌已占领真定（今河北省正定县，位石家庄市东北），大名（今河北省大名县，位冀南广平县东南），声势浩大，降金将武仙众达数十万。

第十讲　蒙古的兴起与夏金宋的灭亡

蒙古，原是居住在额尔古纳河上游的一个部落，后来迁居到斡难（今鄂嫩河）、客鲁连（今克鲁伦河）、土兀剌（今土拉河）三河源头，逐渐发展壮大。12 世纪末和 13 世纪初，铁木真征服了各兄弟部落，建立了统一的蒙古汗国，把蒙古的历史推向一个新的发展阶段。

1.　成吉思汗与蒙古的兴起

1206 年，铁木真在斡难河边召开宗亲大会，被推举为全蒙古的大汗，号成吉思汗，史书上也称作元太祖。

成吉思汗用按十进位的方法把军队编制起来，并要成年的蒙古男子都服兵役。他自己拥有 1 万人作为亲军的精锐部队，是随他出征作战的基本力量。他还把习惯法整理为成文的法典，明确地肯定了贵族的特权，加强了对牧民和奴隶的统治。军制和法典的完成，使这个汗国的奴隶制统治具备了一定的规模。

成吉思汗和他的继承者窝阔台汗、蒙哥汗，长期对南方和西方用兵。对南方的用兵，是对夏，对金，对宋，都是在中国境内进行的。对西方的用兵，则从中国境内远到中欧。

对西方，在 1218 年灭西辽，使蒙古的势力扩展到天山南北及中亚细亚。1219 年，成吉思汗率 20 万大军西征。5 年之间横扫亚欧两洲，前锋直到东欧和伊朗北部。1236 年到 1241 年间，窝阔台汗打败了斡罗思（俄罗斯），前锋直到今波兰、匈牙利等地。1253 年到 1259 年间，蒙哥汗遣宗王旭烈兀，灭木剌夷（在今伊朗境内），下报达（今巴格达），占领西南亚。蒙古铁骑所至，都带来极大的破坏，使当地人民蒙受深重的灾难。

蒙古西征的胜利，使它建立了四大汗国。钦察汗国，是成吉思汗长子术赤的封地，国势最盛时的领地西到多瑙河下游，东到今额尔齐斯河，南到高加索，北到今俄罗斯保加尔地区。察合台汗国，是成吉思汗次子察合台的封地，也即西辽的故土。窝阔台汗国是成吉思汗第三子窝阔台的封地，领有今额尔齐斯河上游和巴尔喀什湖以东地方。伊儿汗国，是成吉思汗第四子拖雷的儿子旭烈兀的封地，领有太和岭（今高加索山）和宽田吉思海（今里海）以南地方。四大汗国都是蒙古政权统一管辖的藩属，但后来都分别独立，在14至15世纪间先后灭亡。

2. 夏金献女求和以至灭亡

对南方，成吉思汗于1205年到1227年，多次攻夏和金。夏的国都曾两度受到包围，夏主被迫献女求和，而且后来还是不免出奔。金打了不少的败仗，也曾献女求和。金自海陵王以来营建六十几年的中都（今北京市）曾经被围，并于1215年失陷。金在黄河以北广大地区，遭到蒙古军队的焚掠屠杀。蒙古统治集团对于封建制度下的生产方式和统治方式并不理解。窝阔台初年，近臣别迭等甚至认为，汉人对国家没有用处，应当把他们的耕地改为牧场。大臣耶律楚材进言：中原的赋税收入数目可观，足以供给南征的军需，怎么可以说汉人对国家没有用处呢？楚材的意见被采纳，这一广大地区才免于遭受浩劫。

耶律楚材（1190—1244年），字晋卿，契丹人，是成吉思汗和窝阔台汗时期博学的政治家，对于蒙古统治集团接受汉族文化起了促进的作用。著有《湛然居士文集》。

1226年，成吉思汗最后一次向夏用兵。第二年，夏主请降，夏亡。成吉思汗在这一次战役中病死。他由一个部落的首长成为震撼世界的人物，只不过22年间的事情。

1229年，窝阔台即汗位不久，就出兵征金。第二年，他又自将攻金。双方互有胜负。1233年，蒙古军破汴京（今河南省开封市），金哀宗奔蔡州（今河南省汝南县）。南宋因早已接受了共同攻金之约，跟蒙古合围蔡州。1234年，金哀宗自杀，金亡。但在金亡之后，金原辖地区的文化成就，在元初很有影响。

金的文学家元好问（1190—1257年），字裕之，太原秀容（今山西省忻县西北）人，在元初成为一代文宗。著有《元遗山集》传世。

蒙古灭金后，以南宋为用兵的主要对象。1235年，蒙古分兵两路，大举南侵。一路进攻四川，遇到坚决的抵抗。1236年攻占了成都。又一路进攻襄阳，于1236年把襄阳攻下，使宋遭受惨重的损失，但也遇到宋将领孟珙的坚决反抗。1238年，成都和襄阳等地为宋收复，蒙古没有久占。这时南宋的皇帝是宋理宗，他一心想的是达成和议，以求苟安。1241年，因窝阔台汗病死，和议停顿。

蒙哥在1251年即汗位后，不断派军向宋进扰。1253年，皇弟忽必烈和大将兀良合台进军云南，攻陷大理。此后，招降吐蕃，控制了西南地区，从西南方面对南宋造成了大包围的形势。1258年，蒙哥发动三路大军攻宋，命忽必烈攻鄂州（今湖北省武昌市），兀良合台攻潭州（今湖南省长沙市），自率一军攻四川。蒙哥汗在合州（今四川省合川县）遭到坚决的抗拒。约经半年的攻守战，蒙哥汗没有能把合州拿下。1259年，他在合州东的钓鱼城下受伤而死，战争形势突然发生了变化。

3. 忽必烈汗与南宋的灭亡

忽必烈在向鄂州进军途中，听到蒙哥的死讯，跟兀良合台会师北撤。1260年，他即大汗位，以开平（今内蒙古自治区多伦县境）为上都，燕京为中都，后称大都。1271年，定国号为元。蒙古族自成吉思汗时期统一以来，经过一段历史时期的发展，至此已由奴隶社会进入封建社会。忽必烈，后来被称为元世祖。

忽必烈初年，忙于贵族集团内部的斗争。宋理宗和他的宰相贾似道则残杀抗蒙功臣，剥削人民，陷于更深重的腐化。只是因为广大人民和抗战将士不屈的斗争，南宋在战争的继续威胁中才能暂时苟存，但也终于不能逃于覆亡。

1267年，蒙古军大举南下。忽必烈汗采纳南宋降将的建议，把攻击重点集中在长江、汉水之间的军事重镇襄阳和樊城。蒙古军在这里遇到顽强的抵抗。他们用了6年的时间，才把这两个城攻下来。

1274年，蒙古军20万由左丞相伯颜统帅，水陆并进，大举伐宋。1275

年，芜湖一战，宋军主力全部瓦解。以贾似道为首的宋文武官员逃跑、投降，一时成风。1276 年，伯颜入临安，俘宋恭帝及全太后、谢太后北去。南宋亡。从 1235 年窝阔台汗对宋用兵至南宋亡，共约 40 年之久。

南宋亡后，宋臣文天祥、陆秀夫、张世杰等在很困难的条件下图谋恢复。文天祥被俘不屈，被杀害。陆、张等也都战败牺牲。

文天祥（1236—1282 年），字履善，号文山，庐陵（今江西省吉安县）人。有《文山先生集》传世。

[附表]

西夏世系表（1038—1227 年）：

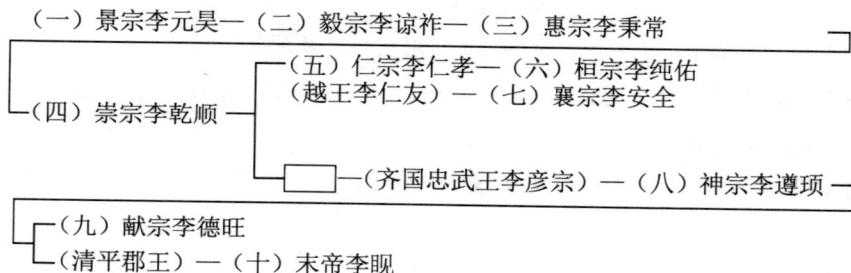

```
（一）景宗李元昊—（二）毅宗李谅祚—（三）惠宗李秉常
                                                              ┐
      ┌—（五）仁宗李仁孝—（六）桓宗李纯佑
      │  （越王李仁友）—（七）襄宗李安全
└（四）崇宗李乾顺—┤
      │
      └—┌—（齐国忠武王李彦宗）—（八）神宗李遵顼—┐
┌（九）献宗李德旺
└（清平郡王）—（十）末帝李睍
```

金世系表（1115—1234 年）：

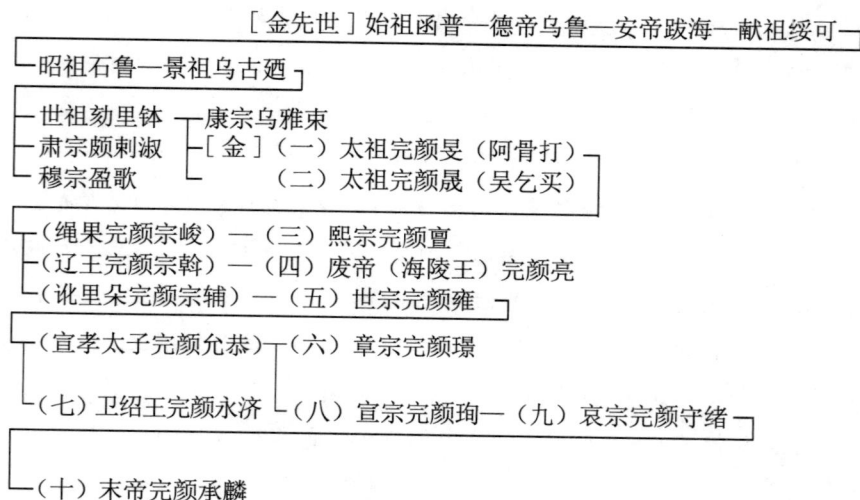

```
                    [金先世]始祖函普—德帝乌鲁—安帝跋海—献祖绥可—┐
┌昭祖石鲁—景祖乌古廼—┐
├世祖劾里钵      ┌康宗乌雅束
├肃宗颇剌淑      ├[金]（一）太祖完颜旻（阿骨打）—┐
└穆宗盈歌      └    （二）太祖完颜晟（吴乞买）—┐
┌（绳果完颜宗峻）—（三）熙宗完颜亶
├（辽王完颜宗斡）—（四）废帝（海陵王）完颜亮
└（讹里朵完颜宗辅）—（五）世宗完颜雍—┐
┌（宣孝太子完颜允恭）—（六）章宗完颜璟
│
└（七）卫绍王完颜永济 └（八）宣宗完颜珣—（九）哀宗完颜守绪—┐
┌（十）末帝完颜承麟
```

116

南宋世系表（1127—1279 年）：

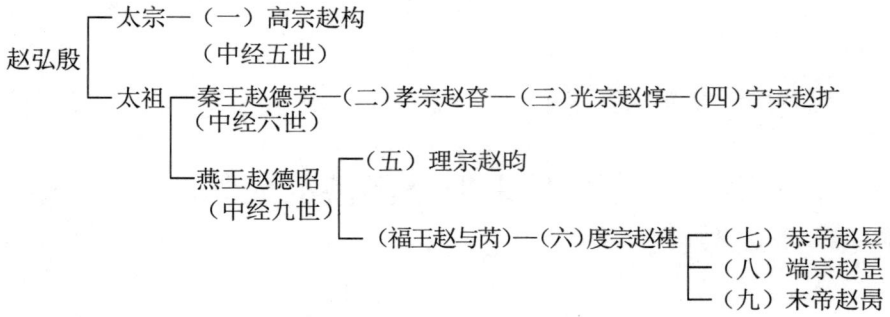

```
                  ┌─ 太宗─（一）高宗赵构
                  │       （中经五世）
         赵弘殷 ──┤
                  │  ┌─ 秦王赵德芳─（二）孝宗赵昚─（三）光宗赵惇─（四）宁宗赵扩
                  └─ 太祖┤  （中经六世）
                         │
                         │                ┌─（五）理宗赵昀
                         └─ 燕王赵德昭 ────┤
                            （中经九世）   │
                                          └─（福王赵与芮）─（六）度宗赵禥 ┌─（七）恭帝赵㬎
                                                                          ├─（八）端宗赵昰
                                                                          └─（九）末帝赵昺
```

第十一讲　生产力的发展及经济的南移

五代宋元时期的战乱和辽金元统治所带来的落后的风习，都使社会生产遭到阻滞和破坏。但从这一时期的总的方面来说，中国境内的社会生产力是在波浪式地向前发展。南方蒙受战祸较少，发展也较多，在农业、手工业和商业等方面都已成为全国的经济重心。

1. 农业副业的不断进步

五代宋元时期，水稻是主要的粮食作物，是以南方为主要的生产地区。北宋初期，江北各地和宋辽交界地区都先后引种江东水稻，后来又逐步推广。北宋中期，从越南引进占城稻，这是一种早熟、耐旱、适应性强的品种，先在长江流域推广，后来在北方也有传播。朝鲜的黄粒稻、苏州的箭子稻、南剑州（今福建省南平市）的金裹稻、洛阳的和尚稻等，都是北宋时期水稻的优良品种。南宋时期，在江南的一些地区，水稻品种有近200个之多。麦子仍是主要的粮食作物，南宋时江南地区也有少量播种。

蚕桑仍是农业的主要副业。棉花种植技术的引进和推广，原有南北两路。在南宋晚期，棉花在南方的种植地区迅速扩大，从福建、广东向长江流域和淮河流域推进。1273年元廷颁布的农书《农桑辑要》，比较详细地记载了棉花的培栽技术，反映了棉花在农业作物中已取得了引人注目的地位。

五代宋元时期的农业生产，既重视时宜的掌握，又能因地制宜，开辟农田。对整地、播种、育种、田间管理、施肥和收获的各个环节，对多种作物播种以至收获的顺序和交叉关系，都作出适当的安排，使之适应于时令的特点，并要抓紧对时间的掌握。农业的精耕细作，在这时期已趋向于定型。对于土地的利用，因土地本身的各种特点而作出相应的规划。有的是围湖造田，叫作圩田。圩田的周围筑有堤岸，可以防御洪水；堤上设有堰闸，可以控制蓄泄；圩内开有沟渠，可以调节水情。这是可以防旱涝、保持经常丰收的好田。有的是因山势的高低，上上下下地造田，叫作梯田。有的是利用江畔海边的沙淤地造田，或在海塘内造田，叫作沙田或涂田。像这样新开的田，主在南方。有的田占了广大的面积。如芜湖一带的圩岸，接连起来有290多里长；当涂一带的圩岸，接连起来有480里长。

为发展农业而进行水利的兴修，在这个时期一直受到重视。五代时期，吴越王钱镠在他的辖境内兴修了不少的水利工程。北宋中期以后，水利工程的兴修达1万多处。福建莆田的木兰陂，是一座引、蓄、灌、排综合利用的大型水利工程，体现了当时水利工程的技术水平。南宋时期兴修了更大规模的水利工程。太湖地区的水利，经过几十年的经营，使高田和低田都能得到灌溉，使这一广大地区得到农业上的高产，因而后来有"苏、湖熟，天下足"的谣谚。

1149年，陈旉著《农书》。这是阐述水田耕作的专书，具有相当完整的体系，提出了"地力常新壮"的观点。这部书，在中国农业文献上占有很重要的地位。

2. 手工业多方面的发展

手工业的发展，宋元时期明显地表现在矿冶、造船、陶瓷、纺织、制纸等方面。金、银、铜、铁的产量大大超过前代。造船业有很大进步。有一种远航用的海船，长10多丈（1丈约3.33米），载重2000石（宋代1石相当于现在59.2千克），船上可以装五六百人以至千人。

宋元瓷器是中国陶瓷史上的珍品。著名的产地，有开封的官窑，禹州（今河南省禹县）的钧窑，汝州（今河南省汝州市）的汝窑，定州（今河北省定县）的定窑，越州的越窑，以及哥窑（在今浙江省龙泉市境）、景德镇窑等。各窑烧造的瓷器各有不同的形制和风格。北方的辽、金，西南的大理，也都能制造自成一格的瓷器。

纺织业仍以丝织和麻织为主。棉花的纺织生产技术也逐步有所提高，织出了大量的棉布。忽必烈时，曾在南方几个省设立木棉提举司，年征棉布10万匹。这都可见当时棉花的生产和棉纺织业都比较发展了。宋末元初，黄道婆改进了棉纺工具和棉纺技术，对棉纺织业的发展，起了推动的作用。

造纸业有了普遍的发展。造纸所用的原料有竹、藤、麻、稻秆、麦秆等。在今四川、江苏、安徽、浙江、福建等地，都出产质量较好各有特点的纸张。歙县（今属安徽省）出产的纸，幅长可达50尺（1尺约等于33.33厘米），而首尾匀薄如一。

3. 商业比以前更为兴盛

宋元时期的商业也比以前兴盛。以前被称为圩市、草市或墟的定期集市，有些已发展为固定的市镇。北宋的开封、成都、兴元（今陕西省汉中市），南宋和元代的杭州、建康、扬州、苏州、成都、太原、京兆（今陕西省西安市）、大都，均是从事商业活动的重要都市。北宋时，开封居住着20多万户人家，有各种各样的行业，许多地方还有夜市。南宋时，杭州人口到达39万户，120多万人，百货买卖，客贩众多，光经营高利贷的"质库"就有几十家。元代的大都被马可·波罗称为繁盛之城。据说仅丝一项，每天运入大都城里的就上千车。两宋时期，内地和辽、金、西夏、大理的贸易也很发达。为了适应交换关系的发展需要，出现了世界上最早的纸币，这在宋代称为交子、会子，金、元称为交钞。

4. 科学技术的成就显著

宋元时期在科学技术上有显著的成就。其中有不少项目是直接跟社会生产有密切联系的。

战国时期，人们发明了一种用来指示南北方向的"司南"。宋代又发明了指南鱼和指南针。指南针是一种更简便、更有实用价值的指向仪器，用磁石磨针，使之指南。至于把指南针用于航海从什么时候开始，现在还不十分清楚。在12世纪初北宋末年的时候，一个在广州住过很久名叫朱或的，他记载说，"舟师"在海上识别方向，夜里是看星斗，白天是看太阳，阴雨天就看指南针。这是世界航海史上使用指南针最早的记载。当时船上使用的指南针叫作"浮针"，是在磁针上横贯几根灯芯草，使针浮在水碗中，指示方向。

自从隋唐之间有了雕版印刷的发明，五代时候开始用以刻印儒家经典。从931年到953年的23年间，官刻《九经》等书，可印成130册。北宋初年，从971年到983年，官刻《大藏经》，有5048卷之多。宋朝是雕版印刷技术成熟、发展的时代。临安的雕版最好，福建、四川的也不错。宋代刻印的书既多且佳。宋版书，至今还是很名贵的。

北宋时候，有一个叫毕昇的刻字工人，又发明了活字印刷。方法是用胶泥刻成一个一个的单字，拿火烧硬，做成字模。每字都刻好多个，常用的字准备得更要多些。然后根据所印书籍的内容，把字拣排起来，进行印刷。用完以后，把活字版拆开，按字韵摆放，下次仍可再用。这跟现在的铅字排印法基本上是一样的。宋元时期，还有人制造出锡活字、木活字。王祯又设计了一种木制活字的"转轮排字盘"，工人坐着推动轮盘就可以拣字。

把火药作为武器，在五代时期已经有了。北宋时，曾公亮在《武经总要》里，记载了三个火药方子和多种火药武器，兼有爆炸、发烟、放毒等功能。北宋末年，宋人在保卫汴京的战斗中曾用一种叫"霹雳炮"的火器，击退了金兵。北宋灭亡后，金人继承了宋人制造火器的技术，发明一种爆炸性很强的火器"震天雷"，具有较大的杀伤力，在很远的地方就能听见爆炸时的响声。后来蒙古军西征的时候，也曾使用过火药武器。元末农民起义军使用过铜铸的简式大炮。

天文历法，除郭守敬的成就外，北宋时天文学家苏颂写了一部《新仪象法要》，书里记载了一种"水运仪象台"，利用水的恒定流量，发动水轮作间歇运动，带动仪器运转，通过几组机械轮系的转动，来表达天体时空的运行，这是世界上最古老的天文钟。

在数学方面，北宋时刘益提出二次方程式的求根法，贾宪又提出"增乘开方法"，不仅可以开平方和开立方，并能求出任何高次方程式的正根。到了南宋的秦九韶，金元之间的李冶和元代的朱世杰，增乘开方法就更进入比较完善的阶段。宋元时期的数学家，还在一次同余式理论、高次内插法等方面做出了杰出的贡献。

在建筑方面，辽、宋、金、元各代的遗物，现存的还不少。北宋有一个大建筑学家李诫。他写了一部比较完备的建筑学巨著《营造法式》，有34卷。这部书，从名词的解释到具体的规格要求，以及有关技术上的问题，都有论述，并且附有许多图样，跟文字说明互相印证。

在医药学上，北宋初年修的《开宝本草》所收药物，比唐修本草增多了132种。北宋末年由唐慎微主编的《证类本草》，所收药物多达1558种，对后来的药物学有长期的影响。北宋时的太医王惟一设计，用铜铸成人体模型，标出各种穴位，并写出《铜人腧穴针灸图经》，指明人体各腧穴的正确部位。南宋初年，宋慈编写的《洗冤录》，在法医学方面有很大的科学价值。

第十二讲　封建关系的发展以及边区封建化

1.　品官豪强地主重要地位

五代宋元时期，封建关系的内部有相对的变化。唐末黄巢大起义摧毁了门阀制度。作为一个阶层，早已存在的品官地主，在两宋地主阶级中占重要的地位。

品官，是因他们的官阶有一品至九品的区别而得名。品官地主，宋代又称作官户。他们占有的土地，因官阶的高下，被规定为50顷至5顷。在限定范围内的土地占有，可以不承担田税和差役。但事实上，这些地主无限制地兼并土地，而且不承担法定的义务。宋英宗时，这种不承担法定义务的土地占全国垦田的70％。像这样巨大的数字，是大量土地为品官地主所掌握的。南宋末年，品官地主的土地兼并发展到了高峰，其中最大的一些地主竟然拥有土地数千万亩，绵延不断达数百里。

两宋品官地主，跟前代的门阀地主一样，都具有政治身份的特点。但门阀地主的身份，是家族世代传袭的，而品官地主的身份则是由于品官本人的官阶决定的。如果品官死了而他的子孙没有现任官职，这个人家作为官户的身份和特权也就不存在了。

两宋时期，在各级政权机构中拥有实权而没有官品身份的人，利用职权侵占土地。这种人，一般被称为形势户，是在地方上很有势力的地主阶层。这种人，和另外一些在地方上有势力的地主，都属于豪强地主的阶层。

在两宋的国家户籍上，有主户和客户的区别。主户，指占有土地应纳赋税的人。客户，是完全没有土地的人，他们租种地主的土地。品官地主和一部分豪强地主，虽然也编入国家户籍之内，但事实上他们是享有特权的。

主户又分五等，依占有土地的多少来划分。上三等是各类地主。一等户是大地主，又称为上户。四、五等户又称为下户，是土地不多的自耕农或半自耕农。至于客户，那就指佃农了。

按照规定，主户要缴纳田税，分夏、秋两季征收，另外还有身丁钱和各种差役、杂徭等。但上三等户中的大小地主往往勾结官府规避赋役，因而大部分赋役转嫁在所谓下户的自耕农和半自耕农身上，弄得他们倾家荡产，或沦为佃户，或流离逃亡。

在租佃制度下，田税和地租的区别更明显了。主户要向国家缴田税。客户要向地主缴地租，同时还要对封建政府交身丁钱，服徭役。这时，地主和农民的租佃关系有的是具有契约形式的，但这并不意味着佃农可以完全摆脱封建的人身依附。不过他们在一定条件下可以徙乡易主，比起以前的依附农民，有了较多的自由。

2. 促进了东北地区的封建化

辽、金进入中原。这对促进东北地区的封建化，有重大意义。五代宋元时期，东北地区各民族的发展水平不一致。作为辽、金主体民族的契丹人和女真人，初起时处于奴隶社会阶段，后来在内地先进生产方式的影响下，逐步向封建制过渡。11世纪末，契丹人的封建化基本完成，封建统治制度也日趋完备。女真人封建化的基本完成，大致在12世纪中叶。在这一过程中，女真贵族大批从奴隶主转化为坐食地租的地主，而金朝统治者在行政制度、赋税制度等方面都取法北宋，作了一些改革，实行封建统治。后来，大多数内迁的女真人跟汉人已经很少区别，连女真语都不会说了。留在东北的女真人的社会发展，相对的要迟缓一些。但可以相信，当13世纪蒙古人兴起的时候，东北的部分地区也正在经历着封建化过程，而在元代统一后，这一过程仍在继续发展。不过有的地方依然很落后。处在边远地区包括女真族在内的一些民族，还停留在奴隶制甚至原始氏族社会末期。

3. 蒙古地区封建化大体完成

蒙古地区在忽必烈统一中国时，封建化过程大体完成。这时，蒙古地区畜牧业有显著发展。封建牧主占有肥沃的牧场，大量牧民被束缚在牧主指定的牧场上，去放牧自己的牲畜，从而向牧主提供劳役，交纳贡赋，承受很重的压迫和剥削。此时蒙古地区的农业，也有所发展。忽必烈时常派汉人向蒙古人传授耕作技术，鼓励蒙古人在牧养繁殖驼马牛羊之外，也要种田。忽必烈还在蒙古地区大规模实行屯田，促进了当地农业经济的发展。

4. 西夏地区封建化十分显著

在西夏地区，党项人的封建化是很显著的。在元昊建国后，党项人开始向封建制过渡，他们在经济上和文化上都从北宋吸收了汉人许多先进的东西。当成吉思汗灭掉西夏的时候，那里的封建制已经确立起来了。

5. 高昌农业为主的封建社会

在西辽建立以前，回鹘人建立了高昌政权。这是他们在唐末从蒙古草原西迁到新疆吐鲁番盆地以后建立的政权。它的疆域，东到哈密，西接帕米尔高原，北界天山，南邻和田，占据了现在新疆维吾尔自治区大部分地方，都城设在哈剌和卓（在今吐鲁番市东部）。这时他们已进入以农业为主的封建社会，农奴要向封建主交纳贡赋，而且有很大的人身依附关系，随时可以连同土地被转移给新的主人。个别地方已出现租佃制，也有高利贷剥削。农产品有五谷和棉花、葡萄等经济作物，蚕桑也盛。手工业如纺织、酿酒、冶金、琢玉等均已达到相当高的水平。高昌跟辽、宋都保持着紧密的政治联系和经济联系。它的地位处于东西陆路交通的要冲，是中西经济文化交流的要地。它在 12 世纪时附属于西辽。1209 年投降蒙古，成吉思汗在那里设置行政机构。从此一般就不叫高昌而改称畏吾儿了。从蒙古早期直到元代，畏吾儿文化对蒙古人有很大影响，而汉文化又对畏吾儿人有很大影响。忽必烈对畏吾儿人聚居地区的开发非常重视，屯田的规模不断扩大。

为了满足发展农业生产的需要，还在当地设立冶局来鼓铸农具，并对无力搞生产的贫苦农民，给以救济扶持。除此而外，也注意发展那里的手工业，曾经派汉族工匠到鄯善（今新疆维吾尔自治区若羌县）地方去传授造弓的技术。

6. 吐蕃地区逐步社会封建化

今西藏地区，宋元时期仍然是吐蕃人聚居的地区。

吐蕃自唐末在奴隶起义和各族人民起义的推动下，逐步进入封建社会。土地为封建主所有，农奴、牧奴耕种使用土地，向封建主交纳租赋。五代宋元时期，封建制续有发展。当时在西藏虽然是个封建割据的局面，吐蕃族跟汉族及其他各族人民的关系是友好的。吐蕃人角厮罗在青海一带所建立的政权和北宋政府交往颇多，角厮罗曾受封为节度使，并以"进贡"和"回赐"的名义进行商品交换，用牛、马换取内地的丝织品、茶叶、药材。忽必烈统一中国后，西藏由宣政院直接治理，派大喇嘛国师或帝师管领，跟内地的联系更加密切。从此吐蕃人民有了一个比较和平安定的环境进行劳动，保证了生产的发展。

7. 由南诏而大理的封建政权

云南地区，在北宋建立前不久，出现了以白族为主体的大理政权。那时，离南诏灭亡已经有 30 多年了。由南诏而大理，标志着封建政权取代了奴隶主政权。在生产上，大理政权在洱海地区兴修了一些水利工程，使农业有所发展。大理的畜牧业主要是养马。马是大理跟内地交易中很大的一个项目。大理的文学、史学、绘画、雕刻、建筑等方面都很可观。它从汉文化中吸取营养，又保存了独特的民族风格。

第十三讲　周边的民族及其政权

三国两晋南北朝隋唐时期是民族重新组合的时期。五代辽宋夏金元时期是民族重新组合的又一时期。关于这两个时期的历史记录，在数量上的丰富是远远超过前代的。

1. 奚族丰富了我国文化遗产

奚族，属阿尔泰语系原始蒙古语族，隋朝以前称库莫奚，《魏书》首立其传。

东汉时期，部分南匈奴人迁到以紫蒙川为中心的广大地区（今辽宁朝阳西北，老哈河上游），与鲜卑人杂居，遂被融合，史称鲜卑宇文部。345年，慕容部灭鲜卑宇文部，余部流窜到松漠间（今内蒙古东南部西拉木伦河、老哈河一带），后又向东发展，其中一部始称库莫奚。

北朝时，库莫奚多次南下，靠近今河北省中部的地区，因自然条件优越，又接受中原的影响等原因，经济发展较快。奚人进入相对稳定的时期，人口增长，已为五部，即辱纥主、莫贺弗、契个、木昆和室得，部首领"俟斤"，并组成以"阿会氏"为首的部落联盟。唐代前期，奚人除畜牧业外，还种植、加工和储藏粮食（穄），制造车辆、武器等。大量的剩余产品为酋长所有，对部曲进行残酷的剥削和压迫，酋长成为奴隶主贵族。唐末光启年间（885—887年），契丹对奚人的一次战争就俘虏部曲7000户，可见奚族中处在奴隶地位的部曲是相当多的。唐代前期，部落联盟长就称奚王，得到唐朝的封号"都督"等，奚王王位早已世袭化了。

奚王设饶乐府（今内蒙古赤峰）及其所属各州机构。辽代，奚族社会发展深受辽朝影响，为朝廷控制的奚人部曲、俘房，与奴隶相同。奚王府所辖奚人，辽前期仍维持奴隶制度。是时，奚族经济有很大的发展，农业、手工业的生产逐升。汉人、渤海人相继迁入奚人地区，奚贵族将土地租佃给他们农民。那些输租于地主，又纳课于官的奚人"二税户"，慢慢成为国家编民，但奴隶制度并没有全部退出。金代，随着奚族的分散和汉化加深，封建制随之更为巩固。

奚族的历史始终与中原皇朝的历史紧紧联系在一起。

北魏"开辽海、置戍和龙（今辽宁朝阳）"，奚族归服，入塞贸易，不断南下，与安州（今河北隆化）、营州（治所在今辽宁朝阳）民杂居，"并无疑贰"。

六世纪中叶，突厥汗国征服奚族，此后降隋，奚族与隋朝，往来频繁，隋朝通过营州总管府，经略奚族。唐贞观四年（630年），东突厥汗国瓦解，八月，大部分奚人内附；18年后（648年），全部奚人内附。唐朝在奚族地区置饶乐都督府，阿会部置弱水州，处和部置祁黎州，奥失部置洛瑰州，度稽部置太鲁州，元俟折部置渴野州。各部酋长皆为州刺史，大酋长可度者持节五州诸军事、饶乐都督均属于羁縻性质的州府。治于柳城（今辽宁朝阳）的营州都督府，系代表朝廷直接管辖饶乐等地区的最高权力机构。

武则天时，奚族和契丹，亲突厥。万岁通天元年（696年），奚族随契丹反唐，唐企图争取他们。开元四年（716年），奚降唐，饶乐府恢复。唐封奚首领李大酺为都督，饶乐郡王。翌年，以固安公主嫁大酺。随后，又有两位公主嫁奚王。七年（719年），赐奚绢3万匹；二十二年（734年），再次赐绢20万匹。应大酺等人之请，营州都督府重治柳城。都督宋庆礼开垦屯田80余所，几年内便"收岁储"，免除从千里之外挽运粮食的旧例。宋庆礼又"集商胡，立邸市"。开元四年，奚族土特产品进唐都长安（今陕西西安）西市（当时最大国际市场）。饶乐地区，经济发展，政治稳定。

天宝元年（742年），安禄山假造奚人"谋反"，多次镇压，以"战功"取得平卢（今辽宁朝阳）等三大节镇的重权，又利用民族矛盾，将数万奚人丁壮编入军中，并成为其主力。此举，不仅荼毒北部中国，奚人也遭巨大创伤，此后奚族即一蹶不振。

安史之乱后，奚族成为回鹘汗国的属部，但仍与唐朝保持着附属关系。

开成五年（840年），回鹘汗国灭亡，奚族得以解脱。

唐光启年间（885—887年），契丹打败奚人，奚人元气再挫。后梁开平五年（911年），契丹征服奚族，奚族五部先后纳入契丹统治。

阿保机建国前后，战火连年，相当一部分的奚人编入辽军，征战守边，伤亡极大，万余骑战殁。契丹初起，虐待奚贵族首领，去诸便带领数千帐奚人，陆续逃奔妫州（今河北怀来）北山，并依附幽州（今北京）节度使刘守光父子，史称为西部奚，去诸为西部奚王。这支奚人处于契丹与后唐之间，并与后唐关系日益密切，不断朝贡往来，后唐庄宗赐第二任西部奚王扫剌国姓李氏，名绍威。

契丹找借口，对西部奚发动战争，双方终至决裂。西部奚更加向后唐靠拢，成为其臣属。后唐清泰三年（939年），石敬瑭联合契丹灭后唐，辽得到包括西部奚驻地在内的燕（今北京）云（今山西大同）十六州。西部奚民最终还是归属辽朝，并被强迫迁回本土。

契丹与奚，习俗相近，语言相同，地区毗邻，关系友好，源远流长。阿保机早就选定奚族为最好的联盟者。为建立并巩固这种联盟，辽将奚族分成两大部分，采取不相同的统治。其一，辽朝直接控制的七部奚族，直属辽朝廷。因其摆脱了奴隶地位，与辽朝的对立情绪也就较少，都有不同程度的契丹化。其二，奚王府管辖的各部。辽太祖阿保机毅然保留奚族最高的军政领导机构奚王府，奚王均由奚人担任。奚王府管辖遥里、伯德、奥里、楚里和梅只（知）的5个部，与唐代的奚5部具有直接对应关系。每部长官为节度使。奚王府与契丹北大王院、南大王院、乙室王府合称四大王府。后三个大王府下的民众，在契丹本族中的地位很高。奚王府能够与三大王府并列，可谓荣宠。奚贵族和朔奴、萧莆奴、萧阳阿、萧韩家奴等人仕辽朝，在朝廷和地方任高官，享厚禄。奚"五王族，世与辽（契丹）人为昏（婚）"，又多了一层血缘宗亲的关系。统和十五年（997年），辽圣宗免除奚王府所属各部税贡。通过这些措施，使得奚贵族与契丹贵族的关系更加密切了。

辽朝以契丹族为主体，势必对奚族存有戒心。如怕奚王府壮大，无法驾驭，以至他们反戈，故此不断对奚加以控制、防范。又如辽太祖于天赞二年（923年），镇压胡损领导的奚人起义后，便改组奚王府，任命忠于朝廷的奚人贵族勃鲁恩为奚王。其后，奚王一直由朝廷任命。同时清理各部，裁撤奚王府"给役户"，查出大量"隐丁"，再加上起义失败后的"流散"者，由这三部分人组成"堕瑰部"，于是奚王府统属的5个部变为了6个部。奚王对6个部的实权，仅维持到了辽的中期，圣宗将奚王府对6个部的"单线"领导，改由奚王府和朝廷的"双线"领导。统和十二年（994年），圣宗对奚的6个部进行大规模调整，将梅只、堕瑰2个部，合并到奥里部之中。分奚王府二剋为南剋部和北剋部，从而削减该府常备军。奚王府所属6个部的军队，由契丹贵族任监军。奚6个部的秃里太尉，系巡回地方、监理词讼的官员，铁剌之后也一直由契丹人担任，这都削弱了奚王府的力量，限制了奚王府的地位和权力。

辽对奚族的基本政策，即契丹与奚族结成的政治联盟，从不同的角度发挥作用，保证了奚贵族的特殊地位，也使奚变成了"二等民族"，使得奚族就范，更好地听从契丹所用，并充当辽的忠实可靠的助手，弥补契丹族许多的不足。

辽金嬗递之际，奚王回离保率部分奚众，以迁州（今河北秦皇岛市北）箭笴山为根据地，金天辅七年正月初三（1123年1月31日），建立了奚族历史上第一个较为完整的政权，即大奚国，回离保被拥戴为皇帝，建元天复。他们在复杂的形势下，举起"抗金"的旗帜。同年五月中下旬间，回离保为部下所杀，政权瓦解，余党金臣阿古者坚持抗金，后也战败被俘，奚人先后归附金朝。

金朝对奚族，笼络上层、分散诸部，显赫的奚族上层进入金朝统治集团。如伯德特离补，天德间（1149—1152年）任大理卿、同知东京（今辽宁辽阳）留守。萧恭，天辅间（1117—1122年）先后为兴中（今辽宁朝阳）尹、兵部尚书。海陵王（完颜亮）时（1149—1161年），萧怀忠官至西京（今山西大同）留守、西北部招讨使。萧肄，有宠于海陵，入相。萧裕，系海陵王心腹，官至中书令。奚人各部多次被拆迁，一部分西徙于数千里之外的云内州（今内蒙古土默特左旗东南），一部分北上临潢（今巴林左旗东南）、咸平（今辽宁彰武西）和泰州（今吉林洮南东北），还有一部分南下中原。留在原地的奚人不多，也就不可能形成统一的抗金力量。奚人被编置在猛安谋克中，担负着沉重的兵役。12世纪60年代初，奚人参加了契丹耶律窝斡等人领导的反金大起义。被拆散的奚人，逐渐地与当地的民族融合了。

元代，随着民族融合的迅速发展，也就很难辨认出纯粹的奚人。大部分奚人在汉、契丹人之中，女真和蒙古人中，也都有奚人血统。其中，被契丹、女真人融合的奚人，后来也多半融合在汉人之中了。

奚族消失了，但他们仍以其他民族的身份，生活在中华大家庭之中，奚族的历史作用是应当肯定的。奚人喜爱歌舞，骁勇善战，出现过一些知识分子和政治家，在辽、金朝尤多，这一切就进一步丰富了我国的文化遗产。

2. "鞑靼"最早见于 732 年

"鞑靼"之名最早见于公元 732 年突厥文《阙特勤碑》，突厥人把位于其东方的蒙古语族室韦诸部称为"三十姓鞑靼"。

隋唐时，在今内蒙古呼伦贝尔市及其附近地区的室韦诸部，从事渔猎业；南部的室韦"无羊少马""多貂""多猪"，也兼营粗放农业，这是受靺鞨等邻族的影响。

8 世纪初，一部分室韦人已西迁。9 世纪中叶，回鹘汗国崩溃后，室韦人大量西迁或南迁，进入今蒙古国境内和我国内蒙古西部各盟草原。迁到大草原上或草原、森林交界地区的室韦人，改变了以渔猎为主、兼营粗放农业和养猪等生活方式，成为草原游牧部落或半游牧半狩猎部落。他们在外迁中，吸收了大量的突厥、回鹘及其他突厥语族人，作为室韦部落的成员，在语言、习俗、生活、种族成分等方面，经历了相当程度的突厥化过程；进入漠南的室韦人，还吸收了不少党项、吐谷浑、沙陀、汉人等作为室韦系部落的成员；在长期过程中逐渐形成为了新的室韦蒙古语族诸部落。

此外，还有部分原室韦人在数世纪中逐渐西迁到今俄罗斯贝加尔湖附近广大的森林地区，与当地居民融合，形成新的室韦系蒙古语族森林狩猎部落。以上这些由原室韦人，外迁后形成了新的室韦系蒙古语族诸部落，即五代辽宋夏金时期的鞑靼诸部落，其中包括敌烈、乌古、阻卜、萌古、梅里急、斡朗改等部。

辽初，神册三年（918 年），斡朗改诸部向辽进献挽车人，即拉车的奴隶，从此归属辽。神册四年（919 年），辽太祖征服乌古诸部。天赞三年（924 年），敌烈诸部主动归附辽，向辽不断进贡。辽为了统治乌古、敌烈，在乌古部和敌烈部，各置节度使或详稳，大部分是由契丹人任置，又于其上置乌古敌烈都详稳，由契丹人担任，便于统辖。咸雍四年（1068 年），设置乌古敌烈都统军司，此为统辖两部的最高机构，最高长官为统军使，也有称都详稳的，由契丹人担任。

阿保机征服了大漠南北的阻卜诸部以后，尚未建立牢固的统治。保宁三年（971 年）起，辽委派耶律速撒为阻卜九部都详稳，在漠北招抚诸部，在他任期的 20 年中，对阻卜诸部实施了颇为有效的统治。在耶律速撒死后，一些阻卜部落便叛辽。统和十二年（994 年），辽派皇太妃，即承天太后之姊统率军队，进屯克鲁伦河，并委派萧挞凛为阻卜都详稳，协助太妃掌管军事，讨伐阻卜诸部中反叛部落，加强对阻卜诸部的统治。那时，萧挞凛奏请辽廷，在漠北腹地，建立了 3 座城以镇抚阻卜诸部。统和二十二年（1004 年），建镇州、防州、维州 3 城，皆在今蒙古乌兰巴托西、西南地区。辽后又设了西北路招讨司驻镇州，在今蒙古土拉河支流喀鲁哈河的南面，其最高长官为招讨使。

西北路的招讨司，是辽西北边疆地区的最高军政机构，负责镇守西北边疆地区，管辖着阻卜等部落。统和二十九年（1011 年），西北路招讨使萧图玉奏称："阻卜今已服化，宜各分部，治以节度使。"辽同意了他的建议，由此向阻卜各部委派节度使进行管辖，阻卜各部酋长也多由招讨使推荐给辽，正式任命为节度使。

那时地处今鄂嫩河、贝加尔湖东南面的萌古部，在辽大康十年（1084 年）向辽遣使进贡，酋长接受了辽封授的部族官称号令稳、详稳，归辽属部。如成吉思汗的五世族祖察刺孩，被封为令稳；四世族祖必勒格，被封为详稳。

当时，斡朗改部落，虽从辽初已归属辽，并为属部，但这些部落居于僻远地区，也不常向辽遣使进贡，据史料载，仅有 3 次。

当时，辽统辖的乌古、敌烈、阻卜等属部，每年必须缴纳大量贡赋。如阻卜诸部岁贡马 2 万匹。除每岁常贡外，属部还须服兵役，自备武器马匹，接受征调，随从出征。此外，阻卜等属部必须负担辽的各种徭役。辽对待阻卜等属部骄横暴虐、征敛无度，阻卜、敌烈、乌古等部在辽代的各个时期，不断地掀起了反辽斗争。

应历十四年（964年）十二月，乌古部起义，辽详稳僧隐与起义军交战，败死；次年正月，辽派军队镇压，经一年半的交战，未能摧毁起义军；后辽又多次增派军队，征讨乌古部起义，又经半年，直到应历十七年正月，才讨平乌古。开泰二年（1013年）正月，阻卜诸部在镇州（可敦城）起义，直至三月，辽派援军，又遣人诱降，才平定了这次起义。开泰三年九月，敌烈8部起义，邻近诸部响应，攻占巨母古城（今内蒙古满洲里东南），起义延续了半年之久，次年四月，才被讨平。太平六年（1026年），西北路招讨使萧惠统率军队出征甘州（今甘肃张掖）回鹘，征兵诸部，"阻卜酋长直刺后期，立斩以徇"，于是阻卜诸部起义，攻杀辽都监涅鲁古、国舅帐太保曷不吕等人。这次起义延续了数年之久，辽军征讨多年，并未成功，后用招抚的办法，阻卜诸部才逐渐归顺辽廷。

从辽兴宗时起，分散的阻卜诸部逐渐形成了部落联盟。辽为招抚阻卜诸部，封阻卜诸部联盟长屯秃古斯为大王；其弟撒葛里为太尉。重熙十四年（1045年），屯秃古斯曾率领阻卜诸部酋长至辽廷朝觐。重熙二十二年（1053年），屯秃古斯又率领阻卜诸部酋长进贡马匹、骆驼。

辽道宗时，磨古斯担任阻卜诸部联盟长。大安八年（1092年），由于西北路招讨使耶律何鲁扫古误击磨古斯部，磨古斯杀死辽金吾（武官）吐古斯叛辽。何鲁扫古战败，他所统率的二室韦、六院部、宫分等军及特满群牧均陷没。辽改任耶律挞不也为西北路招讨使，征讨磨古斯。磨古斯假投降，诱杀挞不也。大安十年（1094年），辽知北院枢密使事耶律斡特剌等统率大军讨伐磨古斯，打败磨古斯所率阻卜四部，斩首千余级。磨古斯尽管战败遇挫，但此后6年间继续坚持抗辽斗争，到寿昌六年（1100年）才被斡特剌擒获，处死。磨古斯死后，阻卜、乌古、敌烈等部的起义，不断发生，以迄辽末，成为对辽朝的严重威胁。

金时的鞑靼。在辽势力的衰落时，尤其在辽亡金兴之中，便形成了若干个较强大的鞑靼部落集团，如克烈（又译客列亦惕，辽时的北阻卜诸部）、蔑儿乞惕、斡亦剌惕、汪古、广吉剌（又译弘吉剌、翁吉剌惕）、塔塔儿、蒙古等。这些部落集团在金时，互相掠夺、争战不休，尚未统一。但大部分的部落集团，对金保持着一定程度的臣属关系，向金纳贡，首领接受金的封号。金设置西北、西南、东北三路招讨司，管辖各归属部落，收受贡赋，颁发赏赐，并统军征讨叛部。金对漠北地区的统治大为减弱，由于鞑靼诸部的强大，三路招讨司的治所均设在内地，未设到漠北，实际上只严控了接近内地的各部落，如塔塔儿、汪古等部。

鞑靼诸部，反抗金的统治，侵扰内地，战争不断，对金的威胁，愈来愈严重。金除采取派遣军队征伐，并利用若干鞑靼部落之间的矛盾，挑动它们互相仇杀，以求分而治之；在内地，则与鞑靼诸部分布地区之间开浚界壕、构筑边墙进行防御。早在金熙宗天眷年间，1138 年至 1140 年间，就曾在东北路开浚界壕；金世宗，1161 年至 1189 年时，东北、西北、西南 3 路全面施工，构成了东北从今内蒙古锡林郭勒盟东乌珠穆沁旗起，向西南延伸，经今阿巴嘎旗、苏尼特左右旗，以迄今乌兰察布盟四王子旗北部，连绵不断的界壕边墙，此为著名的"金长城"。但是 13 世纪初，当以成吉思汗为首的蒙古游牧贵族崛起于漠北时，"金长城"也未能阻挡蒙古铁骑的进攻步伐。13 世纪初，成吉思汗统率的蒙古大军，便驰骋于华北平原，严重地威胁到了金的存在。

3. 河西回鹘高昌回鹘之变迁

公元 840 年，曾左右中亚和东亚形势近百年的回鹘汗国（744—840 年），在内乱迭起、天灾频仍的情况下，又遭黠戛斯的突袭而溃散，其部族分三支西迁。

早在唐朝武则天时，7 世纪末至 8 世纪 20 年代，刚刚强大的东突厥默啜可汗（691—716 年）向外出征，扩张地盘，攻取了铁勒故地。因此，在漠北色楞格河流域，回纥汗国中的一大伙人，会同其外九部的契苾、思结、浑三部，从漠北出发，首批外迁，在河西走廊的甘（今甘肃张掖）与凉（今武威）二州之间驻扎，当时唐朝又常取其壮骑，并入在凉州的赤水军之中，这就是回鹘人迁往河西的先驱者，其后遂成了以甘州回鹘为中心的河西回鹘。

唐天宝十四载（755 年），发生安史之乱，西边空虚，于是吐蕃乘机东向扩张，尽占陇右、河西。所以到唐开成五年（840 年），回鹘一支西迁河西时，初依吐蕃。唐会昌二年（842年），吐蕃赞普达玛被刺，贵族内讧，混战20余年，于是河西汉人张议潮（原任唐沙州节度使）的政权崛起。张议潮受唐封为归义军（沙州）节度使，节度瓜（今甘肃安西东南）、沙（今敦煌西）、伊（今新疆哈密）、肃（今甘肃酒泉）、鄯（今青海乐都）、甘、河（今甘肃东乡西南）、西（今新疆吐鲁番东）、兰（今属甘肃）、岷（今岷县）、廓（今化隆西）等11州。唐大中五年（851年），在甘、凉二州的一支回鹘又西向与张议潮联合，以共击东南的吐蕃（时其主要据地在陇右）。五代时吐蕃势衰，回鹘渐强，牙帐设在甘州。唐咸通八年（867年），张议潮入朝长安（今陕西西安），其侄张淮深代行归义军节度使事。十三年，张议潮死于长安，张淮深继任节度使。借唐朝的声威镇抚河西，与各族和睦相处，河西遂成富庶之区。唐中和二年（882年），黄巢起义占领长安，唐僖宗出奔，"是后中原多故，朝命不及"。归义军又卷入当地藩镇（李茂贞）的斗争之中，力量削弱。唐大顺元年（890年），张淮深在内乱中被害。两年后，河西内乱，直至唐光化三年（900年），唐昭宗任命张淮深之侄张承奉为节度使，河西内乱结束。张承奉建西汉金山国，自号白衣天子，占据瓜、沙等州。当时甘州回鹘扼河西入唐的孔道，又控制河、兰两州，成为金山国的劲敌，双方战争频繁，最终回鹘打败了张承奉，两国议和，张承奉尊称回鹘可汗为父。张承奉的后嗣，到五代后梁贞明年间（915—920年）断绝，州人推长史曹义金做首长，他于同光二年（924年）受后唐册命，任节度使领瓜、沙二州事。曹义金继张承奉之后，仍尊称甘州回鹘为"父大王"，目的是希望通过他能同中原后唐相通。所以事实上，这时瓜、沙二州是依附于那里的回鹘的。

从五代直到北宋，整个河西回鹘，其分布以甘州为中心，除此还有沙州、凉州、贺兰山、秦州、合罗川、肃州等。

具体来说，沙州，当时的瓜、沙二州，到五代初，已依附于甘州回鹘，而曹义金后人在瓜、沙二州的势力，还延续到北宋景祐、皇祐之间，那是1034年至1053年。宋太平兴国五年（980年），沙州开始控制在回鹘手中。宋庆历二年（1042年）、皇祐二年（1050年），到宋朝贡骆驼、名马、玉等物。辽开泰三年（1014年），到辽朝贡方物。

再说凉州（今甘肃武威），宋天禧四年（1020年）时，凉州回鹘常到北宋贡奉。

那么贺兰山（今宁夏西北边境与内蒙古交界）呢？宋端拱二年（989年），那里的回鹘都督石仁政、么啰王子、邈拏王子越黜、黄水州巡检等四族并居贺兰山下。

至于秦州（今甘肃天水），宋大中祥符四年（1011年），那里的回鹘人安密到宋朝献玉带贺祀汾阴，礼成，宋朝封其首领翟符、守荣为神武大将军，安殿民为保顺郎将，余皆赐冠带器币。宋乾兴元年（1022年），秦州回鹘赵福献马并银缨钹，自此每年到宋朝朝贡。

而合罗川（今额济纳河，即内蒙古西部额济纳旗境东河、西河），宋雍熙四年（987年），这里的回鹘族第4次太子遣使到北宋贡鍮石。

肃州，这里连同东面的甘州回鹘合称"黄头回鹘"，是"撒里维吾尔"人的意思，其人数已有1万左右，与蒙古族、汉族杂居，大都从事游牧。他们原信萨满教，后来又信佛教，因此在他们的语言里，往往夹杂着极少的汉族政治词汇和佛教的语汇。

河西回鹘在官制方面，五代时，甘州回鹘的官号仍用突厥名，如史载后唐庄宗"册仁美为英义可汗"，"仁美卒，其弟狄银嗣立"。又如后唐清泰二年（935年）入朝的"密录都督"，应为"相温"，似即突厥语借汉语将军的音译。同时，甘州回鹘这时兼采汉制，有宰相、枢密使的职名，如宋大中祥符三年（1010年），甘州回鹘可汗夜落纥遣左温宰相、何居录越枢密使、翟符守荣等来贡。在风俗习惯上，甘州回鹘可汗常楼居，其国相"见可汗，则去帽被发而入以为礼。妇人总发为髻，高五六寸（1寸约等于3.33厘米），以红绢囊之；既嫁，则加毡帽"。又甘州回鹘的妇女，常着青衣，如中国道服的样子，用薄青纱罩面而露其脸。整个河西回鹘为游牧封建社会，但尚保留有原始氏族社会的残存。

北宋天圣六年至景祐三年（1028—1036年），甘、凉、瓜、沙、肃等州被西夏赵德明父子攻取，河西回鹘变成西夏之属。西夏宝义二年（蒙古成吉思汗二十二年，即1227年），西夏又亡于蒙古。

高昌回鹘，亦称西州回鹘，因为高昌在唐代称西州。自公元6世纪末起，今新疆东部天山附近，已有回纥人居住。在唐安史之乱时，高昌一地"颇有回鹘"。此外，在唐代，北庭（今吉木萨尔北）和焉耆之北一带，还有回纥外九部的拔悉密和葛逻禄。到唐开成五年（840年），漠北鄂尔浑河流域回鹘汗国政权崩溃，由贵族庞特勒率领，分三支西迁，其中一支先到龟兹（今新疆库车）定居，不久分出一部分人东去高昌。

　　唐咸通七年（866 年），回鹘的首领仆固俊，从北庭南下，击败吐蕃，收复西州（高昌）、轮台（今乌鲁木齐北）等要地，建立了以高昌为中心的政权，并遂而安定了下来。高昌（广义的指今整个吐鲁番盆地，具体可谓今吐鲁番东南哈喇和卓），是当时回鹘人的首府，是重要的政治与文化中心，除此之外，另在天山北麓唐代北庭的旧址，建设了夏都，作为回鹘王室在夏季中避暑，以及放牧的地方。整个高昌回鹘王国的疆域，到了 9 世纪后半期已基本形成。疆域东起哈密力（今哈密），西至冰达坂（今阿克苏北），北抵赤列河（今伊犁河），南距吐蕃，境内实行双王制，分别以高昌回鹘和龟兹回鹘自立。

　　从 9 世纪 50 年代高昌回鹘建立以后，经历了五代、北宋、西辽、元，直到 14 世纪 60 年代末、70 年代初，随着元朝以及察合台汗国的灭亡而亡，共计存在了 500 多年（龟兹回鹘，大约在 12 世纪初，西辽西迁时消亡）。高昌回鹘的政治史略，从其王室即亦都护的谱系，可分为从唐末至北宋、西辽为第一个阶段，其政治倾向是和内地唐朝、北宋往来密切，如唐末其首领仆固俊斩吐蕃大将尚恐热后，传首于唐首都长安，即为明显的例子，并在北宋太平兴国六年（981 年），高昌回鹘王阿厮兰汗遣使臣麦索温到宋朝赠送礼物，自称"西州外甥"，追认从前与唐朝的姻亲关系；而稍前即从辽天赞三年（924 年）开始，辽太祖耶律阿保机即西征北庭，其势力及于今阿尔泰山，威震西域。从元初至元末为第二个阶段。从总的高昌回鹘的政治趋势来看，因为蒙古的兴起，脱离了西辽的统治，而归附于蒙古，并且助成了成吉思汗的西征，有利于元朝的建立，有助于全中国的统一。

　　在经济方面，高昌回鹘在吐鲁番盆地定居后发展起来的农业、畜牧业，以及手工业的，基本上都已摆脱了过去在漠北时期以游牧为主的生产，而具有西域的特点。在农业生产方面，已放弃了过去在漠北草原上的游牧生活，而以定居的农业为主，地产五谷，种植的棉花有织成布的长远传统。当地的梧桐树脂称为梧桐泪，可做药用及工业上金属的焊剂，种植的葡萄可做葡萄酒。在利用水利为农业服务上，引导了天山上的雪水，灌田园；造作水碓即水磨，便于粮食加工；因地制宜，用骆驼耕田，并有一部分为畜牧业。

在手工业上，丝织品有兜罗、锦、绛丝、熟绫；棉、毛织品有斜褐、白棉布、绣文花蕊布；矿物中有著名的硇砂，这是一种氯化钠，作为制皮革不可缺少的原料；铁制品中，已有镔铁，即钢，当时回鹘人手工业操作的各种器械，许多得用钢铁才能制成。在商业上，已与内地的往来频繁，可视当时商业的发达。回鹘人多到辽南京（今北京）做买卖，善于鉴别珍宝；常到辽上京（今内蒙古巴林左旗南）进行贸易；在上京南城，辽朝特别设立了"回鹘营"，作为居留地；与五代、北宋也进行了贸易，向宋的洛阳、开封，源源不绝地输送马匹，其中一次最大的是在元丰八年（1085 年），战马约24000 匹送抵开封，又如棉布一项，后周广顺元年（951 年），一次运到开封的就达 1329 段，这同时也说明当时内地的植棉业并不算发达。

在文化宗教方面也十分发达。高昌回鹘人在宗教信仰上，最早信仰的是波斯传来的摩尼教，而后信仰佛教和景教。在今新疆吐鲁番西的木头沟或吐峪沟的墙壁上或废墟内，已发现大量回鹘人的宗教壁画，表现出与波斯文化融合的倾向。高昌回鹘人"乐多琵琶、箜篌"，"好游赏，行者必抱乐器"。高昌壁画中，经常有天堂中跳舞的画面。塔里木盆地的戏剧表演，在汉代已产生，这有 20 世纪在吐鲁番、哈密发现的译成回鹘文的《弥勒会见记》抄本的残卷、写本，以及近代在库车出土的有关当时戏剧演出的场面和文物，都可作为证明。19 世纪末，法国人伯希和曾在我国敦煌千佛洞发现几百个属于元朝初年回鹘文木刻活字。这些木刻活字，很可能是元朝初年，因在敦煌、吐鲁番一带大量翻译佛典，就参考同时代王祯那一套汉文活字印书的办法。在唐代，已从内地传去七曜历，有十二地支及生肖，这可由在吐鲁番得到的回鹘文历书残页中得以证明。在回鹘的文书方面，除零星契约及文书外，主要的有回鹘文的《玄奘传》，原译本为 10 世纪中别失八里回鹘佛僧详古舍利所译，1930 年在新疆出土，现已整理。《金光明经》（汉文译者为唐高僧义净）的回鹘文译本（译者同《玄奘传》），是从汉文译本转译的，另从梵文本添译了好多处，成为研究古代维吾尔语，以及研究佛教的基本史料。《乌古斯可汗传说》，这是未经 14 世纪波斯史家拉施特·丁，掺入伊斯兰色彩的、维吾尔族最早有关其自己始祖的民间传说。传说写成的时间大约在 10 世纪，地点在天山南路，为一佚名回鹘人的手稿，现收在拉得洛夫氏的《福乐智慧·导言》之中。吐鲁番古代各族人民在同疾病做斗争中，早已有了成熟的医药。

北宋大中祥符六年（1013年），高昌回鹘境内龟兹进奉使李延庆等36人到宋朝献香药。元代畏兀儿人军医月举连赤海牙曾在合州（今四川合川）钓鱼山，"奉命修麴药以疗师疫"。

再及喀喇汗王朝，即黑汗王朝。唐开成五年（840年），回鹘从漠北分4支队伍外迁，除其中1支南下，其他3支全部西迁。其中3支西迁中最大的1支，在汗族成员庞特勤和相驭职的率领下西奔葛逻禄（今阿尔泰山以西地区），建牙于巴拉沙衮（今吉尔吉斯斯坦托克马克东），称喀喇斡尔朵。这个王朝，就是黑汗王朝，或称黑韩王朝，如今通称喀喇汗王朝。

喀喇汗王朝，在七河地区立住后，马上将领域扩至喀什噶尔（今新疆喀什）地区。喀喇汗王朝的创建者的称号为"毗伽阙·卡迪尔汗"。喀喇汗王朝的政治体制是"双王制"，即汗国分为2个部分，由汗族中最长者任大可汗，次长者任副可汗，分别统治汗国的一部分。汗位的继承，是传长制，不是嫡承制。大可汗称为阿尔斯兰（突厥语意为"狮子"）喀喇（意为"伟大""最高"）可汗，驻巴拉沙衮，以后随着王朝统治民族定居农业文化的发展，多驻喀什噶尔。所以喀什噶尔又称为"斡耳朵坎特"（意为"汗城"）。副可汗称博格拉（意为"公驼"）喀喇可汗，初驻怛逻斯（今哈萨克斯坦的江布尔），中迁喀什噶尔，后又迁回怛逻斯。喀喇汗王朝是历史上第一个接受伊斯兰教的突厥语民族的王朝，10世纪前期，驻喀什噶尔的博格拉汗萨图克正式接受了伊斯兰教，其子阿尔斯兰汗穆萨·阿布杜·克里木把伊斯兰教定为国教，全境推行。宋建隆元年、辽应历十年（960年），有20万帐游牧民皈依了伊斯兰教。

宋淳化三年，辽统和十年（992年），博格拉汗哈桑（哈龙）率军占领萨曼王朝的首都蒲华（今乌兹别克斯坦的布哈拉），因染病撤兵，死于返回途中。999年，阿尔斯兰伊利克（意为"狮子王"）纳赛尔再度出兵，长驱直入蒲华，几乎未遇抵抗，灭了萨曼王朝，河中地区纳入喀喇汗王朝的地盘。11世纪初，卡迪尔汗玉素甫攻下于阗（今新疆和田南），灭了于阗李氏王朝，结束了长达30多年的"圣战"，喀喇汗王朝的东部疆界，扩大到了约昌城（今且末南）以东（今若羌境内）。11世纪前期，喀喇汗王朝，在政治上和军事上力达鼎盛。1140年，其王朝在河中地区的统治者布里特勤伊卜拉欣，脱离东部大可汗的统治而独立，自称桃花石（意为"中国"）·博格拉汗。从此，统一的汗国，分裂为东、西两个汗国，东为哈桑支系统治，首府仍是巴拉沙衮和喀什噶尔；西为阿里支系统治，首府最初是乌兹根（今吉尔吉斯斯坦的乌支根），不久迁往萨末鞬（今乌兹别克斯坦的撒马尔罕），此后西部汗国的汗位也转到哈桑支系手中。

喀喇汗王朝实行分封制（"伊克塔"制），这导致了统治集团内部，为争夺汗位、王位和封地，而经常发生内战，使国力日趋衰弱。宋元祐四年，辽大安五年（1089年）塞尔柱王朝（11世纪塞尔柱突厥人在中亚、西亚建立的伊斯兰国家）攻下蒲华，西部喀喇汗王朝从此在政治上成为塞尔柱王朝的附庸；东部喀喇汗王朝在1130年，也曾一度表示臣服于塞尔柱王朝。1134年，东部喀喇汗王朝大可汗伊卜拉欣同葛逻禄首领和康里首领不和，发生冲突，请求西辽王朝出兵支援。西辽趁机占领巴拉沙衮，作为自己的都城，把东部喀喇汗王朝降为附庸，从此东部喀喇汗王朝的辖地只有喀什噶尔与和田地区。1137年，西辽在和毡（今塔吉克斯坦的霍占）击溃西部喀喇汗王朝的军队。1141年9月9日，塞尔柱王朝与西辽王朝在卡特万草原（萨末鞬以北）上进行了历史上著名的会战。西辽以少胜多，塞尔柱王朝惨败，结果退出了河中地区，西部喀喇汗王朝改换宗主，仍以附庸形式保存下来。后来乃蛮部酋长屈出律篡夺了西辽王朝的统治权，放还东部喀喇汗王朝统治者穆罕默德。1211年即蒙古成吉思汗六年，西辽天禧三十四年，喀什噶尔的贵族暴动，杀死了末代可汗，东部喀喇汗王朝灭亡。1212年，花剌子模沙摩诃末出兵占领萨末鞬，处死西部喀喇汗王朝统治者苏丹奥斯曼，西部喀喇汗王朝也灭亡，河中地区成为花剌子模的疆域。

喀喇汗王朝时，应是中亚社会经济结构发生巨大变化的时期。回鹘等完成了由游牧生活向定居农业生活的过渡，随之也在中亚农业地区普遍确立了封建制度，并采取了一系列的促进措施，使封建经济制度进一步得到巩固和发展，这是一种社会的进步。那时的赋税和徭役，比较当时其他的王朝的，都要轻些，减轻了劳动人民的负担，喀喇汗王朝的农业、畜牧业、手工业和商业都得到了相当大的发展。特别是手工业和商业空前的繁荣昌盛。

喀喇汗王朝时，由于大批突厥语的游牧民转入定居，加快了中亚土著民族突厥化的进程；同时由于喀喇汗王朝定伊斯兰教为国教，广大居民在宗教、习尚上也伊斯兰化。在社会经济发展的基础上，在这种民族相互异化和融合的过程中，科学文化也获得巨大的发展，一种新的伊斯兰—突厥文化形成了，其文化核心是作为王朝统治民族的、具有古老文化传统的、深受汉族文化影响的回鹘文化。在这一时期出现了一些优秀的回鹘学者和诗人，他们写下了一些不朽的著作，如马赫穆德·喀什噶里和他的百科全书式的语言学巨著《突厥语大词典》，玉素甫·哈斯·哈吉甫和他的劝诫性长诗《福乐智慧》。它们不仅是重要的语言学著作和哲学、伦理学著作、优秀的文学作品，也是我国的优秀文化遗产，世界文化的瑰宝，为今天的维吾尔文化和突厥语各民族的文化，都奠定了坚实的基础。

喀喇汗王朝，在与宋、辽的政治、贸易关系方面，都有着较多的交往，他们自称"桃花石汗"或"东方与中国之王"。《宋史·回鹘传》曰："先是，唐朝继以公主下嫁，故回鹘世称中朝为舅，中朝每赐答诏，亦曰外甥。五代之后皆因之。"喀喇汗王朝可汗称宋朝皇帝为"汉家阿舅大官家"。根据《宋会要辑稿》记载材料，喀喇汗王朝向宋朝派出的使团前后有 50 多次，他们受到宋朝的礼遇。这些使团实际上多是商队，运往宋朝的货物以乳香为大宗，运回的主要是丝织品、衣服、金银器皿和茶叶。《福乐智慧》写道："要是（从）中国来的商队砍倒自己的旗子，千万种珍宝从何而来？""大地铺上绿毯（意为：每当春天），契丹商队运来了中国的商品"。喀喇汗王朝同高昌回鹘汗国和西夏都是近邻，也交往频繁。

4. 唐蕃民族关系史上的佳话

吐蕃是今藏族的先民，在唐代颇为强大，兵力曾一度进入长安。唐太宗贞观七年（633 年），松赞干布建立吐蕃王国，一直到唐武宗会昌二年（842 年）吐蕃王国灭亡，延续了 200 多年之久。

当吐蕃强大的时候，兵力曾东至今四川省的阿坝地区，并曾攻占了安西四镇，一度攻入唐都长安。但这都不妨碍唐藏的友好。文成公主和金城公主的入藏，以及唐蕃会盟碑的树立，都成为中国民族关系史上的佳话。

吐蕃在前册（第 5 册）中，也有较多的叙述。在此，引以注意的是在强盛的吐蕃王朝末代赞普（王）、反佛教的达磨（也作达玛，俗称郎达玛），于唐会昌二年（842 年）被佛教僧侣拉隆贝吉多杰刺死后，发生了达磨小妃所生的遗腹子哦松（也作欧松），与冒充为掌权的大妃的亲生子实为领养的云丹（也作永丹）争夺王位，引起了吐蕃王朝迅速分裂之事。在此之后，又发生了东部多康地区（今西藏昌都地区、四川甘孜地区）的韦·科协列东（阔协列登）起义，一直打到逻些（今拉萨）附近；伍如地区（今拉萨西）的韦·洛波洛琼（罗泊罗穷）起义；南部的秦浦（今札囊地区）和逻些城东的工布（今工布江达及以东地区）秦木贡米珠、许布达孜聂（许布岱则）起义等，藏史称为"邦金洛"（意为编氓反上）。这次奴隶、平民的大起义，自唐末至五代前期，尽然长达半个多世纪，致使奴隶制受到了毁灭性的打击，封建农奴制经济得以发展，形成了吐蕃王室后裔为主，分裂割据的众多封建领主的政权。吐蕃王朝云丹后裔，史称拉萨王系；哦松后裔之一，史称阿里王系，其中一支居于西部麻域地区，史称拉达克王系，另一支的后裔，史称亚泽王系；哦松的另一支后裔，史称雅隆觉阿王系，其中的一支后在青唐（今青海西宁地区）活动，史称青唐羌，宋代的唃厮啰，就是青唐羌的首领。除了上述，还有许多封建领主也分别割据一地，"族种分散，大者数千家，小者百十家，无复统一矣"，各自为政，并一直延续到蒙古国和元朝统治吐蕃时为止。

吐蕃时，藏传佛教、藏传佛教文化、藏医学等方面，都有着显著的发展。藏历"胜生"历法，这是吐蕃历法、数学、天文学发展的综合标志，胜生历是从相当于宋天圣五年（1027 年）开始计年的。绘画雕塑也有了新的发展，今拉当寺的弥勒佛、哲公寺的智明佛母铜雕佛像、夏鲁寺的舞伎和群神供养的壁画，以及拉当寺的滚噶吉祥、白度母的卷轴画，也是这时期传留下的宝贵文化遗产。

5. 唃厮啰（青唐羌）的百年

吐蕃王朝赞普达磨被弑（公元842年），200多年的吐蕃王朝解体，后经贵族、边将的混战，奴隶、平民的大起义，吐蕃王朝在各地的统治被彻底摧毁。到了9世纪晚期至11世纪，无论在吐蕃本部（今西藏），还是在河陇地区，吐蕃社会都发生了深刻的变化。封建农奴制不断增长，奴隶制逐渐被封建农奴制所代替；政治上则是出现了一些僧俗首领割据的地方势力集团。在这些割据势力中，有赞普后人建立的政权，其中之一，就为河湟地区的唃厮啰。

唃厮啰，本名欺南陵温。唃厮啰"绪出赞普之后"，据藏文史籍《西藏王统记》记载，唃厮啰应是吐蕃王朝达磨赞普五世孙赤德的后人。

唃厮啰12岁时被大贾何郎业贤带到河州（今甘肃临夏），不久又被大户耸昌厮均迁到移公城，"欲于河州立文法"，即为联合各部落首领，聚在一起，共同商议，建立了政权机构。唃厮啰，具有神奇色彩，那时的河州人，谓"唃"为佛，而谓其子为'厮啰'，由此得名为"唃厮啰"，于是他所建立的政权，也就为"唃厮啰"了。传统上，吐蕃人是非常尊崇贵族的，被奉为佛的化身的唃厮啰，在河湟吐蕃人中，有着异常的魅力。当宗哥（今青海平安）李立遵、邈川（今乐都）温逋奇等大首领们，得知河州有赞普后人，便以武力将唃厮啰劫持到廓州（今化隆境），立了文法，尊唃厮啰为"赞普"。不久，李立遵将王城迁至经济状况比较好的宗哥城，自立为相（论逋），挟"赞普"以令诸部，遂"帐族甚盛，胜兵六七万"。

大中祥符八年（1015年）九月，李立遵派人到宋朝去，号称聚众数十万，"请讨平夏以自效"，力求宋朝皇上的支持。此后，李立遵又上书秦州宋朝守将曹玮，请求朝廷册封为"赞普"。"朝议以赞普戎王也，立遵居厮啰下，不应妄予"，仅"授立遵保顺军节度使"。李立遵对此甚为不满。

大中祥符九年（1016年），李立遵亲率3万余众攻打秦（今甘肃天水）、渭（今平凉）二州一带的城寨，与曹玮在三都谷（今甘谷县境）开战，为宋军所败，李立遵却由此得势后，而骄恣好杀，御下严暴。唃厮啰对李立遵的所作所为，非常不满，日久天长，相互关系日趋恶化，于是就带领亲信及属下部族跑到邈川。此时，以温逋奇为首的邈川首领们，拥戴唃厮啰，并以唃厮啰为主，温逋奇自为"论逋"，并派人到宋朝进贡修好，请求封赐。

明道元年（1032年），宋朝授唃厮啰为宁远大将军、爱州团练使、邈川大首领，并温逋奇为归化将军。随着时间的推移，温逋奇对唃厮啰势力的增长，深感忧郁，于是就发动了"宫廷政变"，囚禁了唃厮啰，其目的是为了废除唃厮啰的统帅地位，并要取而代之。可是囚禁中的唃厮啰，却被守卒放了出来，并迅速地以"赞普"的统帅地位和威望，集合部众，捕杀了温逋奇及其党羽，一举平息了政变，并举族迁徙青唐（今青海西宁）。此后的近百年间，唃厮啰政权遂以青唐为首府，成为这一地区吐蕃人的政治、经济、文化和宗教的中心。正当唃厮啰正刚刚立足青唐，并在专心经营河湟时，近邻西夏，又继占领甘、凉二州，将矛头直指唃厮啰。

西夏广运二年（1035年），元昊亲率大军进入湟水流域，攻占城地，掳掠人畜，吐蕃人十分困苦。面对这外来的灾难，唃厮啰只能指挥吐蕃诸部，奋起抗击，与西夏侵略者苦苦地激战了200余日，最终奇迹般地打败了元昊，获得了全面的胜利。唃厮啰抗击元昊的胜利，不仅保卫了新生的唃厮啰政权，而且极大地提高了唃厮啰在吐蕃民众中的威望。许多不甘屈服于元昊侵略统治的凉州（今甘肃武威）的六谷部吐蕃人和甘州（今张掖）回鹘人，都纷纷南下，投奔唃厮啰，进一步壮大了唃厮啰的实力。这对于后来的宋、辽、西夏为争夺西北战略要地而互相角逐时，唃厮啰的地位就显得格外的重要了。

西夏天授礼法延祚元年，即宋宝元元年（1038年）十月，西夏元昊称帝，宋室为之大震。宋朝为了牵制西夏南下，不得不重赏唃厮啰这个在西北地区能为宋朝效力的唯一"同盟者"，于是便在十二月，加唃厮啰为"保顺军节度使"。次年六月，派左侍禁鲁经带上宋仁宗的诏书和2万匹丝绸等厚礼，出使唃厮啰，"使背击元昊以披其势"。宋康定元年（1040年）八月，又派屯田员外郎刘涣到青唐，与唃厮啰商议讨伐西夏的事宜，为此受到了唃厮啰的隆重接待。唃厮啰并上"誓书及西州地图"。宋朝加封唃厮啰为"保顺、河西等军节度使"。

当时，唃厮啰与辽国也有着往来。元昊称帝后，辽夏关系进一步恶化。辽朝为了继续牵制西夏，曾西联甘州回鹘、唃厮啰为外援，策划对西夏用兵。为此，辽朝于清宁四年（1058年），以公主（当为宗室女）下嫁唃厮啰子董毡，为了共同抗击夏国。吐蕃与辽贡使之往来，自李立遵时起皆不乏记载。

宋治平二年（1065年）十月唃厮啰故去，终年69岁。唃厮啰的第3个儿子董毡继位，仍称唃厮啰后裔的政权为唃厮啰。董毡是乔氏所出，甚为唃厮啰宠爱，从少年时代起就受到良好的教育。唃厮啰在世时，董毡就已参与军政事务，征战沙场，屡立战功。他即位后，仍继续执行其父的施政措施，与宋朝保持着友好关系。宋熙宁三年，即西夏天赐礼盛国庆元年（1070年），西夏出兵攻打宋朝的环（今环县）、庆（今庆阳）两州。此时，董毡率兵助宋解围，乘西夏西线之空虚，骚扰抄掠，迫使西夏不得不撤兵，宋军得救，大部分将士得以生还。

但是，唃厮啰与宋朝的这种友好关系，在王安石任相后，便蒙上了一层阴影。有一个"试科不中，客游陕西，访采边事"的王韶，向宋朝廷上《平戎策》，提出了"欲取西夏，当先复河湟"的主张。王安石遂命王韶，前往秦州主持边事。熙宁五年，又命王韶率大军向唃厮啰政权属下的熙河地区发动了进攻，到了次年九月，相继占领熙（今临洮）、河（今东乡西南）、洮（今临潭）、岷（今岷县）、叠（今迭部）、宕（今宕昌）等地，"招抚大小蕃族三十余万帐"。熙河之役给董毡政权造成了严重的威胁，加剧了宋朝与河湟吐蕃之间的民族矛盾，从此这一带地区不得安宁，战争连连、烽火不断，吐蕃民众蒙受了由于战争而带来的极大灾难。宋军占领熙河后，却遇到了董毡的奋力抵抗。他出于本民族的根本利益，首先与西夏通好，夏国以公主、秉常妹下嫁董毡子蔺逋叱，结为婚媾，联手共同对付宋朝。同时，董毡派出部将鬼章攻打河州，在踏白城杀了宋将景思立。董毡侄、河州大酋木征也率兵援助鬼章，围打河州的宋军，但因军力悬殊，终而败绩，木征降宋，赐名赵思忠，成了宋朝的命官。熙河一战之后，唃厮啰出于自身政治和经济的种种原因，董毡不得不和宋朝恢复了中断 7 年之久的往来。熙宁十年十月，董毡派人到宋进贡，宋依旧例回赐。董毡先由保顺军节度使，改为西平军节度使；后又由常乐郡公，进封武威郡王，其他首领则依其实力授团练使、刺史、本族军主、副军主等职。宋神宗接见董毡使者时，也称赞"其上书情辞忠智，虽中国士大夫存心公家者不过如此"。

元丰六年（1083 年）十月，董毡故去，终年只有 51 岁。董毡的养子阿里骨继嗣。"阿里骨本于阗人，少从其母给事董毡，故养为子。元丰兰州之战最有功。自肃州团练使进防御使。"阿里骨由于不是唃厮啰族人，所以遭到唃厮啰族人的竭力反对。鉴于形势，阿里骨为了保住和巩固自己的地位，曾一度改变了前朝依宋抗夏的自保政策，便利用夏国的力量，收复了被宋朝占领的熙河地区，并通过战争，转移内部锋芒，缓和矛盾。阿里骨与西夏相约，如果他们对宋朝的战争能够取胜，熙、河、岷三州归阿里骨，而兰州、定西归西夏。元祐二年，即西夏天仪治平元年（1087年）四月，阿里骨令鬼章攻打洮州，西夏也出兵围攻河州。鬼章战绩不佳，反被宋军俘获，战争结束了，阿里骨收复失地的希望，也就相继破灭了。阿里骨于次年，派人携带厚礼，到宋朝上表谢罪，并要求释放鬼章，边界从此息兵。宋朝同意了阿里骨的请求，亦"依旧许般次往来买卖及上京进奉"，此后又加封阿里骨等人官爵，阿里骨与宋朝的关系，重归于好。

绍圣三年（1096 年）九月，阿里骨卒，终年 57 岁。阿里骨之子瞎征，继承青唐主位。瞎征执政后，唃厮啰家族溪巴温及其后人，以及各地的部落首领，纷纷据地而治，自立为王，瞎征政权处于了分崩离析、一盘散沙的状态。瞎征执政之初，宋朝授他为"河西军节度使"。后来，宋朝看到瞎征不能控制整个政局，属下各有篡夺之心，窥伺河湟已久的北宋，这才认为进取的时机已经成熟。元符二年（1099 年）六月，宋朝命王愍、王赡为正副统军，由河州北渡黄河进入湟水流域，连下宗哥、邈川诸城，直逼青唐。瞎征和其他首领，纷纷往宗哥城降宋。瞎征的出走，使得青唐无主。于是大首领心牟钦毡父子迎溪巴温入青唐，立木征之子陇拶为主，陇拶并不能控制早已造成的残局。于是同年九月，便同契丹、西夏、回鹘三公主以及大小首领出城降宋，迎王赡入青唐城。宋军占领河湟以后，由于遇到吐蕃人的顽强反抗，又因其后方供应不继，于次年开始撤出河湟，当地首领又立溪巴温的第三个儿子溪赊罗撒为主。河湟一带"仍旧文法管勾"。建中靖国元年（1101 年）十一月，宋朝授溪赊罗撒为"西平军节度使、邈川首领"。

蔡京当国后，复主开边事宜，于崇宁二年（1103 年）六月再次出兵河湟，次年四月取青唐。龟兹公主及诸大首领开青唐城出降，溪赊罗撒走投西夏。北宋在濒临崩溃的前夕，曾两度占领河湟，仅维持了 20 年的统治。北宋宣和七年（1125 年）后，金兵大举南下，宋朝江山危在旦夕，无暇西顾，由陕西经制使钱盖寻唃厮啰血统封立，以图为之守边。有益麻党征者，是为陇拶之弟。"素为国人信服"，遂命其为"措置湟鄯事"，赐名赵怀恩，这是北宋在河湟的最后一名命官。南宋绍兴元年（1131 年），金人占河湟。绍兴四年，赵怀恩"弃离部族田宅，驱携老小"来到阆州（今四川阆中）投附南宋。绍兴二十三年（1153 年），赵怀恩由熙州观察使改授"鼎州观察使，充成都府路兵马钤辖"，至死亦未再回到河湟。唃厮啰政权及其后人，在河湟地区百多年的统治，从此也就结束了。

唃厮啰政权统治河湟期间，特别是在唃厮啰时期和董毡时期，在内外施政方面都制定了一些较为行之有效的措施，于是唃厮啰政权的经济和文化等方面，都有非常好的发展。先就牧业而言，它是河湟吐蕃人的传统经济营生，是当地人的主要生产活动，当地人们善逐水草，"以牧放射猎为主，多不粒食"。再就农业来说，当时也是比较发达的，在湟水、洮河、黄河诸水两岸，宜种植五谷。当时文人笔下的河湟，竟是一派美好的江南乡村绝色；邈川一带，"川皆活壤，中有流水，羌多依水筑屋而居，激流而碓"；宗哥川则是"川长百里，宗河行其中，夹岸皆羌人居，间以松篁，宛如荆楚"，果真都是景色迷人。

当时的唃厮啰，贸易也是它的重要的经济支柱。西夏崛起后，传统的"丝绸之路"受到了严重的破坏，到了景祐三年，即西夏大庆元年（1036年），西夏完全控制了河西走廊，夏人对过境的商人，也是刁难百般，处事苛刻，沿途"夏国将吏率十中取一，择其上品，商人苦之"。故此，宋朝和西域的来往商队和贡使，便绕道青唐，只能延续过去走过的青海故道。当时，在青唐城东就居住着好几百家往来做生意的于阗、回鹘商人，《宋史·吐蕃传》曾道："厮啰居鄯州，西有临谷城通青海，高昌诸国商人皆趋鄯州贸易，以故富强。"

唃厮啰使用传统的藏文，向宋朝上表皆用"蕃字"，时人称之为"蕃书"。"无正朔"，"道旧事则数十二辰属，曰兔年如此，马年如此"。宗教以藏传佛教为主，古老的苯教在民间仍有极大的影响，河湟地区是藏传佛教后弘期"下路弘传"的发源地，对藏传佛教在西藏再度弘传起了十分重要的作用。唃厮啰迁青唐后，"尊释氏"，开始在青唐城西建寺院，"广五六里，缭以周垣，屋至千余。为大像，以黄金涂其身，又为浮屠十三级以护之"。此外，在河州有"积庆寺"，在青海湖海心山岛上，也有"习禅者赢粮居之"，佛塔则遍及各地。唃厮啰执政者不仅大力提倡佛教，而且自己也信奉佛教，"有大事必集僧决之"。国主处理军政大事的宫殿旁就供有高数十尺的"金冶佛像"。岷州"广仁禅院碑"，也说广仁禅院之建成与当地吐蕃大首领赵醇忠、包顺、包诚等施财造像有关，这些都是河湟地区藏传佛教得以兴盛的十分重要的原因之一。

6. 白族与大理政权及其兴衰

乌蛮建立了南诏，白蛮为助。后来，白蛮又建立了大理政权。乌蛮，是今彝族的先民。白蛮是今白族的先民。

唐天复二年（902 年），南诏政权崩溃之后，白族中的贵族分子郑买嗣、赵善政、杨干贞、段思平先后起而进行政权的争夺。郑买嗣继南诏之后建立了长和国（902—928 年）。赵善政推翻郑氏政权，建立天兴国（928—929 年）。杨干贞取代赵善政，建立了义宁国（929—937 年），及至后晋天福二年（937 年），段思平乃夺得政权而建立了大理，这便是大理政权的兴起。

大理和南诏一样，是一个以白族中的封建主为主要统治者的多民族集合体国家。这个多民族集合体国家，在政权组织方面，则是以段氏封建国王为首，布燮（宰相）等大臣作辅佐，进行统治的。这些白族封建诸侯们，也是各有领地，并将各自的领地，作为他们封建统治的主要基础，或称"根据地"。这些地方行政单位，分别划分为府和郡，并分派白族中的封建主们，作为各府和郡的长吏，来对这些地方的行政，加以管理。然而，这些府和郡，都是在南诏统治时期的基础上，加以调整，建立起来的。各府和郡，分管的区域内，都仍然存在许多不同民族的部族及其部落。这些不同民族的部族和部落，都保持着自己内部原有的政治和经济的结构，并没有改变，还是由各自民族的贵族分子，管理着他们自己的内部事务，接受着这些府和郡的长吏们的统治及管理。

宋绍圣元年（1094 年），大理国权臣、白族封建主高升泰夺取了政权，并称"大中国"。两年之后，高升泰的儿子高泰明，被迫将政权又重新归还了段氏，以段正淳为国王，称大理国为"后理国"。大理国后期，段氏国王失去了实际上的控制权力，以高氏家族为首的白族封建领主们，则在白族的主要聚居区进行封建割据统治；其他被统治民族中的贵族分子，则为发展自己的地方势力而相互兼并纷争，造成分裂局面。

蒙古蒙哥汗三年（宋宝祐元年，1253 年），一支蒙古军南下，打破了大理国境内各民族贵族分子对立纷争的局面，十二月十二日（1254 年 1 月 2 日），蒙古军到达大理首府大理（今属云南）城下，蒙古军入大理城，大理国亡。

就大理与宋朝的关系而言，当南诏政权崩溃之后，当时的唐皇朝也在南诏政权崩溃仅 5 年的时间，即趋于瓦解，随后便进入五代十国的割据状态中。当时内地的任何一个小王朝，都疲于应付纷争，无力顾及云南。而云南的郑、赵、杨氏政权，也执意谋求巩固他们自己的统治地位，也同样不可能顾及内地的更多的事情，联系交往更是极少。大理建立之初，内地汉族区仍处于割据纷争的状态中，及至宋朝建立，传统联系也就逐渐恢复。在政治上，大理与宋朝之间，乃为藩属关系，并以此关系，进行着官方贸易，文化的联系也从此展开。然而，大理与宋朝之间的政治关系，以及经济和文化的交流，却为当时政治形势和复杂的民族关系所限制。

无论如何，北宋也好，还是南宋也好，它们与大理国之间的经济文化方面的交流始终是频繁的，而且南宋时期胜于北宋时期。只是在政治方面的接触，南宋要少于北宋。

7. 岭南壮族五代时期的曲直

壮族是全国少数民族中人口最多的，也是在广西定居时间最久的民族。制作细致的铜鼓和分布于自治区南部左江两岸山崖上的壁画，可说是壮族古文化的象征。学者们认为，这都是远在两千年前的遗物。

五代、宋代时期，壮族分布在今两广及云南部分地区。壮族古称越人，五代和北宋时称俚僚、土僚、侬僚、蛮僚，南宋时一部分始称僮（亦作撞），大部仍称土、僚、侬、越、俚。新中国成立后，1950年统一名称为僮族，1956年改称壮族。

五代时期，壮族地区的大部分区域都被刘隐的南汉王朝所占据，而其余部分则为马殷所建的楚国所据。南汉统治岭南的壮族地区，从后梁开平四年（910年）算起，也就是刘隐被封为南海王那时算起，一直到宋灭南汉的宋开宝四年（971年），总共有60多年了。在这60多年间，中原扰乱，而南汉王朝却僻处岭南，便于避乱，也使得中朝士人多有归之。壮族地区也因此货宝增加，渐渐富饶。北宋于960年建立后，南汉仍割据岭南，与宋朝抗衡，战事也就频繁了。

宋开宝四年（971年），宋将潘美攻打岭南，灭了南汉，宋朝受到了当地壮、汉等族百姓的热烈欢迎，各地壮族首领纷纷"率土来归"，期待着能有好日子过。如开宝七年（974 年），南丹州（今广西南丹）壮族首领莫洪暜遣使奉表求内附，宋朝封为南丹州刺史；淳化元年（990 年），莫洪暜的兄弟莫洪皓向宋朝进贡银盌、铜鼓、绣珍珠红罗襦，诏赐袭南丹州刺史，为宋朝统一岭南做出了贡献。

宋朝统一了壮族地区，并根据当时岭南的政治、经济和文化发展极不平衡的状况，就将岭南壮族地区划分为两种类型，来加以管理。一种管理的类型，就在政治、经济、文化比较发达，交通比较便利的桂、柳（今属广西）、贺、梧、容（今容县）、浔（今桂平）、象（今属广西）、贵（今贵港）等州，设置一般州县，与内地一样，其民称"齐民"，不以"蛮僚"称之，实际上其中许多是壮族。而另一类类型，就是在相对比较落后的边远、交通闭塞的邕州（今南宁）左、右江流域，宜州龙江流域及钦州（今属广西）部分地区，则参照唐朝的"羁縻"制度，"分析其种落，大者为州，小者为县，又小者为峒，（在邕州辖境）凡五十余所。推其雄长者为首领，籍其民为壮丁"。对归附宋朝的壮族首领授以知州、权州、监州、知县、知峒等官职。当时仅邕州就有 50 余所，宜州有 16 所，钦州有 7 所。宋朝又于土州、县、峒之上设寨，作为邕州、宜州和钦州的派出机构，由朝廷委派汉族官员去担任寨官和提举，就近对土官进行监督。这就是宋朝在壮族地区推行的"土官"制度，亦称"羁縻"制度。这种制度，一直沿用到南宋末年。元、明、清时期的"土司"制度，就是在宋代"土官"制度的基础上发展而来的。宋朝在壮族地区采用的这两种政治制度，或为两种管理的类型，基本上是依据壮族地区当时存在的两种经济形态（封建地主经济和封建领主经济）相适应的。

宋代壮族地区的农业，当时可谓一派生机，就连僻居桂西的龙江两岸，已是"种稻似湖湘"。南宋时的广西，也一度出现稻米自给有余，贩运广东的米船，首尾相衔，长达数里，好不壮观，远近闻名，时称"缭布"。重要的商业城镇有邕州、横山寨（今田东）、钦州、宜州（今宜山）、柳州、桂州等，同样是贸易欣隆，财源昌盛。

宋朝从建立以来，兵变、民变、农民起义接连不断地爆发，北方受西夏、契丹、女真统治集团的压迫，南方受交趾（阯）的蚕食和威胁。庞大的官僚机构和统治阶级的腐化堕落，使庞大的行政、军费开支越来越集中到南方各民族人民的头上。宋朝对壮族土州县峒的压迫剥削也日益残酷，只顾利用两江州峒之民以御"外蛮"，"以诸洞财力养官军，以民丁备招集驱使"，而对交趾的蚕食、压榨则不闻不问，因此许多壮族人民自己组织起来，反抗交趾的掠夺，另建政权。邕州"羁縻州"侬峒起义事件，就是其中突出的一起。

侬峒起义，就是侬智高起义，是北宋时广南西路邕州左、右江侬峒地区壮族人民反抗交趾掠夺的壮举。北宋宝元二年（1039 年）正月，分布在左右江上游、地属邕州"羁縻州"的广源州（今越南高平境内）、傥犹州（今广西靖西境）、安德州（今靖西安德乡）雷灿峒（今靖西东）等地壮族（总称侬峒）首领侬全福在广源州建立长其国，众推侬全福为昭圣皇帝，封其长子侬智聪为南衙王，抗击交趾。同年，兵败被交趾所执，遇害。庆历元年（1041 年），侬全福的次子侬智高，与其母阿侬，在傥犹州建立大历国，继续反抗交趾。皇祐二年（1050 年）十一月，在安德州改称南天国，年号景瑞，拜广州汉族进士黄伟、黄师宓为军师。为交趾所迫，穷无所归，又多次要求宋朝支援而被拒绝，于是，侬智高由拥宋变为反宋，想夺取两广以自存，发兵沿右江而下。皇祐四年五月初一（1052 年 5 月31 日），攻占邕州城（今南宁），改称大南国，侬智高自称仁惠皇帝，改元启历，采用宋朝官制任命官员。接着，乘胜沿郁江而下，连克横（今横县）、贵（今贵港）、龚（今平南）、浔（今桂平）、康（广东德庆）、端（今肇庆）等州。围攻广州（今属广东）达 57 天，不克，旋经清远（今属广东）、连州（今连州市）、贺州（今广西贺州市），回师邕州。次年正月十五日，宋将狄青率骑兵偷渡昆仑关（今宾阳南），大败起义军于归仁铺（今邕宁区三圹）。侬智高战败后与黄伟等投奔大理国。其母阿侬率领一部分军队奔特磨道（今云南广南），收集余众，习骑备战。至和元年（1054 年），阿侬被宋军所俘，遇害于洛阳（今属河南）。次年四月，大理国为宋朝胁迫，杀了侬智高，并函其首级，献于宋朝。

第十四讲　商业与货币的兴畅

1. 五代十国的商业与货币

五代十国时期，尤其是在五代直接统治的华北地区，战乱异常，当时的经济受到了直接破坏，但是由于通商贸易仍然受到各方面的需要，商业也仍旧在城乡经济中占有着极为重要的位置。而受战乱干扰较少的南方诸国，则保境息民，发展生产，并在农业、手工业方面有所发展。

五代十国时期，由于交通的不便，地区的差价，给通商贸易却带来了高额的利润。各割据政权为了增加商税，采取了鼓励贸易的政策，都促使了商业的发展。由于盐、铁、铜、酒等利润十分丰厚，五代十国时常实行"禁榷"制，即由官府实行专卖，垄断了商业，带来了高额的利益。

为给商业的发展提供必要的场所，自五代时的都城开封、河南府，到各割据政权的都城、首府，大多进行了兴建或扩建，当然这也是当时的政治需要。当时，城市沿街开设商铺的现象极为普遍，乡村草市、镇市的发展，更加促进了城乡商品的交流，以至商业的发展。后唐长兴二年（931年），在复建河南府城的规划中，一再提到"临街堪盖店处"；后周显德二年（955年），增建开封外城时，其原因之一，便是"东京华夷辐辏，水陆会通，时向隆平，日增繁盛"，"加以坊市之中邸店有限，工商外至，络绎无穷"。钱镠在唐末统治杭州后不久，即于唐乾宁二年（895年）扩建杭州城，子城"北倚郭邑，通商旅之宝货，苟或侮劫之不意"，成为扩建70里罗城的原因之一，不久即成为吴越首府。此外，闽国王审知于唐末、后梁初，先后建福州罗城、夹城；荆南高季兴扩建江陵城，吴再建金陵城等，无不是扩大城内的商业区，或将城郊的商业区，围在新城内，为这些城市的商业发展，提供了足够有利的条件。

吴越、闽、南汉等沿海诸国，开拓海外贸易，吴越明州（今浙江宁波），闽福州、泉州（今皆属福建），南汉广州（今属广东）等，都是五代时重要的外贸港口城市，海外贸易促进了这些城市商业的发展。各地政权的皇亲国戚、达官显宦，也有不少人依靠特权经商，以获取丰厚的利润。后唐庄宗皇后刘氏"好聚敛，分遣人为商贾，至于市肆之间，薪刍果茹，皆称中宫所卖"。前蜀徐太后、徐太妃在"通都大邑起邸店，以夺民利"，后唐、后晋节度使赵在礼"历十余镇，善治生殖货，积财钜万，两京及所莅藩镇皆邸店罗列"，等等。

商业，尤其是过境贸易，对于小国荆南来说更是至关重要。后汉天福十二年（947年）八月，荆南与后汉绝交后，不到一年，"即因北方商旅不至，境内贫乏"，被迫于乾祐元年（948年）六月"遣使上表谢罪"，臣属于后汉，以重开南北商旅之途，发展荆南城的商业。当时商业的较好发展，势必有利于社会经济的发展。

商业的较好发展，货币就格外的突显。在唐末，现钱的缺乏，则规定现钱每85文作100文，每贯1000文折成现钱850文，合称"省陌"，单称"省""陌"。唐末天祐二年（905年）时，虽诏"并须以八十五文为陌，不得更有改移"，但已是"坊市之中，则多以八十五文为陌"。到了五代十国，流通的主要是唐代的铜钱。后唐天成时，已是"市肆买卖所使见（现）钱，旧有条流，每陌八十文"，由于铜器价贵，销熔铜钱以铸铜器出售，屡禁而不止；周边少数民族地区，以及辽朝又都使用五代的铜钱，屡禁输出，也是无效，这样一来，使得铜钱更为缺乏。后唐天成二年（927年），各地"街坊市肆人户不顾条章（指每陌80文），皆将短钱（指每陌少于80文）转换长钱（折算100文）"，诏令"并须使八十陌钱"（以80文折算为100文）。当时现钱的缺乏，后汉乾祐中，"官库出纳缗钱，皆以八十为陌，至是民输者如旧，官给者以七十七为陌，遂为常式"。如此这般，反而现钱的缺乏，竟导致现钱的增值。这种现钱增值的情况，直至宋朝。"国初因（后）汉制，其输官亦用八十或八十五，然诸州私用犹各随俗，至有以四十八钱为百者"，这里所说的现象，显然是指后汉、后周以及"十国"后期的了。

五代十国大都采取了一定的措施，以防铜钱的缺乏，如铸钱以供应需求。后唐长兴元年的郭在徽曾建议道："铸造新钱，或一当十，或一当三十，或一当五十"，但被认为"以一当十，真谓将虚作实"而应否定。

后晋天福三年十一月，只因钱荒日趋严重，便采取了"无问公私，应有铜者并许铸钱，仍以天福元宝为文"，并规定"十钱重一两"；并允许私人开矿冶炼铜，不收赋税，以供铸钱。次月，又改为不定重量，"一任取便酌量轻重铸造"，仍"不得入铅并铁"，但商人牟利，民间私造铜钱"以铅锡相参，缺薄小弱"，官府不得不又于次年七月，即禁止私铸铜钱，只许官铸钱。这次所铸铜钱以缓解钱荒的措施，实际上是以失败而告终。

后周世宗于显德二年采取了非常措施，"采铜兴冶，立监铸钱"，"除朝廷法物、军器官物及镜，并寺观内钟、磬、钹、相轮、火珠、铃、铎外，其余铜器一切禁断"，其他各种铜制品，包括废寺的佛像，全都用来熔铸铜钱，铜镜等由政府制造出卖，这便是五代时，规模最大的铸钱运动。

十国时，也大都铸钱，据史书称："诸国割据者，江南（南唐）曰唐国通宝，又别铸如唐制而篆文，其后铸铁钱"，"两浙（吴越）、河东（北汉）自铸铜钱，亦如唐制；西川（前、后蜀）、湖南（楚）、福建（闽）皆用铁钱与铜钱兼行，湖南文曰乾封泉宝"，"福建如唐制"。十国时，所造货币大多为铅钱、铁钱，这都属于地方性的货币，通常只于境内流通，"湖南地多铅铁，（楚王马）殷用军都判官高郁策，铸铅铁为钱，商旅出境，无所用之，皆易他货而去，故能以境内之物易天下百货，国以富饶"，地方性货币在某种境况下，则起到了促进当地商业的作用。

五代十国时期，商业得以发展，而货币缺乏却无法适应商业的更快发展。

2. 宋代商业的拓展与兴盛

宋朝的建立，直到统一，消除了晚唐、五代以来的分裂、割据的局面，社会经济自然得以正常的发展。当时商业的兴盛，是由于农业和手工业的高度发展，为其提供了夯实的物质基础。然而水陆交通的便捷；统一的货币制度，铸钱量的增加及纸币（交子、会子）的创设与发行；坊市制度被破坏后带来的沿街开店，营业时间的不受限制；统一的商税制度；辽、金、夏的"榷场"贸易和兴盛的海外贸易等，这一切不论主观还是客观，都为宋代城乡商业的发展，提供了十分有利的充足的条件，促使了大小城市以及乡村镇市的商业呈现出空前的繁荣。

宋朝的盐、铁、铜、酒、醋等，仍旧继承了五代"禁榷"制，其"禁榷"制并又扩大到了茶、铅等，这些由官府专卖的商品，继续加以垄断，谋取丰厚的商利。可谓"官商""官道""官倒""官利"（内含"私利"）。

在北宋都城东京开封，像这样的古代的城市主要是作为政治中心，也为经济、文化中心。然而政治中心的转移，常常导致城市的盛衰。开封，自五代后梁建都以后，日益繁华兴盛，已发展成为当时世界上百万人口的特大城市了，商业也是空前的繁荣，城内已有了几个十分大规模的繁华商业街区，宫城正南门宣德门前，南北走向的大街，可称为御街、天街，自州桥"出朱雀门（内城正南门）直至龙津桥"，是主要的饮食业中心街区，并以餐饮小吃夜市而著名，开市"直至三更"。城内有马行街东货行巷的丰乐楼（原名白矾楼），此为著名酒楼，"三层相高，五楼相向"。此外，还有"州（指内城）东宋门外仁和店、姜店，州西宜城楼、药张四店、班楼"等，"在京正店七十二户"，"其余皆谓之脚店"，"大抵诸酒肆瓦市，不以风雨寒暑，白昼通夜"，生意火爆。为了供应市场的需求，"民间所宰猪，须从此（外城正南门南薰门）入京，每日至晚每群万数"。内城的"潘楼街，街南曰鹰店，只下贩鹰鹞客，余皆珍珠、匹帛、香药铺席。南通一巷谓之界身，并是金钱彩帛交易之所，屋宇雄壮，门面广阔，望之森然，每一交易，动至千万，骇人闻见。以东街北曰潘楼酒店，其下每日自五更市合，买卖衣物、书画、珍玩、犀玉"。"相国寺每月五次开放万姓交易"，各种货物皆有。东京城内的商业繁华情况，可奉南宋初的孟元老的《东京梦华录》一续，其中有着翔实的记载；北宋末画家张择端所绘举世瞩目的《清明上河图》，十分形象地描绘了北宋东京开封，当时商业繁荣而热闹的场面。综观北宋都城东京开封的商业盛景，真可谓举国上下，而又与世无双。

南宋的都城行在所临安城的商业，也并不逊色。那是宋朝重建后南迁，定都"行在所"（意为行都）临安府，成为南宋的政治中心，全盛时的人口也达百万，并取代北宋的开封，成为当时世界上最大的都市。在《梦粱录》

及周密《武林旧事》中，都有详细的记载。

具体到其他城市与镇市的商业，除开封、临安之外，其他城市即各路（相当后代的省）的首府（主要指转运使司所在地，相当于后代的省会）所在地的府、州城，既是该路的政治中心，大体上也成为路内最繁荣的商业市场。各府、州、县城及镇市的"商税额"数的多少，在一定程度上反映了这些府、州、县城及镇市的商业繁华程度。北宋熙宁十年（1077年）各路府州县及镇市的商税额，23路首府的商税额相差较大，以两浙路首府杭州（今属浙江）最多，达82000多贯，以广南西路首府桂州（今广西桂林）的商税额最少，只有6600多贯，还不及杭州的10%，大多数路的首府商税额都在30000贯以上。单从各路所属州、府城市（都是指州府城内，不包括属县或镇市）及镇市的商税额分析来看，商业最发达的是在长江流域的，其次为黄河流域的，而珠江流域的最不发达。

南宋时，随着农业、手工业以及整个社会经济的发展，城镇商业也更为繁荣。

宋代的海外贸易与"市舶司"。宋代的海外贸易始于开宝四年（971年）二月，在灭南汉后，才有了南方的海港。这年六月，设置了第一个海外贸易的一级管理机构，即广州（今属广东）"市舶司"。在北宋中期之前，只有广州、杭州、明州三地，设置了"市舶司"。元祐二年（1087年）十月，就先在福建路泉州，增设了市舶司。元祐三年三月，又在板桥镇设置了北方唯一的市舶司，并将板桥镇升为胶西县。广州、泉州两处市舶司外贸交易规模大，是南宋的主要外贸海港。南宋绍兴末年的外贸收入竟达200多万贯，超过了北宋最高年份的一倍以上。

当时的广州、泉州港，主要是承载通往东南亚、南亚、西亚、东北非的货物，而秀州、明州、杭州、板桥港，主要是承载通向东北亚的日本、朝鲜半岛等地的货物。宋朝的海外贸易，主要是"以金银、缗线、铅、锡、杂色帛、瓷器，市香药、犀（角）象（牙）、珊瑚、琥珀、珠琲、镔铁"，等多品种多类别的货物。

宋代，从城市到乡村镇市的商业、手工业以及其服务性行业，出现了"行会"。当时大体上商业称"行"，手工业称"作"，都有同行的组织，统称为行会，类似近代的同业公会。宋代又将其称"团行"。南宋吴自牧解释说："市肆谓之团行者，盖因官府回买而立此名，不以物之大小，皆置为团行，虽医卜工役，亦有差使，则与当行同也。"这说明行会先是适应官府的需求，才有的。官府将商铺、手工业及其他服务性行业，均按行业登记在册，有关人员必须加入各自归属的行会，否则就不能从事该行业的经营，各行业都有自己的标志性服饰，"如香铺里香人即顶帽披背，质库掌事即着皂衫角带不顶帽之类"。当时官府需要的物品及工役，都会向各行会索取，因而便成了商人和手工业户的沉重负担。当时的各行，都有各自的行头或行首、行老，负责安排行户向官府提供物品及工役；并负责制定货物的价格，如南宋临安府"城内外诸铺户，每户专凭行头于米市作价，径发米到各铺出粜"，等等。行会也是官府对工商业各业管理的组织，南宋叶适称："其权柄足以动摇守相者，今之所谓都录、行首、主事之类是也。""行首"既有官府管理行会的"吏胥"性质，也是行会与官府交涉的代表。

熙宁六年（1073 年），东京开封城的肉行徐中正等，首先提出了"乞出免行役钱，更不以肉供诸处"的请求，官府成立"详定行户利害条贯所"，同年七月，实行"免行法"，各行按月或按季交纳"免行钱"，"与免行户祗应"或"官为雇人代役"。这是以赋税形式代替行户提供物品或服役，这对于消除徭役制的残余，又是进步的政策，是有利于工商业发展的。

3. 宋代的铜钱铁钱与纸币

宋代的金属货币主要是铜钱，部分地区使用铁钱，或铜、铁钱兼用。北宋时，川蜀地区产生并使用世界上最早的纸币"交子"，与铁钱、铜钱兼行；南宋时，东南广大地区则是纸币"会子"与铜钱、铁钱兼行。

宋代最主要的货币是铜钱，当时每 100 文"因（后）汉制，其输官亦用八十或八十五，然诸州私用犹各随俗，至有以四十八钱为百者"。太平兴国二年（977 年）九月"丁酉，诏所在悉用七十七为百"，通常称为"省陌"或"省"，而 100 文仍需实数 100 钱的，称为"足陌"或"足"。但是"悉用七十七为百"，至少到北宋后期只是"官用"的标准。北宋末年，东京开封的情况是"都市钱陌，官用七十七，街市通用七十五，鱼、肉、菜七十二陌，金银七十四，珠珍、雇婢妮、买虫蚁六十八，文字五十六陌，行市各有长短使用"；到南宋末年，已是"元都市钱陌用七十七陌，近来民间减作五十陌行市通使"，大体上反映了宋代铜钱流通区内的普遍状况，铁钱的情况也与铜钱的情况，大体相同。

宋初，沿后汉制度铸"宋元通宝"钱。太平兴国时，铸"太平通宝"钱，开始了宋代以年号作钱文。淳化元年（990年）五月，"又改铸'淳化元宝'钱，上（太宗）亲书其文，作真、行、草三体。自后，每改元必更铸，以年号元宝为文"，形成系列年号钱。仁宗改元宝元（1038年），次年三月铸新年号钱，"文当曰宝元元宝"，因钱文重复，改为"皇宋通宝"，以后改元又恢复"冠以年号如旧"。年号带宝字而钱文不用年号的，还有南宋宝庆时铸"大宋元宝"、宝祐时铸"皇宋元宝"。北宋末建中靖国时，则因建中为唐代年号而铸"圣宋元宝"。

另外，五代以来出现了"钱荒"。宋代虽然铸钱监不断增多，由初期的7监（铜钱监4监、铁钱监3监）到宋神宗时发展到26监（铜钱监17监，铁钱监9监）。每年所铸铜钱也自太祖时70000贯，逐渐增多，太宗至道时为800000贯，真宗景德末为1830000贯，仁宗庆历时为3000000贯，到神宗熙宁以后，每年铸铜钱共6000000多贯，这已达到了最高峰。但铜钱的"钱荒"依然十分严重，直至南宋灭亡，始终是没能得以解决，这是由于辽、西夏及后来的金朝，大量以宋朝铜钱作为货币，自铸的数量又很少，再加上大量的铜钱流向日本、东南亚，有的还运往西亚、东北非等地。

此间，我国还出现了世界上最早的纸币：北宋的交子及钱引。其中交子，就它的起始，"先是，益（今四川成都）、邛（今邛崃）、嘉（今乐山）、眉（今眉山）等州，岁铸钱（铁钱）五十余万贯，自李顺作乱，又淳化四年（993年），遂罢铸，民间钱益少，私以交子为市。"这是由于"钱荒"，而引起以纸币代铁钱，为本位的代币券，其开始发行的时间，应是咸平元年（998年）的前后。这种初期的交子，票面的数额不定，而是临时写上的，可以向接受交子的人兑取现钱，最终还可以向发行人兑取现钱。这种铁钱代币券的情况，具有近代"金本位制"时期纸币的一些特性，但更近似于现代欧美各国的"不记名可流通支票"，还不具备纸币的性质。

大中祥符末，转运使薛田请置交子务，发行官交子而未成。天禧四年(1020年)十一月,寇瑊任益州知州后,立即采取令交子户"收闭交子铺",并且不准再设私人交子铺。天圣元年(1023年),薛田接任益州知州后,已是"今街市并无交子行用","市肆经营买卖寥索",直接影响到商业的繁荣。薛田等认为:"废交子不复用,则贸易非便,但请官为置(交子)务,禁民私造。"同年十一月二十八日(戊午,1024年1月12日),世界历史上第一个发行纸币的官办"益州交子务"设立。这次发行的官交子,"一依自来百姓出给者阔狭大小,仍使本州铜印印记",票面可能也是印刷有"屋木人物"的图案,"仍起置簿历",票面的钱数也是写上的,与以前私人交子是临时"书填",还是"贯(数)不限多少"所不同的,官交子是预先在"逐道交子上书出钱数",而且是只有"自一贯至十贯文"固定的票面,再"合用印过上簿封押",交子制造完成;发行交子还要"备本钱",即是要有"发行准备金",已与近代"金本位制"时期纸币的发行情况类似。世界历史上首次可称之为"铁钱本位制"纸币的"交子",印制(票面书写贯数)开始的时间,为天圣"二年二月二十日(1024年3月19日)起首书"。这种交子印制完成后,"逐旋纳监官处收掌",等待人户以大、小铁钱来兑换,监官"依例准折",而且按"每小铁钱一贯文依例克下三十文人官",将铁钱收储,"据合同字号给付人户,取便行使",交子即成为市场流通的纸币,交子已无实物传世,当与传世的"钱引"相近。

再及钱引。崇宁"四年,今诸路更用'钱引',准新样印制,四川如旧法","钱引"除在福建、两浙、江南、荆湖、广南以外的江北、华北广大地区推行使用。只有四川仍旧称交子,并按原式的样板印制。但"钱引"却"诸路行之不通",第二年即不再印制,而已在"民间者,许贸易"流通的,逐渐收回。"大观元年(1107年),改四川交子为钱引",交子务也改称钱引务。此后,历史上亦称旧交子为钱引,而新钱引有时亦称为交子。

4. 辽代商业与货币的流畅

辽的牧业经济，从来都离不开农业、手工业和商业。辽为了满足商业贸易的需要，辽太祖三年（909 年），耶律阿保机"建羊城（今河北沽源西南）于炭山之北，以通市易"。辽随着版图的不断扩大，经济成分也不断地增加，境内外商业贸易又有了进一步的发展。

辽代的五京相继建成，这些都是辽代的重要的商业城市，五京为上京（今内蒙古巴林左旗南）、南京（今北京）、东京（今辽宁辽阳）、中京（今内蒙古宁城西）、西京（今山西大同）。辽代的五个京城。事实上除了上京之外，其他的四个京城只是陪都，它们的行政地位大致相当于今天的省会，所管辖的区域相当于今天的省，形成了覆盖全辽代的规模可观的商业网。

辽在五京中的上京、南京、西京，置都商税院，设点检、都监、判官等主持征收商税和市场管理；西京、东京设转运使，分别管理通商、贸易等事。五京属下州县根据不同情况设有钱帛司、盐铁司、商曲院和征商榷酒等诸务。在重要关隘、路口，辽朝也设有征商机构。税收数目，有记录可考的，重熙中"燕京（今北京）出钱三百余万"；道宗时，贪吏日索东京鞠院官钱 2000，其征榷岁入当不少于 70 万。

辽当时对外联系相当广泛。辽建国后，随着社会的发展，对经济的往来、物资的交流，需求得更加强烈，迫切地需要同境外开展贸易交往，互通有无。在辽的建国初期，其与五代的梁、唐、晋、汉和十国中的吴越、南唐都有着经济往来。此后，又与北宋、高丽、高昌回鹘和女真等，都在建立政治联系的同时，也更加积极地开展商业活动。当时，辽与周边各政权、各民族的经济往来，多以朝贡和互市的方式进行。后晋时，辽除每年得到 30 万匹绢帛贡献外，双方的商业贸易活动也十分地活跃，规模也在不断地扩大。

在宋初，曾许缘边商民与辽市易，但没有设立官司管理，太平兴国二年（977 年），开设镇（今河北正定）、易（今易县）、雄（今雄县）、霸（今霸州）、沧（今沧州东南）、静戎军（今徐水）和代州雁门砦（今山西代县西北）等处榷场，以常参官和内侍同管榷务，向辽提供香药、犀、象及茶等。但双方的政治关系极不稳定，常有军事冲突，这自然而然严重地影响了经济的往来，那时的榷场，也只能时开时禁。一直至澶渊之盟后，宋于雄、霸两州及安肃军（静戎军改）、广信军（今河北徐水西）等处置场，设官"平互市物价，稍优其值予之"。双方贸易往来，这才日趋正常，交易规模也在不断地扩大。辽以银、钱、布、羊、马、驼、皮毛换取宋的茶、瓷、犀（角）象（牙）、香药、缯帛、漆器和《九经》等书籍。辽每年仅于河北就向宋贩易羊数万只。同时，双方也各有禁令，限制某些商品出入。如宋方严禁铜、铁、矾、米、私茶和《九经》以外的印本书籍出境，禁止辽盐私自贩入河北；辽也严禁马匹、牝羊和粮食入宋。但除榷场贸易外，双方民间私自交易也难以禁绝，辽朝私盐的涌入，冲击着宋朝的河北食盐专卖制度；而宋朝的印本书籍和文人诗赋也不断流入辽境。对宋的边界贸易是辽境外贸易的主要市场，它满足了辽朝境内对某些消费品的需求，宋朝在榷场贸易中每年也可有 40 万余的收入。以致每年交纳辽朝的岁币，也可以从榷场交易中收回。

关于当时的辽币。辽当时的商业贸易的繁荣，促进了货币经济的发展。在耶律阿保机之父撒剌的时，已开始了铸造货币。最迟在辽太祖时，辽朝已经有了自铸的金属货币。辽朝实行年号钱制，皇帝即位或改元时便铸造货币。辽朝九帝，使用 22 个年号，多数年号钱币已被考古发现。当时的货币铸造，由朝廷统一管理，严禁私铸和外流。

辽在振武军（今内蒙古和林格尔境）、宁江州（今吉林扶余东）等边界地区还开互市，与西夏、女真、回鹘、高丽等进行交易。"女直以金、帛、布、蜜、蜡诸药材及铁离、靺鞨、于厥等诸部以蛤珠、青鼠、貂鼠、胶鱼之皮、牛羊驼马、毳罽等物，来易于辽者，道路繦属"。鹰鹘、鹿、细白布也是东北部女真输入辽境的重要商品。夏向辽输入沙狐、鹘、兔、马、驼、毛织品和药材、矿物等。在与西夏阻卜等属部交易中，辽朝严禁铜、铁等出境。除互市贸易外，使者往来所携礼物和辽朝所赐礼品也是一种互相交流的手段。高丽所进有纸、墨、米、铜、人参、粗布；西夏、回鹘所进有珠、玉、犀、乳香、琥珀、镔铁器、马、驼和毛织品。辽朝回谢礼物则有鞍马、弓箭、皮毛、丝织品。辽朝除以本地所产与周边各属国贸易外，还以互市所得转贸于他地，从中渔利。通过各族、各政权、各国间的贡赐和互市贸易，出自回鹘、女真、夏、宋、契丹和高丽的各种物品，得以在上述地区直接或间接地循环交易。

圣宗时，凿大安山（今北京房山境），取刘仁恭所藏钱，与辽钱共同流通。澶渊之盟后，辽宋开展榷场贸易，宋钱不断流入辽境。苏辙说："北界别无钱币，公私交易并使本朝铜钱，沿边禁钱条法虽极深重，而利之所在，势无由止。"近年发掘的几处辽朝窖藏钱币，出土的汉、唐至宋所铸钱币数量远远超过辽朝自铸货币，这也可以反映出辽朝货币流通的情况。

5. 西夏商业发达货币精致

西夏的商业比较发达，在社会经济中占有重要的地位。西夏建国后，为了适应国内商业贸易迅速发展的需要，自己也开始铸造货币，但作为国内流通手段是不足的，经常需要使用邻国货币。

西夏联结内外商业贸易的中心城镇，有兴庆府（今宁夏银川）和河西走廊地区的甘（今甘肃张掖）、凉（今武威）、瓜（今安西东南）、沙（今敦煌西）等州城镇。

那时，就西夏与宋、辽、金、回鹘、吐蕃等邻国与民族都有频繁的商业贸易往来关系来讲，西夏在与宋、辽、金的边境地带设有共同使用的榷场进行和市，如宋、夏边境的保安军（今陕西志丹）、镇戎军（今宁夏固原）、吴堡（今陕西吴堡北）、银星；辽、夏边境的天德（今内蒙古乌拉特前旗东北）、云内（今呼和浩特西南）等处榷场。在榷市中，有固定的贸易场地和牙人评定货色等级，由双方官府派遣的监督、稽查人员共同管理市场，征收税务。除官设的榷市贸易外，西夏和宋、辽、金民间也通过"私市"进行交易。私市交易的商品，则无所不包。

至于西夏的货币。西夏建后，为了适应国内商业贸易迅速发展的需要，自己也开始铸造货币。西夏钱币有西夏文和汉文两种，又以铜钱、铁钱两种为主。西夏铸造的钱币，虽然数量不多，但是多铸得精美，轮廓规整，书法秀丽，如天盛、皇建、光定、乾祐诸品俱佳。新出土的钱币中发现有光定元宝篆、真对品钱，尤为珍品。传世的西夏钱币以天盛年号钱居多，反映了当时货币经济比较发达。根据考古发现的西夏窖藏钱币品种与数量分析，都以宋代钱币为主，说明西夏境内主要流通宋朝钱币，后期也使用金朝钱币，西夏铸天盛钱后，仁宗曾下令与金正隆元宝钱并用，说明西夏自铸钱币作为国内流通手段是不足的，所以经常使用邻国货币。

6. 金代再现一派繁荣景象

金代随着农业、手工业的不断发展，商业也得到迅速的发展。当时出现了一些新的城都，北宋时比较发达的商业城都也已得到了恢复，就连分布在各城间的乡镇也陆续得以恢复，并得到了发展。"商旅所集"，"于时居人市易，井肆连络"，呈现出一派繁荣的景象。

金朝为"掌平物价，察度量权衡之违式，百货之估直"，在中都（今北京）、东京（今辽宁辽阳）、南京（今河南开封）、太原（今属山西）等地置"市令司"，加强对市场的管理。当时城镇有油、面、布、银等行，参加同一行的商人为"行人"，同业商行头人为行头、引领，往往由大商人兼任，以垄断本行商业和控制小商人。一般行人除受行头和引领压榨外，还受皇室贵族和官僚的盘剥。金朝宫廷所需货物，往往"强市"于商行。

金在中都设都商税务司，负责征收商税及巡察漏税等。大定初年，各地商税院务经常苛留商人及行旅，披剔行旅，甚于剽掠。大定二年（1162年）八月，罢诸路关税。二十年正月，又"定商税法，金银百分取一，诸物百分取三"。大定间，中都税务司每年收税额达 164440 余贯。

金朝很重视通过互市来加强与周围民族和政权的经济来往和贸易。金初，在西北招讨司的燕子城、北羊城之间置榷场（今河北沽源西南），以易北方牲畜。皇统元年（1141 年）又应西夏之请置榷场。熙宗与南宋议和后，皇统二年五月，金朝同意宋的请求，双方各在沿边地区置榷场。金榷场之法，大约仿宋之制，金对前来北方交易的商人，除征收一般税钱外，尚课入场税。在金宋榷场贸易的过程中，医常有私人参加，所以禁私与走私的斗争也很激烈。当时商人除按规定正常贸易外，还私相交易违禁品。

商品的发展也促进货币经济的发展，金初无钱，占领辽及北宋的地区后，始用辽、宋旧钱。海陵王迁都，把统治的中心南移到中都，为满足商业的发展需要，贞元二年（1154年）户部尚书蔡松年复钞引法，制交钞与钱并用。正隆三年（1158年）始铸金朝自己的铜钱"正隆通宝"，大定十八年（1178年）铸"大定通宝"。章宗泰和四年（1204年）铸大钱，以一当十，而与钞参行，宣宗贞祐三年（1215年），因钞价低落，遂禁止铜钱使用。

金代纸币称"交钞"，其发行早于铜币。钞有大钞小钞之别。初依宋先例规定流通期限，以7年为一限界，至7年兑现或换新钞。章宗时始将原定期限一律废除，改为永久流通的货币，这是中国币制史上的一大变革。惟字文磨灭不现者，则可向所属库司换易新钞，是为交钞字昏方换之始。

银在金代交易中作为货币流通已很盛行，在章宗承安二年（1197年）以前，银以锭来计算，锭重50两，价格100贯文。因为银锭的使用还是一种秤量的货币，所以银锭在民间颇有截凿者，其价格亦显见上下。这样从形式、重量以及价格加以规定，铸成为一种法定货币，便成为流通所必需。承安二年，朝廷改铸银币，名"承安宝货"。其制："一两至十两分五等，每两折钱两贯，公私同见钱用，仍定销铸及接受稽留罪赏格。"由银锭改为铸币，这是中国历史上银由流通进入法定货币的开始，同时也是中国用银币的开始。金自"承安宝货"铸造施行后，钱钞的发行如故，且益滥杂。例如钞的名称有4贯值银1两的"通宝"钞，有"兴定宝泉"钞，又有用绫印刷的"元光珍宝"。结果钞名日杂，其价日贱，而银日贵。另外，由于把银作为计算货币之故，伪造随之而起，杂铜而私铸的时有所闻，因而流通渐为滞钝，承安五年十二月遂罢。但民间银之使用却逐日增加，元光、正大间，民间但以银论价，在各种交易中也只有用银了。

第十五讲　文化的异常跟进

1. 非凡的五代诗词书画

五代的诗、文，多沿袭了晚唐的遗风，一味崇尚辞藻的华丽，而大多的内容空洞无实。"中朝士子止看文场秀句，便为举业，皆窃取公卿，何浅狭之甚耶！"当时之乱世，大多的士人依旧以科举入仕。

五代之初，著名文士李袭吉任河东节度掌书记，为晋王李克用撰"羽檄军书"，"为文精意练实"，"辞理宏健"，而"动据典故，无所放纵"，代表了五代时期的一代文风。但罗隐《谗书》的小品文，讽刺现实，一针见血，在文坛中大放异彩，"唐末诗风衰落，而小品文放了光辉。但罗隐的《谗书》，几乎全部是抗争和愤激之谈。"这是鲁迅对罗隐《谗书》小品文的高度评价。

后梁杜荀鹤、闽韩偓，吴越罗隐，前蜀韦庄、僧贯休，后蜀僧可朋，荆南僧齐己等人，皆以诗名，大多是唐末、五代初年人，不少诗作反映了唐末的战乱与民间的疾苦，如韦庄的《秦妇吟》、杜荀鹤的《山中寡妇》等诗篇，在很大的程度上，应为五代现实的客观写照。

五代时期，战乱较少，社会经济相对繁荣发达。于是前、后蜀和南唐的君臣们，寄情声色，歌舞升平，因此也就为词的发展提供了条件。

唐代中叶，兴起一种新诗体"词"，并得以发展。晚唐的诗人、著名词人温庭筠，其香软华艳的词风，对于前、后蜀的词风，产生了重大的影响。后蜀赵崇祚，继而将晚唐、五代以温庭筠为首的词人，或更多的是前、后蜀的词人的作品，共18家凡500首词编为《花间集》，可谓集温派词之大成，也是最早的一部词总集成，被温派词人称为"花间词派"，其中又以前蜀韦庄等的词风，比较清丽素淡。

五代中的另一"词乡"，应是在南唐，出现了以中主李璟、后主李煜、宰相冯延巳为代表的南唐词派。词之内容，虽是宫廷生活、花前月下，但词风大多比较清丽委婉，并在艺术上有所创新。尤其是李煜，在被俘前往北宋开封府后，便创作了不少的名作，如《虞美人》《浪淘沙令》等，不仅将词从"花间派"狭窄的领域中扩展出来，并提高了词的表现力和很强的感染力，对宋词的发展有着重大影响。此词作为一种文体，便开始取得和诗同等重要的位置。

虞美人（李煜）

春花秋月何时了？往事知多少。

小楼昨夜又东风，故国不堪回首月明中。

雕栏玉砌应犹在，只是朱颜改。

问君能有几多愁？恰似一江春水向东流。

作为国君，李煜无疑是失败的；作为词人，他却取得了巨大的成功。这首《虞美人》便是一首传诵千古的名作。李煜不仅是五代、宋初最杰出的文学家，在中国文学史上也占有重要的地位。

另外，冯延巳的词清丽典雅，以景见情，对宋初词风很有影响。

鹊踏枝（冯延巳）

谁道闲情抛掷久？每到春来，惆怅还依旧。

日日花前常病酒，不辞镜里朱颜瘦。

河畔青芜堤上柳，为问新愁，何事年年有？

独立小桥风满袖，平林新月人归后

冯延巳（903—960年），字正中，五代广陵（今江苏省扬州市）人。在南唐做过宰相，生活过得很优裕、舒适。

五代的绘画，在唐代绘画的基础上得以继续发展，并以山水画、花鸟画，更为突出，并影响很大。

后梁时，荆浩的山水画，气势磅礴，笔墨并重，承前启后，关仝师法荆浩，"智妙入神"，他们都强调师法自然，并称"荆关"山水，属北派山水画；南唐董源擅长水墨、淡着色山水画，"水墨类王维，着色如李思训"，属南派山水画。南北两派都对宋代山水画派，有着同样的重大影响。而花鸟画取得突出成就的是南唐徐熙及前、后蜀黄筌。徐熙一生未做官，善画江湖鱼鸟，花木蔬果，创花卉画"没骨法"，水墨淡彩。黄筌则在前、后蜀时待诏宫廷，长于画鸟，淡墨勾画，施以浓彩。时"谚云：黄家富贵，徐熙野逸"，反映了两派不同的画风，也都对宋代花鸟画派产生了很大的影响。而人物画的杰出画家，中原有张图、赵喦，南唐有周文矩、顾闳中，前、后蜀有贯休、黄筌，吴越有王道求、李群等，顾闳中的《韩熙载夜宴图》更是传世名作。后蜀后主孟昶创设画院，这是设立宫廷"画院"之始。其后，南唐中主李璟也设画院。后蜀、南唐画院聚集了许多绘画人才，对绘画的发展产生了积极作用。

五代的书法，也同样取得了巨大而骄人的成绩。

帝王中如后梁末帝朱瑱，史称"喜弄翰墨，多作行书"，"笔势结密，有王氏羲、献帖法"。南唐中主李璟、后主李煜，不但是著名词人，也是著名书法家，李璟的楷书"乃积学所致"，有名于当世。李煜的行书，"落笔瘦硬而风神溢出"，成就仅次于杨凝式。中原杨凝式的行草，纵逸雄强，独步五代，深受苏轼、米芾的赞许，有《韭花帖》传世，是承唐启宋的代表人物。吴越诗人罗隐、前蜀诗人韦庄亦皆以行书著称。

2. 宋代文化的高度繁荣

宋代处在漫长的中国封建社会时代之中，其文化却是处在高度繁荣的时期，无论在哲学思想、教育、文学、艺术、史学以及科学技术等方面，都取得了长足的进步。

（1）文学

宋代的文学艺术，继唐代之后，丰富多彩，有了进一步的发展，诸如散文、诗、词、绘画、书法、雕塑、"说话"、诸宫调、宋杂剧、南戏等的兴起、革新与发展，使宋代的文学艺术呈现出一派万物如生的繁荣景象。

宋初，骈体文占统治地位，柳开、王禹偁以继承韩愈、柳宗元的古文（散文）传统为己任，王禹偁主张"近师吏部（韩愈），使句之易道，义之易晓"。穆修、苏舜钦等相继而起。宋仁宗时，欧阳修倡导流丽畅达，骈、散结合的散文新风，主张"其道易知而可法，其言甚明而可行"，"道胜者文不难而自至"。欧阳修成为北宋古文运动的领袖。王安石长于政论文，认为文章应"务为有补于世而已"；苏轼很重视文采，继主文坛，古文运动终于取得全胜。他们的文章大多风格清新，自然流畅。当时有"唐宋八大家"之称，即唐代的韩愈、柳宗元和宋代的三苏（苏轼，苏洵，苏辙父子3人）、欧阳修、王安石、曾巩（曾经拜过欧阳修为师），又可分为唐2家，宋6家。后人又将韩愈、柳宗元、苏轼、苏洵、苏辙、欧阳修、王安石、曾巩8名作家的散文作品编选在一起，刊行的《八先生文集》，后唐顺之在《文编》一书中也选录了这八个唐宋作家的作品。明朝中叶古文家茅坤在前人基础上加以整理和编选，取名《八大家文钞》，共160卷。"唐宋八大家"从此得名。

宋初，王禹偁首倡继承杜甫、白居易诗风。但不久即出现杨亿、刘筠为代表的西昆诗体（以《西昆酬唱集》而名），崇尚辞藻华丽，重形式、轻内容，风靡一时。

杨亿（974—1020年），北宋文学家，"西昆体"诗歌主要作家，字大年，建州浦城（今属福建浦城县）人。"西昆体"虽没能在唐诗之外开辟新的境界，但相对平直浅陋的五代诗风而言，它的整饰、典丽、深密的诗风，毕竟意味着艺术上的进步。在宋初诗坛弥漫着白体和晚唐体崇尚白描、少用典故的诗风背景下，西昆体的出现，确实令人耳目一新。

文坛主将欧阳修以及梅尧臣、苏舜钦等相继而起，诗作大多平淡清新，间或粗犷奔放，诗风始为之一变。才华横溢的苏轼，诗备众格，洒脱豪放。王安石的诗，如《河北民》《兼并》《感事》《省兵》等，反映社会生活、要求变法改革。王安石晚年住在半山（今南京紫金山附近），号半山老人。元丰三年受封荆国公，故称王荆公。死后谥曰"文"，故又叫王文公。

黄庭坚创江西诗派，提倡以故为新，注重文字技巧、声韵格律。江西诗派的陈与义，南渡后诗风转向悲壮。杨万里（号诚斋）、范成大、陆游、尤袤，号称南宋"中兴四大诗人"。其中最杰出的是爱国诗人陆游，才气豪迈，诗作悲壮奔放，晓畅自然。

陆游（1125—1210 年）字务观，号放翁，越州山阴（今浙江绍兴）人。著有《剑南诗稿》《渭南文集》等数十个文集存世，自言"六十年间万首诗"，今尚存 9300 余首，是我国现有存诗最多的诗人。陆游的诗《卜算子·咏梅》最为著名。

卜算子·咏梅

驿外断桥边，寂寞开无主。
已是黄昏独自愁，更著风和雨。
无意苦争春，一任群芳妒。
零落成泥碾作尘，只有香如故。

杨万里、范成大也是爱国诗人，杨万里诗名仅次于陆游，师法自然，诗作清新活泼，意境新颖，被称为"诚斋体"。

杨万里（1127—1206 年）字廷秀，号诚斋。江西吉州人（今江西省吉水县黄桥镇湴塘村）。绍兴二十四年（1154 年）进士。历任国子博士、太常博士，太常丞兼吏部右侍郎，提举广东常平茶盐公事，广东提点刑狱，吏部员外郎等。反对以铁钱行于江南诸郡，改知赣州，不赴，辞官归家，闲居乡里。范成大反映人民生活的诗篇，如田园诗，清新妩媚，而使金时所作诗篇，反映了他的爱国思想。

范成大（1126—1193 年），字致能，号石湖居士，平江吴郡（郡治在今江苏吴中区）人。谥文穆。从江西派入手，后学习中、晚唐诗，继承了白居易、王建、张籍等诗人新乐府的现实主义精神，终于自成一家。

后期的徐照（灵辉）、徐玑（灵渊）、翁卷（灵舒）、赵师秀（灵秀），都是永嘉（今浙江温州）人，合称"永嘉四灵"，诗作注重技巧，清新可读。"江湖派"刘克庄、戴复古、方岳等诗人，大多关心国事民情，诗作或反映农村生活，富有生活气息；或寄怀江山，流溢着爱国思想。南宋末民族英雄文天祥的诗，或激昂，或悲壮，《正气歌》更是传世绝唱。

宋诗继承唐诗而有所创新，题材广泛，描写农事的诗篇较多，反映农民的生活和民间疾苦，有助于了解宋代社会。爱国诗篇之多，更是一大特色，对后世产生了巨大影响。

词是宋代最具特色的文学体裁，北宋前期以晏殊、晏几道、范仲淹、张先、欧阳修为代表的婉约派，承袭五代词风，委婉典丽。内容大多依然是樽前酒后、花前月下。范仲淹词作虽不多，但扩大了词的表达范围，词风也较遒劲。柳永精通韵律，开始创作慢曲长调新体裁，长于铺叙，用语俚俗，情景交融，深受下层平民的欢迎，以致"凡有井水处，即能歌柳词"，其作有"俚词"之称，柳永的词风对秦观、周邦彦等影响很大。高才逸气的苏轼，冲破词专写男女恋情、离愁别绪的境界，清新豪放，开创了豪放词派。南宋著名爱国词人辛弃疾，在苏轼豪放派词风基础上高度发展，抒情、写景、叙事、议论，无往不宜，气势磅礴，充溢着爱国主义的激情。陈亮、刘克庄、刘辰翁、文天祥，均受辛弃疾影响，都属豪放派爱国词人。而岳飞的《满江红》，粗犷激昂，充满爱国主义英雄气概，激励着千古爱国志士。

北宋婉约派词人秦观，发展了词的技巧，词语典雅流畅，形象生动鲜明。周邦彦精于词法、音律，格律、艺术技巧，冠极当世。两宋之际的著名女词人李清照，号"易安居士"，认为词与诗不同，词"别是一家"。词作讲究音律，词语平淡而精巧，婉约中带豪放，独树一帜，时称"易安体"。

南宋后期的姜夔，精通音乐，讲究格律，追求艺术美，是南宋最著名的词家。著名的婉约派词人还有史达祖、吴文英、张炎等。

（2）绘画

李成为五代入宋的山水画名家，师法五代荆浩、关仝，善画平远寒林，时称"古今第一"。范宽重视自然山水的写生，画风雄健，自成一家。李成、范宽、关仝，形成北方山水画的三个主要流派。宋神宗时的郭熙，师法李成，其画秀美明净，与李成齐名，世称"李郭"。郭熙与子郭思合著《林泉高致》，认为应观察山水，分别四季，画出朝暮等景色，要求赋予山水画以生活气象。南唐入宋的南方山水画派名家巨然，学习董源水墨画风，并称"董巨"，淡墨轻岚，自成一体。南宋初，李唐以画牛著称，兼工人物，尤擅山水画，创"大斧劈"皴法，并为刘松年、马远、夏圭所师法，合称为南宋四大画家。五代后蜀黄筌、南唐徐熙，善画花鸟，风格不同，有"黄家富贵，徐熙野逸"之说。黄筌与其子居寀等入北宋画院，风格工丽细致，为"院画体"的标准画格。其后两派逐渐合流。宋神宗时的崔白，所画花鸟，清淡生动。宋徽宗绘画造诣很深，尤工花鸟，画风工整，神形俱妙。南宋花鸟画传世作品不少，作者大都佚名，画面鲜明生动。北宋前期的武宗元，专长佛道人物画，行笔流畅。北宋中期的李公麟，以画马驰名，又是宋代最有影响的宗教人物画家，所画人物，性格突出，形神俱妙。南宋四大画家，都兼工人物，刘松年的《中兴四将图》为著名人物画卷。李公麟、苏汉臣、梁楷、龚开，亦有名作传世。反映当时社会生活风习的风俗画，宋代也有较大的发展。北宋末张择端的《清明上河图》，是风俗画的代表作，所绘开封景况，是当时社会生活的忠实写照，具有极大的史料价值。李唐的《村医图》，绘一乡村医生在田边为患者治病，救护及围观者紧张的神态，跃然纸上。李嵩的《货郎图》，描绘了一群妇女儿童被货郎担所吸引的生动情景。文人画亦称"士人画"，不求形似，讲求神韵、情趣，作者都是文人，自称为"艺画"。轻视严整细致的画作，称之为"术画"，称其作者为"匠人"。文人画为文同所创，经文坛领袖苏轼倡导，遂盛行于当代及后世。苏轼喜作枯木怪石，画竹学文同。米芾画山水，不求工细，多用水墨点染，"意似便已"；子友仁，继承父风，世称"米派"。南宋扬补之（无咎），"笔法清淡闲野，为世一绝"，此外，还有赵孟坚的水墨花卉，倪涛的水墨草虫等。

（3）书法

宋代书法亦有很大成就。淳化三年（992年），宋太宗出秘阁所藏历代书法家珍品，命王著编次，标明为《法帖》，称为《淳化阁帖》，此后重辑、翻摹的很多。北宋时，潭州（今湖南长沙）据《阁帖》又增补部分作品；绛州（今山西新绛）亦据《阁帖》而有所增损，皆摹勒上石，十分精美，世称《潭帖》和《绛帖》，对传布书法艺术都很有贡献。史称："国（宋）初，称能书者惟李建中与（宋）绶二人"，李建中"字，淳厚不飘逸。"而宋绶"书，富于法度"，都是唐代"尚法"派书法。宋代书法家以苏轼、黄庭坚、米芾和蔡襄最为著名。蔡襄是北宋前期最著名的书法家，"推为本朝第一"，承上启下，为尚意派先驱，正楷端重，行书婉媚，草书参用飞白法。苏轼居四大书法家之首，是宋代"尚意"派书法的创导者，认为"退笔成山未足珍，读书万卷始通神"。称自己的书法，"我书意造本无法，点画信手烦推求"，擅长行、楷，刻意创新，用笔丰润而以韵胜。黄庭坚为"苏（轼）门四学士"之一，擅行、草，以侧险取势而挺秀，亦以韵重。北宋末米芾，亦擅行、草，得王献之笔意，书法为当时第一。宋徽宗赵佶是四大书法家之外，最有成就的书法家，正楷学唐薛曜而略变其体，称为"瘦金体"，亦善狂草。此外，北宋的范仲淹、欧阳修、王安石、文同，苏轼之子苏过、米芾之子米友仁，亦以书法著称。南宋陆游、朱熹、姜夔、张孝祥、文天祥等，书法造诣也都很高。

（4）雕塑

山西太原晋祠北宋元祐时塑造的42尊侍女彩塑，富丽浓艳，各具神态，栩栩如生。山东长清灵岩寺北宋末所塑46尊罗汉彩塑，色彩素雅，形象各异，生动逼真。四川大足石刻多数是宋代作品，铭记中载有元丰至绍兴时雕刻匠师元俊、文惟一等21人为代表的民间艺术家，创造了无数生动的石刻造像，佛和菩萨形态端庄而具有世人气息，供养人、力士夸张有度，各有特征。经变故事造像中，大多是现实生活的片断与劳动生产场景，朴实健康，微妙入神。

（5）织锦

宋代的织锦，以苏州、建康、成都的最为著名。纹样通常是龟背纹、云水纹以及"百吉"等图案、文字，绚丽多彩。缂丝也称"刻丝"，主要产地为定州（今属河北）、苏州。织法称为"通经断纬"，可以将山水、花鸟、人物、楼台等照样织制，成为绝妙的工艺品。传世的沈子蕃缂丝花鸟，图像逼真。刺绣有平绣、辫绣、扣绣和打籽绣等多种绣法，针线细密，配色精妙，所绣山水、花鸟、昆虫、祥云等，宛如图画。1967年浙江瑞安仙岩塔中发现宋庆历以前的三方经袱，在杏红色素罗地上用白、黄等色平绣的对飞翔鸾团花双面图案，花纹两面一样，是传世的双面绣品中有明确年代的最早艺术品。

（6）雕漆

雕漆即"剔红"，以金属或木作胎，涂上多层朱红色漆，乘未干透时镂雕人物、花鸟、山水、楼台等，金属作胎的常露出胎底金属本色。用黄漆作底再涂朱红漆，刻成黄地红花，称为"腊地"。也有以朱漆作底而涂黑漆，刻成锦地压花。或以各色漆重叠涂抹，雕刻时所刻花纹深浅不同，现出各种色彩的图案，如黄蕊、红花、绿叶、黑石等，十分美观。产地主要是两浙路，尤以温州最为著名，北宋首都开封有专卖温州漆器的店铺。

（7）戏曲、曲艺

对戏曲、曲艺与"话本"而言，宋代城市经济的发展，促使各种新的曲艺、戏曲形式迅速兴起，以适应新的市民阶层的文化需要。在北宋首都东京开封、南宋首都"行在所"临安等大城市中，有着数十座称为"瓦舍"或"瓦子"的综合性游艺场，每座瓦舍中又有若干座"勾栏"（戏院），所上演的，主要有诸宫调、宋杂剧、南戏和"说话"等。宋神宗时，孔三传以不同宫调的不同曲子，说唱情节曲折的长篇故事，称为诸宫调。南戏《张协状元》前面有一段诸宫调，可从中看到宋代诸宫调的某种格式，诸宫调对宋杂剧、南戏、金院本和元杂剧都有较大的影响。宋杂剧是继承唐代参军戏，又吸收"大曲"（歌舞）、诸宫调等形成的早期戏剧。北宋时，杂剧有时还指傀儡戏、"角抵"等。南宋的杂剧，专指有滑稽讽刺的表演，并以曲子演唱的短剧，角色通常是四、五人。传世的无名氏《宋杂剧图》，描绘了演出时的生动场面。南戏，北宋末兴起于永嘉，形成于南宋中叶，亦称"永嘉杂剧""温州杂剧"。南戏起自民间歌舞小戏，后吸收杂剧及其他民间技艺，词语通俗，流行于两浙、福建路。"说话"，通常又分为小说、讲史、说经、合生等，小说又称"银字儿"，专讲短篇故事，题材几乎无所不包。讲史，专说历史故事。说经包括"说参请""说诨经"，专讲宗教故事。合生，也作"合笙"，滑稽而含讥讽的称"乔合生"，可能是两人演出，一人指物为题，一人应命说咏，形式灵活，似乎并无故事情节，近似现代的相声。此外，还有"说诨话"（近似现代单口相声）、"商谜"（猜谜）。合生、说诨话和商谜等演出形式与内容已无从确知。话本是"说话"（说书）人的底本，多数经过文人加工。"小说"家所用的话本，都是短篇故事，通常即称为"小说"，如《新编小说快嘴李翠莲记》等，现存不过二三十篇，散见于《京本通俗小说》《清平山堂话本》诸书。长篇的讲史话本，一般称为"平话"（"评话"），传世的有《新编五代史评话》《大宋宣和遗事》《全相评话五种》等。话本以白话为主，融合部分文言，穿插一些古典诗词，语言生动，作品的主角多为手工业者、妇女、市井商人等，为市民阶层所喜闻乐见。对后代的小说、戏剧、曲艺等产生了很大的影响。

话本，是民间以讲故事为职业者所用的底本。其中，有短篇的讲胭粉、灵怪、公案的，叫小说；有长篇而连续讲一个历史时期的许多故事的，叫作讲史。话本的内容复杂，但讲述前代兴废争战、点染英雄事迹、揭露黑暗社会，在这个动乱时期都有现实意义。在北宋末年，话本文学已经相当发达，南宋更有发展，这是元明小说的先声……

杂剧，北宋时已经出现，但比较简单，多寓讽刺于诙谐，以念诵和对白为主，后来有了一些歌舞和表演。金和南宋的杂剧有了发展。南宋流行一种"温州杂剧"，亦称"南戏"，是在浙江温州一带发展起来的，情节比较复杂，角色也比较多了，演出上包含了唱、念、做、舞，较早的著名剧目有《赵贞女蔡二郎》《王魁负桂英》。宋、金民间还流行一种叫"诸宫调"的讲唱文艺。它以唱词和说白相间杂，配着音乐，来唱说一个较长的完整故事。在音乐曲调上，吸取了唐宋大曲、词和俗曲小调等的一些特点，并把它们按"宫调"声律的类别编排起来。著名唱本有《董解元西厢记》等。宋金的杂剧和诸宫调，为元代戏曲的发展提供了条件。

3. 新儒学的形成与发展

宋代文化学术史上最重大的事情，莫过于新儒学"宋学"的产生，宋学的新学、理学、蜀学三大学派的形成与发展，以及其对宋代及后世文化思想的巨大影响。

先讲新儒学"宋学"。宋代新儒学应渊源于唐代的韩愈。韩愈创导古文运动，同时又极力排斥佛、道两教，一心一意地提倡儒学。韩愈提出了"儒学道统说"，以孟子上承孔子，而韩愈自己则上承孟子，并引导对儒学经典义理的深度探求。韩愈和弟子李翱先后推崇《论语》《孟子》《大学》《中庸》等。韩愈所创导的新儒学，经过唐末、五代、宋初的积淀过程，到了北宋中叶的仁宗初年，新儒学终于又重新兴起。新儒学活跃在宋真宗和仁宗初年的晁迥，"通释、老书，以经传傅致，为一家之说"；吸收佛、道两家学说，并成为后来新儒学"宋学"的学术取向。继晁迥之后，胡瑗、孙复、石介三人，即被后来的理学家称为理学派先驱的"宋初三先生"，除此之外，还有范仲淹、欧阳修、李觏、刘敞等，都是宋代新儒学"宋学"的先驱。

文坛领袖欧阳修是宋学先驱中的主要代表人物，苏轼称："士无贤不肖，不谋而同曰：欧阳子今之韩愈也。""自欧阳子出，天下争自濯磨，以通经学古为高，以救时行道为贤，以犯颜纳说为忠，长育成就，至嘉祐末，号称多士，欧阳子之功为多。""通经学古"，即不事章句训诂而探求儒家经典的新意，是宋学的又一特征，欧阳修所著《易或问》和《毛诗本义》，是"宋学"在这方面早期的代表作。而"救时行道"，则是宋学建立初期学者的共同追求，范仲淹的"庆历新政"，欧阳修、胡瑗、石介等都积极参加。后来王安石的变法改革，也属于"救时行道"。而"嘉祐末，号称多士"，正是宋学的新学、理学、蜀学三个学派的创始时期。

变法派的首领王安石的学术主张，被称为"新学"，曾引起学术领域里的很大震动。这是他的新法的理论基础。他有大量著作，《三经新义》《洪范传》和《老子注》是他的代表作。

"新学"为王安石于庆历二年（1042 年）中举，任淮南节度判官厅公事后，著《淮南杂说》时创始；嘉祐末至治平四年（1067 年），居丧在江宁（今南京）聚徒讲学时形成。熙宁变法时开始成为宋学中最大学派，当时称为"新学"，史称"荆公新学"，元祐时虽遭打击，但直至南宋理宗后期以前，一直是宋学的主要学派。

"蜀学"是苏洵在眉山"闭户读书"时，开始研究《六经》百家之说，晚年研究《易经》著《易传》未完成，治平三年（1066 年）死时，遗嘱苏轼继述其志。元丰年间，苏轼贬居黄州时完成《易传》，及著《论语说》《书传》等，蜀学派的理论大体形成。蜀学派另一主将苏辙，元符三年（1100 年）末，开始居许州"居许六年（至崇宁五年，1106 年），杜门复理旧学（蜀学），于是《诗传》《春秋》《老子解》《古史》四书皆成"。至政和二年（1112 年）去世的 13 年间，不仅撰著蜀学著作，还传布蜀学。两宋之际的蜀人韩驹，"尝在许下从苏辙学"，是北宋末年的重要蜀学派，入仕不久，即"坐为苏氏学"，宣和六年（1124 年），"复坐乡党曲学（蜀学）"。

保守派的理论家程颢、他的弟弟程颐是继承了周敦颐而建立了理学学派的重要人物。

"理学"则由河南（今河南洛阳）程颢、程颐兄弟所创，创始的时间约在至和末至嘉祐初，形成于元丰年间居洛阳聚徒讲学之时。张载创立"关学"大致也在至和末，而形成于熙宁年间聚徒讲学于家乡郿县（今陕西眉县）横渠镇时。

周敦颐，曾著《太极图》《易通》，早年曾任二程少年时的启蒙老师，因而被朱熹推为理学开山，但他未形成自己的学派。同时的邵雍著《皇极经世书》等，创象数学体系。二程、周、张、邵五人，同被朱熹列为理学派的创始人，称为"北宋五子"。但是，理学派在北宋末仍只是个较小的学派。与理学家杨时关系密切的张鬶，向蔡京推荐"其所知，遂以杨时荐"，杨时遂被起用。靖康元年（1126 年），当金兵南下，北宋危亡之际，杨时又借攻击蔡京之机，攻击王安石及新学派，为宋钦宗采纳，但北宋随即为金所灭，理学派未能有所发展。

宋孝宗时期的新学、理学和蜀学。"宋学"三大学派中，宋孝宗对理学派攻击新学派，采取不支持的政策，形成各学派自由发展的学术环境，除新学派仍是显学外，蜀学派在沉寂了数十年之后重新兴起；理学派自宋高宗在位末年扶持以来，又有了很大的发展。朱熹建立了完整的理学体系，形成理学的主流学派，史称"程朱学派"，陆九渊则创建理学心学派，反理学的主要学派是陈亮、叶适的浙东事功学派等。乾道六年（1170 年）前，员兴宗提出："今苏、程、王之学，未必尽善，未必尽非，执一而废一，是以坏易坏，宜合三家之长以出一道，使归于大公至正。"宋孝宗又追赐苏轼"文忠"、苏辙"文定"，为苏轼文集作序等，对蜀学派采取扶持的政策。而对当时的主流学派新学派、理学派，则采取相对遏制的政策。

宋学的新学、理学、蜀学三大学派在宋孝宗后期并为显学，其明证莫过于淳熙十四年（1187 年）时年 58 岁的朱熹所说："若诸子之学，同出于圣人，各有所长而不能无所短。"朱熹实际上是认为理学派与新学派、蜀学派同是宋学的学派之一。

宁宗初年，"庆元党禁"打击了理学派，三大学派并存的局面被打破。嘉定元年（1208 年）的宋金"嘉定和议"后，理学人士刘爚向奸相史弥远建议，实行"收召诸贤""以爵禄縻天下士"，扶持理学派。次年，"赐朱熹谥曰文"，提高理学派的地位。嘉定三年，刘爚"遣国子司业，言于丞相史弥远，请以（朱）熹所著《论语》《中庸》《大学》《孟子》之说以备劝讲，正君定国，慰天下学士大夫之心……又请以熹《白鹿洞规》颁示太学，取熹《四书集注》刊行之"。嘉定十三年，谥周敦颐、程颢、程颐为"元""纯""正"，后又谥张载为"明"，为后来理学思想统治地位的确立奠定了基础。同年九月，胡卫的奏议称："皇朝承五季陵夷之后，士气卑弱，二三圣人作而新之……熙宁以来，凡典章号令，若王安石之造意平雅，苏轼之发语纯明……程颢、程颐又以洙泗之源流兴于伊洛间，士之所趋一归于正。"胡卫的奏议意在推崇理学，但只将宋学三大学派的代表人物王安石、苏轼、程颢、程颐，同列于"二三圣人作而新之"的行列，说明理学派当时的地位虽已提高，但新学、蜀学派也还是主流学派。

嘉定十七年，宁宗死，奸相史弥远废宁宗自定的皇位继承人赵竑，改立宗室赵贵诚（改名赵昀）为帝（理宗），随即"诏褒表老儒"，年迈的朱熹弟子傅伯成、陆九渊弟子杨简，以及自幼读程颐书的柴中行等，被授予殿阁职名，赐金带。宝庆三年（1227年），宋理宗又表彰朱熹的《四书集注》，并"特赠（朱）熹太师，追封信国公"，再次提高理学派的地位。

端平元年（1234年），重用理学家真德秀、魏了翁等十多位"名士"。次年，诏议胡瑗、孙明复、邵雍、欧阳修、周敦颐、司马光、苏轼、张载、程颢、程颐十人从祀孔子。李埴称这十人"卓然为学者所宗，宜在从祀之列"，意在取得与早已从祀孔子的王安石同等的地位，但是此次"诏议"未能使其中的任何一人列入从祀。嘉熙元年（1237年）三月，刘汉弼"为校书郎，转对，举苏轼所言结人心，厚风俗，存纪纲"。结合理学派肆意攻击王安石，以及后来新学派被称为"邪党"，可见此时宋学的三大学派仍然并存。

淳祐元年（1241年）正月，周敦颐、张载、程颢、程颐和朱熹从祀孔庙，而将王安石排挤出从祀的行列，以及推崇理学的其他措施，正式确定了理学为南宋官方的统治思想。

4. 相得益彰的辽汉文化

辽朝的创建者耶律阿保机是一个契丹民族的精英，他雄才大略，堪称中国历史上的一位少数民族的政治家。

耶律阿保机通晓汉语，也吸收了部分蓟地区的上层人物参与朝政，治理国家，并积极借鉴中原封建政权的统治经验，吸收汉族的封建文化，同时也重视继承和发展游牧民族的传统文化。与政治、经济制度胡汉分治相适应，辽朝的文化也表现出了游牧文化与高度发展的汉文化互相影响、互相吸收、共同发展、相得益彰的特点。境内契丹、汉族和其他各族人民，共同创造和发展了以汉文化为核心，并又带有草原游牧文化特点和时代特色的辽文化。它不但促进了契丹民族的发展，而且丰富和发展了中华民族的文化宝库。

（1）契丹人的语言文字

契丹语为与乌桓、鲜卑一脉相承的东胡语的一个分支，属阿尔泰语系。与古蒙古语同源，关系密切，某些契丹语词汇与古蒙古语相同或相近。建国前，契丹无文字。神册五年（920年），阿保机命耶律突吕不和耶律鲁不古创制文字。他们在汉人的协助下，以汉字隶书减少笔画，或直接借用汉字创制了契丹大字，即所谓"汉人教之以隶书之半增损之，作文字数千，以代刻木之约"。契丹大字笔画较汉字为简，但字数仍有3000之多，不便掌握。并且用以记录契丹语，效果不理想。后来，皇弟迭剌参照回鹘字对大字加以改造，创制了契丹小字。小字为拼音文字，有300多个表音符号，称原字。将若干原字拼在一起以记录契丹语，"数少而该贯"，比大字使用方便，它的拼音方法受了回鹘字的启发和汉字反切注音的影响。

辽朝境内，契丹语和汉语都是官方和民间的通用语言。两种契丹字和汉字也同样被官民使用和在境内外通行。契丹字除用来书写官方文书、碑碣、牌符、书状、印信等外，也翻译了大量儒家经典和文学、史学、医学著作，有些契丹文人也用契丹文字进行文学创作。大量汉文书籍的翻译，将中原封建地主阶级的思想和统治经验，中原人民的科学技术、文学、史学成就等介绍到了草原地区，带动和促进了游牧民族草原文化的发展。辽朝的皇帝和契丹上层人物多仰慕汉文化，很多人有较高的汉文化修养，汉人上层也多通晓契丹语，连出使辽朝的宋朝人有些也能用契丹语作诗，对沟通契丹人与汉人的思想感情，加强辽宋间的兄弟友好关系起了重要作用。

（2）文学

契丹人在语言运用上有其独特的技巧，他们善于运用比喻的手法评论事物和品评人物。辽朝文人既用契丹语言文字创作，也大量用汉语文写作。他们的作品有诗、词、歌、赋、文、章奏、书简等各种体裁，有述怀、戒喻、讽谏、叙事等各种题材。作者包括帝后、宗室、群臣、诸部人和著帐郎君子弟。

辽圣宗 10 岁能诗，一生作诗 500 余首，常自出题目召宰相以下赋诗，并亲自审阅。兴宗也善为诗文，他不但与诗友唱和，还亲自出题，以诗赋试进士于廷。在辽朝诸帝中，道宗洪基文学修养最高，善为诗赋，作品清新雅丽，意境深远。其诗《题李俨黄菊赋》："昨日得卿黄菊赋，碎剪金英填作句。袖中犹觉有余香，冷落西风吹不去。"至今仍为人们所称道。有诗文集《清宁集》。宗室东丹王耶律倍有《乐田园诗》《海上诗》。耶律国留、资忠、昭兄弟三人皆善属文，工辞章，国留有《兔赋》《寤寐歌》；资忠出使高丽被留期间，"每怀君亲，辄有著述"，后编为《西亭集》；昭因事被流放西北部，致书招讨使萧挞凛，陈安边之策，词旨皆可称。道宗皇后萧观音的《谏猎疏》《回心院》和应制诗《君臣同志华夷同风》，天祚文妃的讽谏歌，太师适鲁之妹耶律常哥的述时政文等，不但反映了她们的文学修养，而且表达了她们关心社稷安危、致主泽民的政治理想。诗文中每引前代帝王行事为典，更体现了她们的经学、史学造诣。此外，平王耶律隆先有《阆苑集》，枢密使萧孝穆有《宝老集》，北女直详稳萧柳有《岁寒集》，萧韩家奴有《六义集》，敦睦宫使耶律良有《庆会集》等诗文集。耶律庶箴有《戒喻诗》，耶律韩留有《述怀诗》等，但辽朝书禁甚严，不许传入宋境，故皆不传。现在已无从知道他们是用哪种语言文字创作的。

辽朝境内的汉人如杨佶、李瀚等也分别有诗文集《登瀛集》《丁年集》。流传至今的辽人作品除王鼎的《焚椒录》外，还有寺公大师的《醉义歌》。《醉义歌》系用契丹语创作，曾有金人耶律履的译文，契丹文原作和耶律履译文已失传，今有履子耶律楚材的汉译本传世。现存的寺公大师创作的《醉义歌》在辽诗中是最长的诗；耶律楚材《醉义歌序》将它称之为辽诗的"绝唱"，以为"可与苏、黄并驱争先耳"。辽人颇喜宋人诗文，对三苏的作品多能道其详。有的诗文集，在宋朝境内尚未广泛流传，却已为辽人所得。宋真宗大中祥符年间，契丹使人至宋，"言本国喜诵魏野诗，但得上帙，愿求全部，真宗始知其名。将召之，死已数年。搜其诗，果得《草堂集》十卷，诏赐之"。

辽代私家著述传世极少，现存者有王鼎的《焚椒录》、耶律淳的《星命总括》和释希麟的《续一切经音义》、行均的《龙龛手镜》等。

（3）儒学

辽朝统治者尊崇孔子，以儒家学说作为治国的主导思想。建国初，阿保机将择历史上有大功德者奉祀，太子倍认为："孔子大圣，万世所尊，宜先。"于是神册三年，建孔子庙于上京（今内蒙古巴林左旗南），次年阿保机亲谒至上京，馆伴王祭祀。契丹上层在用人行政和品德修养上，也多自觉地以儒家的道德标准为准则。连作述时政文的耶律常哥也懂得"四端五典为治教之本，六府三事实生民之命"。金元之际杰出的契丹政治家耶律楚材在其《怀古一百韵》中，更恰如其分地指出了"辽家尊汉制，孔教祖宣尼"这一历史事实。

仕辽的汉官利用一切机会向契丹统治者介绍儒家思想和封建帝王的统治经验，对契丹上层接受儒家思想起了推动作用。辽圣宗继位之初，枢密使、监修国史室昉进《尚书·无逸》篇，太后"闻而嘉奖"。侍读学士马得臣录唐高祖、太宗、玄宗行事可法者进与圣宗，又上书谏止频繁击鞠，皆得到圣宗的赞许。兴宗时枢密使马保忠见皇帝"溺于浮屠"，"朝政不纲"，尝从容进谏，他说："强天下者，儒道；弱天下者，吏道。今之授官，大率吏而不儒。崇儒道，则乡党之行修；修德行，则冠冕之绪崇。自今其有非圣帝明王孔孟圣贤之教者，望下明诏，痛禁绝之。"道宗对儒家经典更是"神领心解"，他不但学习和熟悉儒家经典，而且有自己的独到认识和深刻理解。认为自身的文化素养和辽朝的典章文物，并不亚于中原皇帝和中原王朝。自圣宗至道宗、在法律和礼仪制度制定中，更不断加进儒家思想中维护封建统治和封建秩序的内容，使之成为人们的行为准则。

在契丹的统治者上层，虽崇佛、尊儒，但佛教不过是他们的一种宗教信仰，而儒术却是他们治国的主导思想和极力提倡的行为标准。

（4）绘画与雕塑

契丹画家善画草原风光和骑射人物，他们创作了大量优秀的绘画作品。著名画家胡瑰、胡虔父子和东丹王耶律倍所画多入宋内府，被誉为"神品"。耶律倍"多写贵人酋长，至于袖戈挟弹，牵黄臂苍，服用皆缦胡之缨，鞍勒率皆瑰奇，不作中国衣冠"；画马"骨法劲快，不良不驽，自得穷荒步骤之态"。他的作品甚为五代人所喜，甚至争相购买。流传至今者有北京故宫博物院所藏的《射骑图》和流传到美国的《人骑图》《射鹿图》。胡瑰所画"穹庐部落、帐幕旗旆、弧矢鞍鞯，或随水草放牧，或驰逐弋猎，而又胡天惨冽，沙碛平远，能曲尽塞外不毛之景趣，信当时之神巧，绝代之精技欤"。他画契丹人马，"用狼毫制笔，疏渲鬃尾，细密有力。至于穹庐什物，各尽其妙"。他的作品流传至今者有北京故宫博物院所藏《卓歇图》，流传到海外的《出猎图》《回猎图》。其子胡虔"丹青之学有父风"，与其父的画品"殆未可分真赝也"。辽兴宗"工画，善丹青，尝以所画鹅、雁送诸宋朝，点缀精妙，宛乎逼真，仁宗作飞白书答之"。外戚萧滴，"慕唐裴宽、边鸾之迹，凡奉使入宋者，必命购求。凡遇名迹，不惜重价。装潢即就而后携归本国，建小楼以贮之。风和日丽，焚香展卷，临摹所至，咸有法则"。

此外，契丹人耶律防、耶律题子、秦晋国妃萧氏，汉人陈升、常思言、吴九州等，也皆以善画称。常思言"善山水林木，求之者甚众"。求画者必与之志趣相投乃可得，"既不可以利诱，复不可以势动"。除上述见于记载的画家外，辽朝还有大量湮没无闻的丹青手。一些保存至今的辽代所建寺庙、塔刹和辽墓出土的画幅、壁画，同样反映了辽代的绘画水平和技巧。如辽宁义县奉国寺大雄宝殿彩画，山西应县佛宫寺释迦塔珍藏的挂幅《神农采药图》《南无释迦牟尼佛像》，立轴《药师琉璃光佛说法图》《炽盛光九曜图》，这些画品虽无作者名款，却同样能反映辽代不同时期的绘画水平。1974年辽宁法库叶茂台辽墓出土的绢本辽代山水画《山弈候约图》（山水楼阁图）和花鸟画《竹雀双兔图》，为传世屈指可数的辽代卷轴画增添了新的内容。花鸟画构图取对称形式，装饰气味尚存，当出自契丹画师之手。

我们现在所能见到的辽代绘画作品，其数量最多，内容最为丰富的，应当是辽墓中保存下来的大量壁画。这些壁画不但题材比较丰富，而且其中有的壁画也有相当高的艺术水平。

早期被毁的辽圣宗陵墓永庆陵，墓内和墓道两侧均绘有丰富的彩画，有建筑装饰、人物像、四季山水和牡丹、卷草、飞凤、双龙、彩蝶、祥云等饰纹。其中有人物71个，大小略与真人相等，包括蕃汉官僚、侍卫和奴仆。中室四壁所绘《四季山水图》，分春、夏、秋、冬四幅，描绘了北方草原的四季风光，以象征皇帝四时捺钵之义，景色与庆陵所在的山林景色相近，当是写实之作。艺术形制虽显生拙幼稚，内容却生动活泼，富有草原生活气息。

近年来，辽代壁画墓已发现了数十处，内容有草原风光、番汉人物、飞禽走兽、祥云花草、穹庐车帐等，它们是辽朝社会情况的真实记录，为我们研究契丹人的冠服、发式、车帐穹庐形制、生产生活状况、番汉统治者穷奢极侈的腐化生活和辽代社会习俗提供了真实的形象资料。如库伦辽墓壁画中场面庞大的《出行图》《归来图》，即描绘了契丹贵族养尊处优的寄生生活，也记录了契丹人"随阳迁徙"的具体情况。

辽朝的雕刻艺术以宣扬佛教信仰为多，有石雕和砖雕。

辽朝的雕刻，保存至今的有真寂寺石窟（后召庙石窟，巴林左旗林东镇西南约20公里）、开化寺石窟（前召庙石窟，后召庙东大山南坡）、灵峰院千佛洞石窟（赤峰西南约30公里）和大同云冈石窟中的辽代雕刻石像等。其中真寂寺中窟的圆雕佛涅槃像和悲恸涕泣的佛弟子，"造形浑厚，比例适当，堪称佳作"。北窟后室的浮雕像为全寺造型之最优美者，富有地方特色，也是不可多得的辽代雕刻作品。

据《辽史》记载，南京延芳淀、东京道乾州、上京五鸾殿都曾安放辽景宗石像，惜今已不存。20世纪初至今，相继发现了中京辽太祖立像、辽景宗坐像，兴中府天庆寺玉石观音像和西京遗存的一些石雕造像。玉石观音像用汉白玉雕成，体形高大，镌刻精致。大同西郊佛字湾观音堂保存着一组辽朝石刻群像，其中的观音菩萨立像神态端庄，镌刻工丽，是辽代圆雕高大完美的石造像之一。大同拒墙堡西南辽南堂寺遗址有释迦佛坐像和文殊、普贤、弟子、侍女、狮、象等石雕残像，其中的释迦牟尼像"面相浑圆，姿容端正，服饰典雅，衣纹流畅"。

辽代的墓葬石刻内容也十分丰富，它们包括石棺、墓志、墓壁石刻、部分画像砖和墓前神道碑、石人、石兽等。墓前石雕发现的有耶律琮墓神道两侧石雕一组，有文官、武吏、石羊、石虎。"文官头戴幞头，身着右衽肥袖长袍，腰系大带，拱手恭立；武吏头戴兜鍪，身着紧袖铠甲，足蹬长靴，双手按剑，神情严肃。石羊盘角昂首，屈膝而卧，石虎则作蹲坐式，前腿竖立，翘首远视。全组石雕风格古朴"。辽宁法库辽墓出土的墓主人萧袍鲁头像，神态自然，形象栩栩如生。墓室内石雕多以主人车马出行、狩猎、宴饮、歌舞、民间故事和青龙、白虎、朱雀、玄武四神为题材，用浮雕、半圆雕、阴阳线刻等技法进行创作。

辽宁地区发现的几口石棺多刻四神图案，雕工精细，刀法纯熟。草原地区的辽墓石棺，在雕刻内容和技巧上与此有所不同，主要刻画牲畜和车帐、牛、羊、马、骆驼等，以写实的手法描绘了游牧生活的实质，也表现出了无拘无束的创作态度。墓壁雕刻多以故事画和饮宴图为主，有的则雕刻家畜和野兽。这类画像石墓在辽东京道所属地区（今辽宁辽阳、鞍山、锦西等地）发现较多。此外，辽朝还有大量的石经幢和石浮屠。这类以修功德、消灾祸、报恩祈福、立传扬名为目的的经幢数量很多，其造型风格、技艺精粗有着明显的宫廷和民间的差异。

辽代的石雕艺术在继承契丹人固有文化和中原雕刻艺术传统的基础上，又吸收了西方的佛教文化，"把三者融会、消化，故能冲破宗教艺术的牢笼，创造出富有时代特色的民族艺术成品，充溢着写实的生活气息"。

辽的雕刻艺术，除了石雕之外，尚有砖雕和泥塑作品传世。

辽宁朝阳北塔有砖雕力士、侍者、狮、虎、莲花等图案和密宗五方如来坐佛各一尊以及五象、双马、五孔雀、五金翅鸟（迦楼罗）生灵座等。

天津蓟县独乐寺观音阁中耸立的观世音菩萨是我国最大的泥塑像之一，通高 16 米，立于须弥座上，面带微笑，头顶上还有 10 个小头像，所以也称"十一面观音像"。像旁另有两尊小型的侍立菩萨，也是辽代作品。山西大同华严寺薄伽教藏殿和义县奉国寺辽代所建大雄宝殿内，现存有泥塑释迦牟尼佛像和菩萨像。

5. 西夏文化艺术之奇葩

西夏的文化是绚丽多彩的，包括在很短的时间里创造的西夏文字……

（1）西夏文

西夏建国前夕，在元昊的主持下创制记录党项语言的文字，由大臣野利仁荣"演绎之，成十二卷"，称"国书"或"蕃书"，后世称西夏文。西夏文字是仿照汉字结构创制的词符文字，文字构成多采用类似汉字构造的"六书"会意字和形声字等，也由偏旁、部首组合而成。但同汉字相比，西夏文字笔画更为繁复，多撇、捺，无竖钩。《宋史·夏国传》记载其"字形体方正，类八分，而画颇重复"。西夏学者骨勒茂才认为：西夏文和汉文的关系是"论末则殊，考本则同"。西夏文创制后，夏广运三年（1036年）下令颁行，尊为"国字"，"凡国中艺文诰牒尽易蕃书"，与周围王朝往来表奏、文书，都使用西夏文字。国中设立"蕃学"，由野利仁荣主持，选派贵族官僚子弟入校学习，翻译汉文典籍。

西夏文字的创制，在西夏得到了广泛的推广应用，并构成了西夏文化的重要特色。

从现已发现的西夏文字文献、文物中，有用西夏文记载的历史、法律、文学、医学著作；有用西夏文翻译的汉文典籍，如《论语》《孟子》《孝经》《类林》《孙子兵法》《贞观政要》《十二国》等；有大量译自汉、藏等文字的佛教经典；还用西夏文镌刻碑文，书写题记，铸造印章、钱币、符牌、铜镜等。

（2）文学

西夏的文学作品，留传于世的，应以诗歌和谚语为主。

西夏崇尚汉文化，但用汉文创作的文学作品传世不多。崇宗乾顺特别重视文学，本人有很高的文学修养，曾作《灵芝歌》与大臣王仁忠酬唱，传为佳话。流传于世的西夏文学作品，以诗歌和谚语为主。诗歌有宫廷诗、宗教劝善诗、启蒙诗、纪事诗与史诗等几类。西夏诗歌有韵律，一般为对称结构，通常是五言或七言体，也杂有多言体。每一诗句的音节数目不同，如夏天盛十四年（1162 年）佚名作者创作的《大颂诗》，是颂扬西夏文创制者野利仁荣的颂诗，全诗 23 行，分别为七、十、十一言。另一首史诗性的作品《夏圣根赞歌》，内容多为民间传说，遣词造句带有浓重的民谣色彩，全诗 45 行，每行 3—14 字不等。开首三句："黑头石城漠水边，赤面父冢白河上，高弥药国在彼方"，历来被学者引用作解释党项族称与历史源起的根据。另一首《新修太学歌》，作于仁宗乾祐二十三年（1192年），内容是赞美重建太学的，全诗 27 行，字数不等，词句华美对仗，具有宫廷诗的风格。

谚语是西夏文学的宝贵遗产，著名的西夏谚语集《新集锦合辞》，是由学者梁德养、王仁持于夏乾祐年间（1170—1193 年）收集整理的。西夏谚语对偶工整，结构严谨，字数多少不一，有 6 字至 36 字句式，以14 字为最多。内容广泛地反映了西夏与党项社会的各个方面，揭露黑暗、鞭挞丑恶、赞颂美好生活，并涉及社会生产、生活、风尚习俗、宗教信仰、伦理道德等内容。

（3）音乐、舞蹈

西夏建国后，元昊为改"唐宋之缛节繁音"，乃下令"革乐之五音为一音"。夏人庆五年（1148 年），仁宗令乐官李元儒参酌中原乐书，更定音律，赐名《鼎新律》。西夏流行的乐器，据骨勒茂才《蕃汉合时掌中珠》记载有："三弦、六弦、琵琶、琴、筝、箜篌、管、笛、箫、笙、筚篥、七星、吹笛、击鼓、大鼓、丈鼓、拍板。"西夏设有"蕃汉乐人院"，惠宗时曾"招诱汉界娼妇、乐人"，已发现的西夏文献藏品中有《刘知远诸宫调》戏曲残本，说明戏曲已传入西夏。

西夏时期的舞蹈，在碑刻和石窟壁画中可见，并留有极为生动的形态描绘。

建于夏天祐民安五年（1094 年）的《凉州护国寺感应塔碑》碑额两侧的线刻舞伎，舞姿对称，裸身赤足，执巾佩璎，于豪放中又显出妩媚。在敦煌莫高窟、安西榆林窟等河西走廊地区的石窟寺西夏壁画中，伎乐菩萨的舞姿已接近唐、宋风韵，失去了羌系民族强悍粗放的风格。榆林窟第 3 窟西夏壁画中的《乐舞图》，由舞女与乐队组成，舞女上身半裸，披挂绸带，着短裙长裤、赤足，颈部、手臂饰以璎珞、臂钏、手镯，左右相对吸腿舞状，姿态雄健。在一幅西夏观音图中，有男性舞者形象，伴奏乐人为秃发男性，舞者抬臂舞姿，动作雄健。

（4）绘画、书法

西夏的绘画艺术，留传于今的作品，主要是佛教绘画，其种类有石窟、寺庙壁画，经卷木刻画，木板、绢帛、纸本绘画，等等。

石窟壁画主要保存在敦煌莫高窟、安西榆林窟等石窟寺中。绘画题材主要有本生故事、说法图、经变画、千佛、供养菩萨、供养人像与洞窟装饰图案等。壁画中的乐舞图、飞天、水月观音、唐僧取经图尤为西夏绘画艺术的精品。在壁画题材中，有为阐发佛教经义绘制的反映西夏社会生产和生活内容的农耕图、踏碓图、酿酒图、锻铁图，是反映西夏世俗生活的绘画艺术珍品。榆林窟第 29 窟的西夏供养人像，无论男女，都身材修长高大。男像圆面高准，两腮肥硕，体魄魁伟，穿戴别具民族特色的服饰，充分表现出党项羌人粗犷、剽悍、豪爽的民族性格。

西夏壁画，早期模仿继承北宋，中期学习吸收回鹘佛教壁画艺术的成分，晚期又接受了吐蕃佛教（后世称为"藏传佛教"）绘画艺术影响，形成了自己独特的艺术风格，在构图、人物造型、线条、敷彩等方面都有特色。如线条上以采用铁线与兰叶描为主，辅以折芦、莼菜条；敷彩大量使用石绿打底，使画面呈现冷色调的"绿壁画"等。西夏时期刊印的西夏文和汉文佛经中，卷首多刻有精美的木刻版画，也发现有图解本的西夏文佛经。

黑水城出土的大量西夏佛画，有用绢、帛或纸本绘制的，内容有《文殊图》《普贤图》《弥勒佛图》《阿弥陀佛接引图》等。其中还有《十一面观音图》《上乐金刚图》《胜三世明王曼荼罗图》及大型坛城（曼荼罗）木版画等密宗绘画，浓抹重彩，色调深沉，画中附绘供养人像与西夏文题款，别具风格，都堪称艺术佳品。除佛画外，甘肃武威西郊西夏墓出土的木板画，内容多为武士与侍者形象，虽构图缺少变化，但用排列整齐的人物形象渲染严肃气氛，笔法飘逸，颇具唐画余韵。黑水城出土的版画《卖肉图》和《魔鬼现世图》，构图新颖，脉络分明，描绘生动、逼真、细腻，刀法娴熟，反映了西夏绘画艺术从写实到写意方面的高超画技。

西夏的书法艺术源于汉字中的楷、行、草、篆四体。

在传世作品中，楷书多见于写经与碑文，篆书见于碑额与官印，文书、契约则多用行、草。出土文物中发现有西夏时期使用的竹笔，用以书写硬笔书法。仁宗时期的翰林学士刘志直，工于书法，他用黄羊尾毫制作之笔，质量很高，为时人所效法。

（5）雕塑

西夏的雕塑，多有铸铜、石雕、砖雕、木雕、竹雕、泥塑、陶瓷等许多种类的艺术作品。

西夏皇陵出土的鎏金铜牛，长120厘米，重188千克，模制浇铸，通体鎏金，造型生动，比例匀称，是西夏铜铸艺术的代表作。西夏石雕题材丰富，出土的有石马、石狗、石螭首、石雕人头像、栏柱、柱础、人像石座等。动物石雕、栏柱石雕都为通体圆雕，比例均衡，刀法细腻，有的留有彩绘痕迹。西夏皇陵出土的人像石座，呈跪坐负物状，形象有男女之分，皆双眉粗厚，双目凸出，短鼻獠牙，一说为西夏奴隶形象的写照。

泥塑艺术以佛寺塑像为代表，夏崇宗时期修建的甘州大佛寺释迦牟尼涅槃像，身长34.5米，肩宽7.5米，木胎泥塑，金装彩绘，虽经后世修补，但西夏泥塑规模与风格于此可见。敦煌莫高窟第491窟西夏供养天女彩塑，高67厘米，头梳垂髻，身着桂衣，面露微笑，典雅俊美，宛然如生。在今内蒙古额济纳旗一古庙和宁夏贺兰县宏佛塔中，都出土有佛、菩萨、罗汉、供养人、力士、童子泥塑，这些泥塑佛像多运用写实与艺术夸张手法，刻画表现现实生活中的人物形象，逼真自然，富有生活气息。

雕塑陶瓷艺术品，在宁夏灵武窑出土的有人物和动物形象，如秃发的青褐釉供养人头像，卧姿褐釉骆驼，形象生动，釉色精美。西夏还出土有木、竹雕刻品，木雕中有一件菩萨像，冠带罗裙，端坐于龛内，左右置宝瓶和童子，画面富有生气。竹雕，在长7厘米宽不足3厘米的画面上，有庭院、松树、假山、花卉和人物，刻工精细、生动，是西夏存世的竹雕精品。

6. 金代文化艺术之先声

金初，诸事草创，文学朴陋，得辽人韩昉而言始文，多借才于宋。

及至海陵，金朝始有自己的文人，蔡珪被称为金代文派正传之宗。金朝文化在发展中已达到很高水平，它"一变五代、辽季衰陋之俗"，"大定以后，其文笔雄健，直继北宋诸贤"。在某些方面亦非宋可比，启后世文化发展之先声。

（1）文学

金代文人能在我国文学史上，开后来派别或启发于后世的，主要是王若虚、元好问。

王若虚著有《滹南遗老集》，是金代特出学者，诗文之外，兼长经史考证，推崇苏轼，其论史则攻击宋祁，论诗文则尊苏抑黄，是当时具有权威的评论家。他的贡献在于初步建立了文法学和修辞学，他还想建立文例，后来潘升霄的《金石文例》即受其影响。

元好问是金朝集大成者，著有《遗山文集》，他的《论诗绝句》30首，重在衡量作家，开后来论诗的一个重要派别。金代文人辈出，蔡珪被称为大定文章之首，其次是党怀英，与其同时的有赵、讽、王庭筠（渤海人）、王寂、刘从益等。

（2）杂剧戏曲

杂剧戏曲在金朝得到相当的发展，已盛行以杂剧的形式作戏。金代院本的发展，为后来元代用北曲谱成表演故事的杂剧打下了基础。金章宗时人董解元的《西厢记诸宫调》，是我国古典戏剧中一部带典范性的划时代杰作，系根据唐代元稹《莺莺传》改写而成，但无论是思想还是艺术，都冲破了传统观念的束缚，被称为"古今传奇鼻祖""北曲之祖"。

（3）儒学

金朝以儒家思想为统治人民的基本思想，此外，老庄之学、佛学，特别是法家刑名之学亦较广泛流传和应用。随着社会经济的繁荣，长期在北方潜伏着的理学又得到传播，因此出现以理学作为武器，一方面对经义之学展开批评，另一方面从理学、佛学方面对两宋的理学展开批评。赵秉文被称为"儒之正理之主"，他批评汉以来的传注之学，充分肯定北宋周、程理学。他认为"独周、程夫子，绍千古之绝学，发前圣之神奥"，"此前贤之所未到"。他对北宋之学也加以批评，出入于佛、老，但没有使三道合一把理学向前推进一步，终以卫道统名于金。王若虚批评传注之学，其弊不可胜言，肯定宋学"使千古之绝学，一朝复续"，"推明心术之微，剖推义利之弁，而斟酌时中之权，委曲疏通，多先儒所未到"。同时他斥宋学，并曾下功夫对两宋理学注释加以评论和褒贬，但未自成一家之言。李纯甫，由儒教转向道教，又由道教转向佛教。著有《中庸集解》《鸣道集解》，"号中国心学，西方文教"，他说："学至于佛则无所学"，以为宋伊川诸儒"皆窃吾佛书"。异常大胆地向两宋理学开战，以达到以佛为主的三教合一，把佛书抬高到儒、道之上。

（4）绘画、书法

金代艺术的发展，也在各方面取得很高成就。海陵王完颜亮能画竹，显宗允恭画獐鹿人物，王庭筠善山水墨竹，王邦基善画人物，徐荣之善画花鸟，杜锜画鞍马。金章宗设书画院，收集民间和南宋收藏的名画，王庭筠与秘书郎张汝方鉴定金朝所收藏书画550卷，并分别定出品第。章宗亲自为收藏的书画题签和题词。现存金画不多，有虞仲文《飞骏图》、王庭筠《枯木》等，以张瑀《文姬归汉图》为最。画面纵29厘米、长127厘米，由墨笔淡设色，画蔡文姬归汉行旅在漠北大沙中的生动情景。艺术风格和表现技巧，都承唐、宋名画家的传统，是难得的精品。

金代书法家，亦不出北宋诸派的窠臼，如吴激、王庭筠宗米，赵秉文、赵沨宗苏。章宗学宋徽宗的瘦金体，很有成就。王竞工草隶，尤工大字，两都宫殿榜题都是王竞所书，士林推为第一。党怀英工篆籀，为学者所宗。

赵讽工正、行、草书，亦工小篆，正书体兼颜、苏，书画雄秀，当在石曼卿上；行草书备诸家体，超放似杨凝式，当处苏、黄伯仲间；时人以沨配党怀英小篆，号"党、赵"。吴激得其岳父米芾笔意，王庭筠在当时学米诸人中，造诣最深，其书法与南宋诸老，各行南北，为元初巙子山诸人所不及。任询具有多方面的才艺，书法为当时第一，画亦入妙品，《中州集》称他："画高于书，书高于诗，诗高于文。"

（5）壁画和雕刻

金代壁画和雕刻艺术造诣亦深，现存的金代寺院壁画和已发掘的雕砖墓和遗物充分说明了这点。山西繁峙岩山寺的金代壁画，内容极为丰富，与传世的宋画中精品不相上下，它比永乐宫壁画绘制年代早 158 年，二者前后辉映，是金、元建筑壁画中的双璧。在伊春金山屯出土有舞乐浮雕石幢，呈柱状八面体，每面都刻有人物浮雕，有的翩翩起舞，有的在击鼓奏乐，有的在吹笙弄箫，不仅表现出精巧的雕刻技术，而且展示出一个精彩的歌舞场面。

金代的文化艺术，可以说继辽、北宋之后，在不断地发展，超过了辽，并在北宋之后与南宋齐行，当时已经构成了我国文化艺术发展的两大南北派势。纵观我国的文化艺术的发展，金代的文化艺术可以说"上掩辽而下轶元"，其影响和作用会更大。

宋金对立时期，宋金的文学和宋的史学、哲学都有发展，而对于当时尖锐的民族斗争和阶级斗争也都有所反映。

第十六讲　宋水文学的突显

水文学是地球物理学和自然地理学的分支学科。研究存在于大气层中、地球表面和地壳内部各种形态的水在水量和水质上的运动、变化、分布，以及与环境及人类活动之间相互的联系和作用，是关于地球上水的起源、存在、分布、循环、运动等变化规律，以及运用这些规律为人类服务的知识体系。

宋代对河湖水位的观测已有具体数据，在都江堰离堆石崖上刻有十个刻度的水尺，"水及六则，流始足用，过则从侍郎堰减水河泄而归于江。岁作侍郎堰……准水则第四以为高下之度"。这是宋代水文学发展的标志。

1. 南宋曾出现的水则碑

南宋太湖地区出现了水则碑，如吴江上就立有两座水则碑，碑长约7尺，并树立在垂虹亭北左右。两座水则碑的左碑，用来观测和记录每一年的水位变化，其上共有七条横格，一条横格为一则，"横七道，道为一则，以下一则为平水之衡。在一则，则高低田俱无恙；过二则，则极低田淹……过七则，极高田俱淹"。这表明那时水位的变化与不同地形上农田所受水害数量的关系，也表明了建立水则碑的目的，人们可以通过水则碑了解到水位长期变化的规律。两座水则碑的右碑，用来观测记录一年内的每一旬、每一月的水位变化。右碑上刻有一年十二个月的名称，每一个月又分上、中、下三旬。两座水则碑合并使用，就可以了解当地一年内短期和长期两种水位变化的情况。这种设计十分科学，在中国古代水文测量史上是一个创举。

2. 最早的长江洪水题刻

宋人从长江干流和支流上记录了长江枯水位的石鱼题刻统计中，得出了石鱼具有"三五年或十年方一出"的，具有周期性特点的结论，这也是十分重要的。由于石鱼"出必丰年"，因此，人们把石鱼题刻称作"丰年碑"或"丰年石"。四川忠县汪家院子的宋代洪水题刻，则是目前所见最早的长江洪水题刻。

宋代对于水位的观测比较仔细，并在此基础上，不断总结，提出了防洪警戒水位的比较科学的作法。大中祥符八年（1015 年）六月诏："自今后汴水添涨及七尺五寸，即遣禁兵三千，沿河防护。"后即成为定制。"旧制，水增七尺五寸，则京师集禁兵、八作、排岸兵，负土列河上以防河"。这里的"七尺五寸"水位，即是现在水文站通称的"警戒水位"。

3. 流水侵蚀与沉积作用

这一时期，对于流水侵蚀与沉积作用，同样也有所研究，并以沈括的研究最为突出。沈括继承了中国古代流水侵蚀理论，并用之解释温州雁荡山的成因。他指出："原其理，当是为谷中大水冲激，沙土尽去，唯巨石岿然挺立耳。如大小龙湫、水帘、初月谷之类，皆是水凿之穴。"他接着又把流水侵蚀的原理，推广到了解释所有不同岩性的沟壑，特别是黄土高原沟壑的形成上了。沈括通过考察实践和具体的研究，以山崖上的化石为依据，用流水沉积的理论来解释华北平原的成因，道："予奉使河北，遵太行而北，山崖之间，往往衔螺蚌壳及石子如鸟卵者，横亘石壁如带。此乃昔之海滨，今东距海已近千里，皆浊泥所埋耳。"

4. 宋海洋潮汐学的发展

宋代海洋潮汐学的发展，具体体现在潮时计算与潮汐表、潮汐成因理论和暴涨潮理论 3 个方面。北宋张君房的新潮汐图表，发展了窦叔蒙的潮时表，把窦表作了两处改进。一为横坐标由月相改为"分宫布度"，即月亮在黄道上的视运动度数；二为纵坐标用时辰表示时间的同时，又补充刻来表示，即"著辰定刻"。这两处的改进，使"张表"比"窦表"精细很多。北宋燕肃则把理论潮时的推算推进了一步。他计算的潮时逐日推迟的时间分为大尽（一个月为 30 天）和小尽（一个月为 29 天），大尽 3.72 刻，小尽 3.735 刻。北宋吕昌明编制的《浙江潮候图》是实测潮汐表，具有实用价值。张君房的潮汐成因理论，受到葛洪、卢肇的影响，主张潮汐是月亮和太阳共同作用的结果，但强调月球的主导作用。余靖、沈括主张月球是潮汐形成的主要原因，批驳了卢肇。燕肃关于暴涨潮与河口水下地形有关的理论，是对潮汐学的一大贡献；但另一方面，他否认喇叭形河口对暴涨潮形成的重要作用，应该是错误的。

李约瑟曾对中国宋代潮汐学的成就作出过公正的评价。李约瑟指出："在十一世纪中，即在文艺复兴时期以前，他们（中国人）在潮汐理论方面一直比欧洲人先进得多。"李约瑟的这一评价应该是十分正确的。这也标志着宋代水文学的突起。

第十七讲　军制的时期传承

军制从我国的历史来看，可见于战国时期。《荀子·议兵》记载：临武君曰："善！请问王者之军制？"孙卿子曰："将死鼓，驭死辔，百吏死职，士大夫死行列。"《吕氏春秋·节丧》："引绋者左右万人以行之，以军制立之，然后可。"

战国以后，使用"军制"，均属军事的制度。南宋起，"兵制"一词盛，"军制""兵制"两词并用，含义相当。清末以后，多用"军制"。军制，一般由国家或政治集团及其军队制定，以法律、法令、条令、条例、规则、章程等规范性文件予以规定和颁行。军制是国家或政治集团的一项基本制度，反映了一定阶级的意志并为其利益服务；基本功能在于从组织制度、运作制度和法制上，保障国家或政治集团掌握和发展军事实力与潜力，有效地准备与实施战争，这在多战的五代辽宋夏金时期尤为重要。

1. 五代十国军制多仿唐

（1）后梁军制仿唐

唐末藩镇都有自己的军队。朱全忠（温）虽说灭了唐，建了后梁，但他能直接统辖的军队，也就是原先所领的宣武（汴州，今河南开封）、宣义（滑州，今滑县）、天平（郓州，今山东东平西北）和护国（蒲州，今山西永济）四镇军队，而且还都是靠宣武镇兵才起的家。后梁诸军马步都指挥使为后梁的军事长官，副都指挥使、都虞侯为副长官，统辖后梁诸军，实际上还是所统的四镇军队。后梁建立，即以元帅府都押牙刘鄩为诸军马步都指挥使，其后辖兵有所增多，但军事长官仍以亲信担任。

后梁军制，效仿唐制，建六军为皇帝卫士。虽然唐六军早已不存在了，但后梁建立六军，却以原元帅府左右长直、内卫等近卫兵改建，设左右龙虎、羽林、神武、龙骧军；此后又设左右天兴、广胜军等，设统军或军使、六军马步都指挥使等为长官，照旧使用亲信担任，以便控制。

后梁各地节度使所辖军队，是相对独立的地方军队，大体上服从后梁的节制。节度使通常都兼刺史作为地方行政长官，主管军事的上佐官为行军司马，大多为节度使的亲信，权势很大。其他军事属员有判官、掌书记、推官，掌书记官（位虽较低，但地位重要）。大的藩镇还设有中门使，职责类似朝廷的枢密使。节度使军以牙（衙）内马步都指挥使等为长官。设厅子都以统节度使的亲兵，设亲从指挥使等为长官。

马步军都指挥使下通常分设马军、步军都指挥使或指挥使等，后梁及军队多的节度使，马军或步军之下分设左、右厢，厢下设军，有时还分为左、右军，各设都指挥使等为长官，厢下属第一军、第二军等排列顺序，朝廷军通常有"军号"。

后梁初，又在军中设都，其地位则在"指挥"之下。都头是都的长官，由都头升为指挥使，指挥下的低级军官还有"十将"。军下设指挥，指挥下设都的军制，为后唐、晋、汉、周及宋代沿袭。

唐末天祐三年（906 年），幽州节度使刘仁恭，将"部内男子无贵贱，并黥其面，文曰定霸都，士人黥其臂，文曰一心事主"，定霸都为军号。朱全忠称帝前，任节度使，也在兵士脸上刺军号，刺上所在军队的名称，也称涅面、面涅，以防逃亡，当高官后才能以药除字，这也被五代、宋所沿袭。刺、涅也便为招或强征士兵的代名词。

（2）后唐军制

后梁，废了唐代的枢密院，立崇政院，以亲信为崇政院使，权逾宰相。崇政院使以军事为重，但职权实与"中书"（政事堂）相似，是第二"中书"，而且权力更大。后唐建立，废除崇政院，重建枢密院，任亲信为枢密使。枢密院主军，中书主政。枢密院主军的制度为后晋、汉、周、宋沿袭。

后唐李氏，起自沙陀族，军队中的少数民族也就较多，设蕃汉马步总管为后唐统军长官，或称蕃汉内外马步总管、蕃汉总管等；副总管为副长官，后称总管副使。

后唐也设六军，其中左、右龙虎，也避唐讳，改称左、右龙武；设判六军诸卫事为长官，虽以亲王、重臣担任，但权位在蕃汉总管之下，蕃汉总管停设后，便成后唐最高统军长官，设六军诸卫副使、六军（亦称诸军）马步军都指挥使等长官，属官有判官、推官等。庄宗称帝前，亲近侍卫为银枪效节都，称帝后为金枪、捧日、控鹤等军。明宗即位，以捧圣、严卫军为侍卫军，各设左、右厢马步军都指挥使等。

（3）后晋、后汉、后周军制

后晋、汉、周也设置六军，但地位日降，后为虚设。侍卫亲军逐渐成为朝廷正规军的名称，长官侍卫亲军马步军都指挥使的名位，已仅次于宰相、枢密使，相当于此前的蕃汉马步军总管、判六军诸卫事，是最高统军长官。后晋初年所设的判六军诸卫事，其实际职权已低于侍卫亲军都指挥使。

侍卫亲军司既已成为统辖朝廷正规军"禁军"的机构，需要建立新机构以统领侍卫皇帝的诸班、直及亲军，担任宿卫宫城及宫、殿之职，因建殿前司。

（4）十国时期军制

在十国时，称帝诸国，大都仿唐军制或中原皇朝军制，称国王诸国与称帝诸国略同，但显简化，封王的节度使诸国设置则类同于大藩镇。除荆南等小国外，在十国中大多设六军。南唐、前蜀、后蜀、闽等以亲王、重臣为判六军诸卫事。此外，尚有设诸道都统、内外马步军都指挥使、诸军都指挥使、牙内都指挥使等，作为最高统兵官，有的则以元帅、判六军诸卫事等兼任，或以都督、判中外诸军事为最高统兵官。

2. 北宋南宋的军事制度

（1）北宋军制

宋代实行"枢密掌兵籍、虎符，三衙管诸军，率（帅）臣主兵柄，各有分守"的制度，北宋的二司、三衙是直接管辖全国军队的最高军事机构。赵匡胤以后周殿前都点检代周建立宋朝，建隆二年（961年），罢废都点检、副都点检，以原次长官都指挥使、副都指挥使、都虞侯为殿前司正副长官。

殿前司所统是最亲近的扈从者，号诸班、直，其骑军有内殿直、外殿直、金枪班、东班、西班等；步军有御龙直等，除侍卫外兼有仪仗队的作用，还有专业的茶酒班和钧容直（军乐队）等。侍卫亲军司，地位在殿前司之上，长官为侍卫亲军马步军都指挥使、副都指挥使、都虞侯，掌管禁军的大部分，下设马军、步军二司，亦设都指挥使等为长官。

北宋诸司使"初犹有正官充者，其后但以检校官为之，或领观察、防御、团练使、刺史"。内职官名以后发展为所有中低级武官的寄禄官称，称为"武选官"，担任着与这些内职官称完全不同的军职或地方官。而有些内职仍为实职，另以"检校官"担任。武官除节度使及"正任"的承宣、观察、防御、团练使和刺史以外，都以武选官称定品级、俸禄高低及担任相应的官职。

宋代节度使、节度观察留后（北宋末改称承宣使）、观察使、防御使、团练使及刺史，在宋初都是实际官职。不久，都不再担任与官称相应的具体职务，"节度、承宣、观察、团练、防御、刺史，则俱无职任，特以为武臣迁转之次序"。

北宋路级常设军事机构、军政领导机构为安抚司、经略司，统兵机构为都部署（都总管）司、都钤辖司，管军、监军机构为都监等。北宋前期，当发生灾荒或用兵时，临时设置安抚司，通常以文官任安抚使，常兼任兵马都钤辖或钤辖，以便提辖本路兵马。设于边境的安抚司，不久即成为兼管军、民，"掌北边戎机交聘之事"，以及"抚绥良民而察其奸宄，以肃清一道"的常设机构。

（2）南宋军制

南宋建立时，北宋原有的军事体制已瓦解，随即设立"御营使司"，简称"御营司"，"以总齐军中之政"，以副相黄潜善兼御营使，同知枢密院事汪伯彦兼副使，又以宰相李纲兼御营使。御营司遂夺枢密院、三衙之权，集军政、统军于一身，枢密院就为虚设。建炎四年，罢御营使司，职权又归枢密院。南宋枢密院直接管辖全国军队，北宋枢密院只管军政，军队则由三衙管辖。

绍兴三十一年（1161年），金军南侵。宋高宗"亲征"，任命亲信杨存中为"御营宿卫使"，事权已与建炎时不同，只是宋高宗的"宿卫"使，并协调各抗金宋军。隆兴元年（1163年），孝宗再次任命"杨存中为御营使，节制殿前司军马"，实际上也只是"宿卫"使。

宋又设沿海制置使，通常由明州知州兼任，为常设机构，有一支海军，由正副使分任总领、同总领海船，设总领海船所。平江府知府或绍兴知府，偶亦以沿海制置使为兼衔，沿海制置使有时并入浙东安抚司。设置两个沿海制置使时，分驻明州、平江，副使常以武将担任。武将任沿海制置使时也兼任明州知州，绍兴三十一年（1161 年）的添差两浙西路马步军副总管兼提督海船、两浙西路通泰海州沿海制置使，则不兼地方官。另有沿江制置使，岳飞于绍兴三年担任的即是江南西路沿江制置使，置司江州，是临时设置的机构。常设的沿江制置使，置司于建康府（今江苏南京），由知府兼任，"专一措置水军海船"。也常在鄂州设沿江制置司，有时只设沿江制置副使，单独置司，均由鄂州知州兼任。

建炎四年（1130 年），南宋朝廷面临金军临江的危急形势，"假权宜以收群盗"，企图利用抗金义军、游寇及部分较小的官军，分地区独立抗击金兵。同年五月，新设镇抚使，每镇辖二三州（府），除茶盐税收仍由提举常平司或茶盐司征收外，其他路级安抚司、转运司、提刑司等都撤销，财政收入三年内不上交，但朝廷也不拨钱粮，除知州（府）是镇抚使提名由朝廷任命，其他官员均由镇抚使任命，军事完全由镇抚使处置。

3. 宋代禁、厢军

（1）北宋禁军

宋代的军队可分为禁军、厢军、乡兵和南宋"大军"（正规军），禁军是北宋的正规军，被称为"天子之卫兵，以守京师，备征戍"。宋初，禁军较少，宋太祖将各地地方兵的精锐收编为禁军，仁宗时多达 80 多万，大多分屯北方，只有很少一部分驻在南方。

宋代禁军的编制大体沿袭五代军制，也在军号（如龙卫等）下设左、右厢，厢下设军，军多者以第一、二编序号，各级长官均为都指挥使、副都指挥使、都虞侯。军下为指挥，指挥为基层单位，长官为指挥使、副指挥使。每一指挥规定步军为 500 人、马军 400 人，但实际上往往少于此数，有的甚至不到 300 人。指挥下为都，每都为百人，长官马军为军使、副兵马使，步军为都头、副都头，其下均设十将、将、虞侯等，军士面上也刺军号名。

北宋实行募兵制，家属居住在军营内。宋太祖创禁军更戍法，轮流更戍他地，更戍以指挥为单位，通常一次以3年为期，家属不得随行，到期回原驻地，拣选精壮士兵补充上一级禁军，淘汰老弱士兵降充下一级禁军或厢军或退役。禁军更戍分为屯驻禁军、驻泊禁军与就粮禁军。此外，首都开封的禁军称为在京禁军，仍按原禁军编制及更戍制轮戍外地。

（2）北宋厢军

宋初将各地军队中精壮者抽调至朝廷成为禁军，不及等者留本地作为地方军，虽间或出戍外地，但很少进行军事训练，主要从事工役或杂役，厢军因而也称"役兵"，地方厢军属各州、府管辖，厢军隶属于宣徽院。厢军的兵籍归枢密院，元丰改制后归兵部。作为地方军的厢军，名义上由侍卫马军司、步军司管辖。

厢军主要作为役兵，很少进行军事训练。明道二年（1033年），"枢密使王曙言：天下厢军止给诸役，而未尝教以武技，其中颇有材勇之人，宜渐加训习，以升隶禁军"。是厢军教阅之始，以后教阅过的厢军不断升为禁军。

4. 南宋正式建立"大军"

（1）南宋"大军"

建炎元年（1127年）五月，南宋设御营使司，由宰相、执政兼任御营使、副使，统管为数不多的军队，这是南宋正式建立正规军的开始，南宋人习称为"大军"，以区别于已溃散的原北宋正规军"禁军"，南方的禁军除部分编入"大军"外，实际已降为地方军、役兵。御营使司以王渊任"都统制"为统兵长官，刘光世任"提举一行事务"为首佐官，下设前、后、左、右、中五军，设"统制"为统兵官，以张俊为前军统制、韩世忠为左军统制等。建炎三年六月，曾定每军一万人，分为十将。建炎三年四月，刘光世升为太尉、御营副使，另设御营副使司，其部属因无所隶属，称为御营副使司军、"太尉兵"。与此同时，韩世忠升任御营左军都统制、张俊升任右军都统制。

七月，任命地位较低的后军统制辛企宗为御营使司都统制，引起两人不满，遂改两人所部为御前左军、右军，御营军仍分为五军，但实际上已降为次要军事力量。

建炎四年六月初，撤销御营使司，兵权归枢密院，御前副使军首先改为御前巡卫军，刘光世任都统制；改御前军为神武军、御营军为神武副军。又开始将较小的部队及收编的抗金义军及流寇，改编为一二十个镇抚使军。神武军不设总长官，以韩世忠任神武左军都统制、张俊任神武右军都统制，均不设副职；前、中、后三军实力较弱，统帅只称统制。以后中军统制杨沂中兼任提举宿卫亲兵，实际成为亲卫军，其时三衙已名存实亡。实力较小的神武副军，设都统制为长官，下属前、后、中、左、右五军只设统制为长官。

绍兴二年（1132年）二月，南宋朝廷又将一些小部队，编为"御前忠锐军"，隶属于名存实亡的侍卫步军司。御前忠锐军后来主要归并于韩世忠、张俊等部及地方帅司（安抚使司）等。

绍兴五年，宋廷对军队进行整编。四月，首先撤销镇抚使军。九月，以最后一个镇抚使解潜所部拨隶马军司；十二月，神武中军拨隶殿前司，以颜渐所部拨隶步军司，组建新的三衙军。王彦所部编为前护副军，也拨隶马军司。又以"神武系北齐军号，久欲厘正"为名，改称"行营护军"，改韩世忠所部神武左军（神武前军已先撤销并入神武左军）为前护军，岳飞所部神武后军为后护军，张俊所部神武右军为中护军；同时以刘光世所部御前巡卫军为左护军，四川宣抚副使吴玠所部为右护军，集中了南宋五支最强大的军队。五护军统帅都任宣抚使、宣抚副使、制置使，唯一级别较低的是京西、湖北制置使岳飞，次年三月升为宣抚副使（后升宣抚使），因此，行营护军习称宣抚使军。

绍兴九年春，四川宣抚使吴玠病重，才任命吴玠为右护军都统制。吴玠死后，四川宣抚使与右护军各设都统制为统兵官。只有韩世忠、张俊、岳飞仍任宣抚使兼前护军、左护军、后护军的统兵官，史称三宣抚使军。岳飞、韩世忠、张俊、杨沂中等军，南宋习称为岳家军、韩家军、张家军、杨家军等。

宋金战场的形势越来越有利于南宋，"柘皋之战"，表明依靠杨沂中、刘锜等次要将领，各自所统的2万—3万部队，已能抵挡住金军主力的南侵。

在宋高宗看来，当时宋、金"强弱相当，如是而和者，彼有休兵之意"，是向金乞和的最好时机。但是，岳飞、韩世忠坚决抗金的意志，成为乞和的重大障碍，奸相秦桧采纳范同的献计，以贺柘皋之捷对三大将论功行赏为名，乘机夺他们的兵权。同年四月，韩世忠、张俊升任枢密使，岳飞任枢密副使，三宣抚使司并罢，原前护军、中护军、后护军的编制也被取消，前护军改为建康府驻扎御前诸军，称建康都统司；中护军改为镇江府驻扎御前诸军，称镇江都统司；后护军改为鄂州驻扎御前诸军，称鄂州都统司，都称为"屯驻大军"。

绍兴十年五月，起用宿将刘光世，为三京招抚处置使，次年罢职，其部属后被改编为池州、太平州驻扎御前诸军，置司池州，称池州都统司。是为最早的"御前诸军"四都统司。

绍兴十七年，吴璘部右护军改称御前诸军，称兴州（今陕西略阳）都统司；次年，杨政所部四川宣抚司军也改为御前诸军，称兴元（今汉中）都统司；在此前后，金州（今安康）驻军也改称"御前诸军"，统兵官职位较低，称"节制屯驻御前军马"。

绍兴三十年，金州"节制屯驻御前军马"升为都统司；以荆南知府兼节制屯驻御前军马，随后升为都统司；又置江州都统司。9个都统司中，以原韩世忠、张俊、岳飞、吴璘所部组建的镇江、建康、鄂州、兴州四都统司所统御前诸军最强大。

乾道九年（1173年），鄂州、荆南两都统司合并，置司鄂州。淳熙四年（1177年），又采取都统司驻鄂州，称鄂州江陵府都统司，不设副都统制；副都统制驻江陵（原荆南），单独置司，称鄂州江陵府副都统司，实际上又分为两司。

开禧三年（1207年），沔州（兴州改）都统司不设副都统制；另设沔州副都统制司于利州（今四川广元），后改称利州副都统制司，实际上也分为两司。这样形成了共10个由枢密院管辖的都（副都）统司统率的南宋"大军"（正规军）体系。南宋还有独立设置的御前水军都统制，沿江各大军设有水军，设统制为长官。

（2）南宋"大军"军制

南宋正规军（大军），自御营司军设都统制为最高统兵官起，都统制系列遂成为正式的军官官名；而原先的都指挥使系列，只适用于已降为亲卫军的三衙，都总管系列只适用于地方军。都统制下有时设副都统制，偶尔设同都统制为副长官，下设提举一行事务为首佐官，有时设同提举一行事务为副首佐官，需要时可以代行都统制职权。

南宋"大军"（正规军）的番号先后有御营、御前、神武、行营护军以及三衙军等，都采用前、中、左、右、后五军系列编制，各军（除宣抚使时期外）军队多的设都统制，军队少的只设统制为长官。各军内部，以及后来的各屯驻大军，其下也设前、中、左、右、后军，军队多的还增设选锋军、游奕军、摧锋军、胜捷军、破敌军，有时还有水军等；各大将还设亲兵，如韩世忠、岳飞的背嵬军，刘光世的"亲兵（部落）"，张俊的"银枪亲兵（亲随）"等，均设统制、同统制、副统制为统兵官，有时也设都统制为统兵官，部队兵少或统兵官职低的，就称统领、同统领、副统领，或设统制为正长官，统领为副长官。军下设"将"以第一、第二等序列，通常设正将、副将、准备将各一员为统兵官。

各番号军，及屯驻大军下的五军等，每军兵力少的只有 1000 人。

军和将，是南宋"大军"编制的基本单位，除"御前忠锐军"直接以"将"作为基本单位外，各番号军及屯驻大军都以军为基本单位，通常只列军数，但也有军、将数都列。

5. 辽皇牢固地掌握军权

（1）契丹贵族牢固地掌握辽军权

辽朝皇帝，是国家的最高决策者，当然也是军事最高统帅。北枢密院既是北面官系统的宰辅机构，又是全国最高军政机构。它秉承皇帝的旨意，处理军机，统御全国的军事力量。南枢密院虽然是南面官系统的宰辅机构，但并不处理汉地的军务，不领汉军。

北枢密院之下，北、南宰相府负责部族的军民事务，诸行宫都部署司掌管各宫卫的军民事务。部族、宫卫都是军政合一的单位。殿前都点检司负责宿卫行宫。五京留守司分领五京州县汉军、渤海军，南京（今北京）置侍卫亲军都，指挥使司统率本地区的汉军。汉地各州的节度使，包括部分刺史，兼掌军民政，统其内的节镇兵、乡兵，有的还兼领禁军。

节度使司下设马、步军指挥使司，专掌节镇兵。除契丹腹里地区外，辽朝将全国划分成几大边防军区，分置军政机构，统军区所有的蕃汉驻军。

设在边疆多民族地区的边防军政机构，称招讨司或统军司（契丹语称详稳司）。

负责南面辽宋边防的最高军政机构，是南京兵马总管府，后于兴宗重熙四年（1036年），改称都元帅府，一般由南京留守兼任兵马总管（都元帅）。下设南京统军司、南京侍卫亲军马步军都指挥使司两个统兵机构，前者领契丹、奚、渤海兵，后者领汉军。

（2）朝廷宿卫军

辽朝军队的征集和编组，大体分为朝廷宿卫军，部族军，五京州县汉军、渤海军及属国军四种，其军事职能包括朝廷行宫宿卫军和地方镇戍军两大系统。

辽朝的宿卫军，前期以左、右皮室军为主，中、后期则以宫分军为主。此外，包括护卫、祗候郎君等御帐官。皮室军的渊源可追溯到辽建国前部落联盟首长的亲兵群，阿保机为夷离堇、于越时，帐下有众多的亲兵。907年，时为后梁开平元年，他即可汗位，进一步扩建侍卫亲兵，建立了御帐亲军"皮室军"，时称"腹心部"。

辽中期以来，皮室军的职能发生了变化。这首先体现在频繁执行征伐任务，转为朝廷直辖的机动作战部队。皇帝亲征，皮室军虽然仍屡被命从征，但已经与早期有所不同，它已经不是扈从皇帝的卫兵。辽末，皮室军驻防于燕北。皮室军久驻边地，其屯戍、生产、生活方式也就开始接近于部族组织，逐渐成为单独的一部，只是它始终由朝廷直辖。

继皮室军之后，行宫宿卫的任务主要由宫分军承担，宫分军成为真正的御帐亲军。

各宫分设官置府，"各有民户，出兵马"。官使扈从行宫，率宫分军担负宿卫任务。因而时人称之"掌缉版图、抚绥生齿"，并"兼领禁卫"，"缉天子之宫廷"。宫分军"人则居守，出则扈从，葬则因以守陵"。辽中期以来，取代皮室军成为强干弱枝、宿卫行宫的主力。

（3）地方镇戍军

辽朝的地方镇戍军，主要是部族军和五京州县汉军、渤海军。大致而言，辽朝的西北、西南、东北边区，主要由部族军屯戍，兼有少量汉军、渤海军。

东京地区以渤海军为主，汉军、部族军为辅。长城沿线北侧的半耕半牧地区，由部族军镇戍，长城以南地区主要以汉军镇戍，也杂有少量部族军。

辽朝州县还有节镇兵。据《契丹官仪》记载，山后"又有云、应、蔚、朔、奉圣等五节度营兵"。

《契丹官仪》载，辽朝"逐州又有乡兵"。

辽朝还有一支由契丹、奚、汉、渤海军合编组建的军队。他们仍依民族成分分别编组，各设都指挥使司，统领于四军兵马都指挥使司。这是一支集众家之长的联合部队，先后屯驻于辽与宋、高丽边地。

（4）军事制度

辽朝基本的兵役制度是壮者皆兵的征兵制。辽朝规定，"凡民年十五以上，五十以下隶兵籍"，这适用于辽境内的各族民户。

辽朝早期并无户籍，当然也无所谓兵籍，成年的部民亦民亦兵。辽朝建立后，部族也仿州县编制户籍，并根据财产状况，把部民分为上、中、下不同的户等，按户等征收赋税、摊派徭役和兵役。出征、戍边并不需要动员全体丁男，接到征兵令后，各部一般先"攒户丁，推户力，核籍齐众以待"。即依照户籍、户等签发，多丁上户先被签取，依次是中、下户。依户等签发，与军需自给制有关。

五京州县汉军、渤海军的兵役制度受契丹部族军的影响，也实行普遍征兵制。神册初年，辽太祖攻略山后，吞并了沿边州县的大片土地，遂改当地的募兵制为征兵制，"籍山后民为兵"，共得十七万六千人，统以节度使。此后，辽的州县一直沿用太祖确定的征兵制。征发的原则也是依户等签取。

辽金战争爆发后，辽军接连溃败，兵士亡散殆尽，征兵制终于走到其尽头。朝廷通过大规模的募兵组织对金军的战斗。其中最有影响的是怨军。其招募对象为辽东饥民，后因军需困难哗变。又改称常胜军，支持燕王耶律淳称帝南京，不久降宋。另一支较有影响的募军是"瘦军"，其招募对象是战乱中逃亡山泽的部民。他们"侵掠平民，甚于盗贼"，毫无战斗力可言。常胜军降宋后，将之屠戮殆尽。

在装备给养方面，部族军与汉军差异较大。部族军"驰兵于民"，部民既是生产者又是战士，一般不需要专门的军需给养。"马逐水草，人仰湩酪"，繁茂的草原、滋生的牲畜为牧民的衣食服用之源。弓箭、马匹平日是生产资料，战时就是军事装备。遇有征发，部族军自备衣粮器械，每正军一人，自备马三匹，必备的还有"弓四、箭四百、长短枪、骨朵、斧钺、小旗、锤锥、火刀石、马盂、炒一斗，沙袋、搭钩毡伞各一，縻马绳二百尺"，其他如"人铁甲九事、马鞯辔、马甲皮铁"则"视其力"而定。

契丹还以"打草谷"和"犒军钱"作为战时补充军需的手段。每次战捷后，他们论功行赏，从战利品中分取一小部分赏赐军士，以补充战争的损失。

辽朝的汉军多数驻防于五京州县，脱离生产，不像部族军那样散处族帐，上马备战斗，下马则屯聚牧养。其给养一同中原，有定额的军饷。统和年间使辽的宋人路振在《乘轺录》中记载，辽军中"给衣粮者唯汉兵"，南京城内的汉兵"皆黥面给粮如汉制"。

辽中期以来，部族军的军需给养制度有了很大变化。首先，推行了军需供给制。其次，随着疆域的奠定，特别是封建制度的逐步完善，辽朝发动的纯掠夺性战争越来越少。打草谷供军需日渐淘汰，军需给养中掠夺成分日减，供给部分日增。

辽朝后勤建设中最有成就的当推屯田和群牧。朝廷鼓励戍军屯田自给，建立了"公田制"，"沿边各置屯田戍兵，易田积谷以给军饷……在屯者力耕公田，不输税赋，此公田制也"。

辽朝特别重视马政。游牧民族"其富以马，其强以兵"，马政的兴衰不仅关系到军事的强弱，而且直接关系到社会经济的盛衰。群牧机构是辽朝官制系统的重要部分。群牧马印有统一的官印，立有簿册，皇帝常派人核实其数，群牧官员的政绩受到严格的考核。群牧牲畜日益成为战马和军用力役畜的重要来源。

辽朝与行军作战有关的制度包括军事礼仪、符牌制度及将帅的任命、战术规定等。军事礼仪：每凡出兵，皇帝率领蕃汉文武臣僚，宰杀青牛白马祭告天地、日神，并分命近臣祭祀太祖以下诸陵及木叶山神。如果皇帝亲征，要身着戎装祭祀先帝宫庙，或者主祭先帝、道路、军旅（兵）三神。军行前，须用一对牝牡麃祭祀。攻城略地取胜。要及时宰杀黑白羊祭天地。班师之际，要用掳获的牡马、牛各一祭天地。出师、还师都要举行"射鬼箭"，即将死囚或俘虏绑在柱子上，众军士向着军行的方向将其乱箭射死。

符牌制度及将帅的任命：朝廷铸金鱼符调发军马，用银牌传达命令。调发兵马时，各部闻诏即点集军马、器仗，按兵不动，静待朝廷金鱼符至。合符，由朝廷委派军主，与本司互相监督。

6. 西夏的兵役制和军队

（1）兵役制和军队

西夏建国后的兵役制度，初期仍以党项部族的征兵制为主，以族帐为最小单位。男子年15岁成丁，至60岁止。每家凡二丁取体壮者一人为正军，另一丁为负赡，担任随军杂役，组成为一抄。西夏的参战兵员除由官府发给很少的军事装备外，作战时一律自带粮饷。

西夏军队大体上区分为三部分：皇帝侍卫军、国防军和朝廷直属部队。监军司驻防军，是西夏军队中人数最多的一种，也是西夏军队主力，是西夏的国防军。

（2）多兵种的部队建制

据汉文史书记载，西夏军队已发展为多兵种的部队建制。如骑兵、步兵、炮兵、水兵，及由于作战任务不同而分为擒生军、强弩兵、负赡兵等。

西夏军队以骑兵为主力，骑兵作战能力很强。由党项贵族子弟组成的精锐骑兵称"铁骑"，或称"铁鹞子"。

步兵是西夏军队的主要组成部分，人数最多。西夏步兵最精锐的是由"山间部落"丁男组成的，称"步跋子"。另外，西夏在大河沿岸要地都编有一定数量的水军。

擒生军和强弩军都是西夏的特种部队，担负特殊的作战任务。

（3）《贞观玉镜统》所载西夏军制

西夏时期的军事制度，在黑水城出土的西夏文书《贞观玉镜统》和《天盛改旧新定律令》中都有系统的记载，尚待进一步的译释研究。《贞观玉镜统》是一部记载崇宗贞观年间（1102—1114年）的军事典籍，今存残卷，内容包括序言、政令、赏功、罚罪、进胜五篇，涉及西夏军事体制的各个方面。在各篇中所见的西夏军队职衔很多，如将分正将、副将、正副行将、正副佐将，还有正首领、小首领。有些部门设帐将、押队、护卫、察军、游监、教监、应监等。这些职衔名称多未见于汉文史籍。西夏文书中的将军、察军、游监、教监、应监，可能即是见于汉文史书记载的统军、监军、巡检、教练使、左右侍禁等军职。汉文史籍中常见的首领、正首领、小首领等也都是西夏军队的正式军职职衔。

《贞观玉镜统》第一篇有"共命将职"之语，说明西夏军将是经选拔共同任命，并履行正式、隆重的仪式。"有将信，行文字"，向受命者颁发军印、符牌和任命文书，并按照不同职衔授予旗、鼓、金等指挥用具。据文献记载，西夏军队中除正式军卒和负赡兵以外，还有名为"私人""役人""虞人""刑徒""苦役"等几类人，大约都是在军中服劳役者，以供将领与正军驱使。

《贞观玉镜统》现存篇幅主要是对军将官吏的赏功与罚罪部分，赏罚规定十分详尽，军中以 15 个官阶为区分等级。

7. 金代的猛安谋克制度

猛安谋克是金代女真社会的最基本组织。它产生于女真原始社会的末期，由最初的围猎编制进而发展为军事组织，最后变革为地方的行政组织，具有行政、生产与军事合一的特点。猛安谋克产生于一定的历史条件下，其内容编制不是女真族所特有的，在同样的历史条件下其他一些民族也可能出现类似的组织，猛安谋克与契丹族的头下军州和满族的八旗制度相比，有相同的地方，但由于民族和时代的不同，其区别也是很明显的。

（1）猛安谋克的形成、变革和迁徙

猛安谋克是以千夫长、百夫长命名的一种军事组织，它源于原始的狩猎生产组织。在氏族社会中，出围狩猎是一种生产，围猎时要组织氏族部落的人员出动，一般的是按什伍的编制方法组织，作为军事组织就是从这里出现和发展起来的。

猛安谋克军事组织，是原始社会末期军事民主时代的产物，因此它在金建国后仍保留同围猎的关系和民主主义的残迹。猛安谋克军事组织确立以后，平时生产，仍以出猎作为训练武艺的重要手段被保留下来，以保持其善射猎的民族风尚。在猛安谋克内军事首领与士卒间，尊卑不严，上自大元帅，中自万户，下至百户，住食穿戴没有特殊的差别。国有大事，适野环坐，画灰而议，讨论先自卑者开始，讨论完毕，把灰漫灭。献策、赏功都体现了军事民主精神。

军事组织和地方行政组织的猛安谋克，是金代女真族社会组织的一个重要的特点。

猛安谋克组织，随着军事向南推移而不断地南迁。当女真族取得宁江州（今吉林扶余东）的战役的胜利之后，即用猛安谋克改编辽的军队和新降服的各族人民。特别是占领辽东京（今辽宁辽阳）广大地区后，在新占领区推行猛安谋克制度。

天辅七年，占领辽西京、燕京，又想在平州推行猛安谋克制度，因为遭到汉人的强烈反抗，天会二年（1124 年）便在平州废除对汉人实行猛安谋克的办法。女真族的奴隶制度不能改变汉人地区的封建制，也不能用猛安谋克改编汉人和变州县制为猛安谋克制，这是踵辽南北面统治的历史原因，也决定了金朝只能采取把猛安谋克向中原迁徙和与州县制并存的发展方向。

（2）猛安谋克的系统与结构

猛安谋克的组织系统，包括行政组织系统的猛安谋克和军事组织系统的猛安谋克。作为地方行政组织系统的猛安谋克，是由原来的部落氏族组织与地方的村寨组织结合而形成的地方行政组织。金初在猛安谋克之上设路以统猛安谋克，有万户路、都统司路、军帅司路和都勃堇路，形成北面与南面不同的行政设置系统。后来随着全国官制的统一，地方行政系统的猛安谋克逐渐被纳入统一的官制之下以与地方的州县制并存。

军事组织系统的猛安谋克源于氏族社会的围猎组织，这种组织的出现比行政组织系统的猛安谋克更早，由原始社会末期的常设军发展为建国后国家常备的军事系统。军事组织系统的猛安谋克是以军事组织的统属关系确立，而不是以地方的行政组织的统属关系确立。金代猛安谋克组织系统是逐步完善的，其系统构成是：在猛安之上置军帅，军帅之上置万户，万户之上置都统；在谋克以下的统属系统是蒲辇、正军、阿里喜。有时也称军帅为猛安，而猛安则被称为亲管猛安者。猛安谋克的最高统帅是都统，府称都统府。太宗天会三年（1125 年），因攻宋立都元帅府，置都元帅和左、右副元帅，左、右监军，左、右都监。海陵天德三年（1151 年），改元帅府为枢密院，但行兵则复更为元帅府。猛安谋克不仅是作战时的基本组织，而且在平时也是侍卫、驻防和防边的基本组织。

在《金史》中，除一般被称为猛安谋克者外，尚有行军猛安谋克、押军猛安谋克、步军猛安谋克、马军猛安谋克、甲军猛安谋克、权猛安谋克和合扎（亲管）猛安谋克的不同名称，从名称上反映了猛安谋克军事组织的构成，以及军事和兵种的类别。

金代常备军的兵种，分步军猛安谋克、马军猛安谋克和甲军猛安谋克，他们是统领步兵、骑兵和甲军的猛安谋克。金代女真族的统治，用猛安谋克这个统一的名称，确立了行政与军事两个系统和结构的统治机构，构成金代女真社会组织的一个特点。

第十八讲　奇特的社会风俗

在中国历史上，法起源于礼和刑。礼，可能在原始社会已经有了，是当时维持社会秩序的风习。到了阶级社会，礼有了发展，成了为统治阶级服务的工具。《荀子·礼论篇》对礼的出现和发展有所解释。按他的说法，礼不是从来就有的，它是"先王"制定的。为什么要制定礼呢？他认为是客观的"物"和人的"欲"之间有矛盾。为了防止"欲"的无限扩大，把"物"搞光了，也防止因此发生斗争，才制定礼，进行约束。荀子讲礼的最大意义在于一个"分"字，使上层社会的人都按照自己的身份，各守本分。荀子的说法是可取的，但礼大体上可能是由古代社会风俗自然形成的，而先王也有所制定，用以显示贵族的身份和社会地位。周朝兴起后，礼的规定日趋复杂，以致在很大程度上流于形式。

历史资料如汪洋大海，非常繁富。这里有古代文化遗存，其中有远古文化遗址、墓葬和文物，这在没有文字以前，是很重要的历史资料，在有文字以后，也有一定的重要性。有历史文献，包含一切有文字的材料。一般地说，这是历史研究所需要的主要材料。社会风俗、口头文学，也都有史料的价值。跟人类社会有直接联系的社会现象，如土壤、河流、森林、矿藏等等的状况，也至少可以作为辅助资料来看。

由此看来，在中国历史的大范畴上，或具体到史料的价值以及其他比较细致的范围上，也都与社会风俗有着牵连，并是比较重要的。

1. 五代、宋风俗的非常影响

五代及宋代的社会风俗，虽然看起来只是当时的社会表现，但是有不少的风俗对以后的朝代影响极大，就其中的节庆，大多也是沿自前代，也有不少风俗始出宋代，如北宋的爆竹，南宋的烟火，一直延续至今日；宋代的冬至南方吃馄饨，而今日的北方冬至仍旧在吃饺子，同样一直延续着；而今日并不让人们在意的早晚活动，时间和地区不受限制，商店随处开设并全天甚至通宵营业；今天人们普遍使用的桌、椅、凳等，这些在五代以前都是不可能想象的。我国古代人民的社会风俗，在宋代发生了最为重大的变化，同时也为今日人们的生活方式奠定了基础。

在唐代，城市就有了"坊市制"，其中"坊（里）"是指居民区，每个城设一或二处"市"，个别的城市设三"市"，"市"为工商区，区分严格，各有围墙、街鼓及坊、市门，在固定的时间开关，"日暮，鼓八百声而（坊、市）门闭"，禁止人们外出；"五更二点，鼓自内发，诸街鼓承振，坊、市门皆启"，人们开始活动，工商业也随之开始营业。而地方上"诸非州县之所不得置市，其市当于午时击鼓二百下而众大会，日入前七刻（约合 1 小时 40 分钟）击钲三百下散"。但唐末、五代到宋代，从秦汉以来实行了 1000 多年的"坊（里）市制"，终于破坏无遗，居民区"坊""里"与商业区"市"之间的严格区分，则被完全地打破，其行动不受地区和时间的限制。不仅城里随处可以开设商店，镇和城外近郊的草市也可设店营业，而且唐代首都白天全天营业，州、县城下午营业的城镇居民生活习俗也被打破。宋代商店营业的时间，完全依商业的繁华情况而定，一般商店大多是天明后营业，天黑前息业，而饮食店、酒楼、茶坊的营业时间还要更长些，尤其是繁华的城市，自早晨五更，直到半夜三更，有的甚至通宵达旦地营业，形成了城镇居民划时代的新生活及其新习俗，其影响所及直至当今，尤其过年过节更显突出，更有中华民族传统习俗的浓厚味道。

在北宋首都开封，"每日交五更，诸寺院行者打铁牌子或木鱼循门报晓，……诸趋朝、入市之人闻此而起。诸门桥市井已开，……酒店多点灯烛沽卖，……并粥饭点心，亦间或有卖洗面水、煎点汤茶药者，直至天明"。州桥、马行街"夜市直至三更尽，才五更又复开张，如要闹去处通晓不绝"，"大抵诸酒肆瓦市，不以风雨寒暑，白昼通夜"。在南宋首都临安，更是"杭城大街买卖昼夜不绝，夜交三四鼓（更）游人始稀，五鼓钟鸣，卖早市者又开店矣"，"最是大街一两处面食店及市西坊西食面店，通宵买卖交晓不绝"。那时城镇居民生活习俗的改变，促进了商业发展与城镇的繁荣，《东京梦华录》《梦粱录》《武林旧事》等宋人著作中，还记载了宋代人大量的饮食等生活习俗。其中，起居即由"席地而坐"到使用桌、椅、凳。五代、宋代始唐代以"席地而坐"为主向普遍使用桌、椅、凳、杌（兀）子（方凳）等高起高坐起居方式转化的时期。北宋中期以后，已大体与现代近似。北宋初乾德二年（964年）前不久，曾发生了与起居有关的朝仪方面历史性变化的诸事，"宰相见天子必命坐，有大政事则面议之，常从容赐茶而退"，唐及五代皆行其制，北宋初任用后周大臣范质等人为相，仍沿用旧礼，传说当范质等人起立奏呈奏章时，宋太祖密令去座，奏毕回时已无座，宰相"坐而论道"之礼遂废，上朝时宰相立班为后世沿袭。宰相此时之座还不是椅子。

在唐代，就有了椅子。后晋天福八年（947年），景延广向出帝进奉"椅、榻皆裹金银，饰以龙凤"。后周礼部侍郎窦仪"于堂前雕起花倚（椅）子二只，以祗备左丞洎太夫人同坐"。但椅子只有尊长及老人使用，正式场合未使用椅子及与之配套的桌子等。宋太祖时"使相"赴上仪（就职仪）时，于中书都堂（政事堂）"逐位（使相）就牙床、小案子上判案三道"是仪式的一部分。这说明宋初官员正式场合使用的是"牙床、小案子"。宋太宗大宴群臣时全都就座，都指挥使以上坐于殿上，"宰相、使相坐以绣墩"（曲宴行幸用杌子），参知政事以下用蒲墩，都虞侯以上坐于朵殿，其余分坐两廊，"自朵殿而下，皆绯缘毡条席"，席地而坐。至少直到宋仁宗时，皇帝在正式场合仍未使用椅子，皇帝御座称为"驾头，一名宝床，正衙法坐也，香木为之，四足璩山，以龙卷之"，实是一矮榻。皇帝出行时以一内侍抱驾头于马上前导，嘉祐六年（1061年）因内侍坠马，跌坏已传四世的驾头，以后改为四人抬了。欧阳修记载了当时婚礼的情节，两椅相背置马鞍于其上，说明其时民间已使用椅子。河南禹州白沙宋墓《夫妻对坐宴饮图》壁画中，更有了具体的桌椅图像，为矮背无扶手椅子，主人脚下另有"踏脚"。宋徽宗出行时也已改用椅子，称为"金交椅"（金饰或涂金），由御龙直执携，而"御椅子皆黄罗珠蹙背座，则亲从官执之"。在北宋末年，著名的风俗画卷《清明上河图》中，店铺内就有大量的桌子和条凳。只有进城第一家（上侧）一先生（或店主）坐一椅，及"赵太丞家"有一空椅，似都是"交椅"，类似现代的折椅，这只能说明还不普及。

在南宋理宗时，张端义《贵耳集》记载，交椅"自来只有栲栳样"，说明"交椅"已是圈椅，已有扶手及矮靠背，秦桧时"京尹吴渊奉承时相，出意撰制荷叶托首四十柄，载赴国忌所"，作为高靠背添在交椅上，"凡宰执、侍从皆有之"，说明大臣们都坐椅子，时称"太师样"，后世称为"太师椅"。吴渊是宁宗时人，张端义说吴渊所创则有误，但岳珂记载绍兴十五年（1145年），秦桧迁居新第，优伶进行庆贺演出时，有"一伶以荷叶交倚（椅）从之"，"尔但坐太师交倚（椅）"，可见南宋初确已有此类高靠背的太师椅了。南宋皇帝的"平辇"，"赤质，正方，形如一朱龙椅而加长竿二"；孝宗为高宗造的"七宝辇"，"中设香木御坐，引手为转身龙，靠背为龙首"，御座为有扶手靠背龙椅，与后代相似，已不是驾头。南宋皇帝出行时，不仅有"陕行家""手执御校（交）椅"，御龙直"执黄罗珠子蹙百花背座御椅子并脚踏"等，实际使用的是坐椅；而"驾头用朱红圆兀（杌）子一只，以绣袱盖，阁门捧于马上，二边各有从人扶策"，实际上只是"仪物"而非实用。皇帝设宴时，也已是"殿上坐杌，依品位高低坐，第三、四行黑矮偏凳坐物"，已没有北宋初的席地而坐。说明北宋晚期以后，君臣百姓，其中主要是男子，都已普遍使用了椅子、凳和桌子，这与北宋前期皇帝坐"驾头"矮榻，官员坐墩或坐"席"上，以及"就牙床、小案子判案"，有着根本的区别。但在有的"国宴"上，还有一部分人是"就地坐"在紫沿席上，说明"席地而坐"还没有完全退出历史舞台。陆游记载："徐敦立言：往时士大夫家妇女坐椅子、兀子，则人皆讥笑其无法度"，说明到南宋初男女都可普遍使用椅子了，等等。这一切可以讲是我国古代在生活起居方面划时代的变化。

在"服饰"中，赭、黄成为皇帝的专用色，这是后汉乾祐三年（950年）的事情了。那时，郭威"澶州兵变"，将士"或有裂黄旗以被帝体，以代赭袍"，成为以皇帝专用颜色象征皇帝的事例；而后周显德七年（960年）

赵匡胤有计划进行"陈桥兵变"时，则已是用事先做好的"黄袍加太祖身"，"黄袍加身"遂成为夺取帝位的同义词。皇帝也常服绛纱袍、红衫袍等，宋代以黄、红为皇帝专用色。官员公服（常服）的服色以官品（寄禄官、阶官）高低，五代、北宋前期沿唐制分为紫（深紫）、绯（大红）、绿、青四色，元丰元年（1078年）改为紫、绯、绿三色，紫、绯服分别加佩金、银鱼袋，高官可服低级服色，低官则不得服高出本级的服色。但可按规定服高一或二等服色，称为"借绯""借紫"，而按年限及特旨服者称"赐绯""赐紫"。五代、宋代的品官还另有朝服、时服、祭服等，服饰上更有许多烦琐的品级区分。北宋初，庶人只许衣为白色，"白衣"作为无官职人的代称，太平兴国七年（982年）增加了皂（黑）色，皂、白二色成为庶人、不人品的流外官吏、公人等的专用服色。宋代庶人习惯服紫色，端拱二年（989年）规定不得服紫色，到至道元年（995年），"帝（太宗）以时俗所好，冒法者众，故除其禁"。宋代的服色禁令只针对男人，且皆指纯色及纯色为底色的"遍地密花"。小儿和女人并不在此列之中，甚至可以服用"诸僭拟乘舆服用"的"纯以红、黄为衣"。

宋代君臣可头戴"幞头"，这"幞头"本是一种头巾。北周创设时，幞头"以软帛垂脚"，隋代改为桐木，唐代则"惟帝服则脚上曲，人臣下垂。五代渐变平直"。宋朝"君臣通服平脚"，皇帝有时"服上曲（脚）"。"其初以藤织草巾子为里，纱表而涂以漆。后唯以漆为坚，去其藤里，前为一折，平施两脚，以铁为之"，即是宋代君臣常戴的"官帽"。"天武官皆顶双卷脚幞头"，"殿前班顶两脚屈曲向后花装幞头"，"御龙直一脚指天一脚圈曲幞头"，皆是禁军殿前司所属诸班直，皇帝出行时的导从仪卫，属仪仗队性质，他们所戴幞头脚的形式不同，则与通常所说的官员官职级别无关。百姓所戴幞头高不得过2寸5分，通常都戴帽或抹额，即束在额上的头巾，或裹巾。

那时腰带的玉、金、银、犀角为各级官服用，百姓及吏则用铜、铁、角（牛角）、石、墨玉带。各行业有自己特殊的服饰，北宋首都开封"其士农工商诸行百户衣装，各有本色，不敢越外。谓如香铺里香人，即顶帽披背；质库掌事，即着皂衫角带不顶帽之类"。南宋临安则稍有变化，如质库掌事已加裹巾。但到南宋晚期，"淳祐以来，衣冠更易，有一等晚年后生，不体旧规，裹奇巾异服"。

南宋初因战事频繁，军校服紫衫便于行动，士大夫、官员也普遍服用，后来宋高宗一再申严禁止，遂改服白色的凉衫，也称白衫，形制同紫衫；孝宗初年，又禁服白衫，只用于丧服，官员仍服紫衫。北宋时，士大夫交往常服的帽衫，乌纱帽、皂罗衫、角带、系鞋，南宋时只作为冠、婚、祭服，而国子生仍服用。又有以白细布做成的襕衫，"圆领大袖，下施横襕为裳，腰间有辟积"，进士及国子生、州县学生服用，帽衫、襕衫类似后代的生服。

此外，宋人还有许多常用服饰，如"半臂，今背子也，江淮之间或曰绰子，……今俗名搭护"，背子"今又长与裙齐，而袖才宽于衫"；"裤褶"，上服褶下服裤，"近代服之，无定色"；"汗衫"，也称中单。

那时的婚仪，在五代时，刘岳《书仪》的婚礼，有"女坐婿之马鞍，父母为之合髻"之礼，是据"当时流俗之所为"记载的。北宋中叶已变为"当婚之夕，以两倚（椅）相背，置一马鞍，反令婿坐其上，饮以三爵，女家遣人三请而后下，乃成婚礼，谓之'上高坐'"，是婚礼中的盛礼。

宋代婚礼大体是先经媒人，女方以"草帖子"通于男家，男家经过问卜等认为吉利才回草帖子，然后过"细帖"也称定帖。写明三代、父母存亡及男方生辰、官职等，如果是"入赘"，则要在细帖中写明，并列出随带的房地产及金银等。女方回的细帖要列出嫁妆及随嫁的房地产等。其后进行"相亲"，由男方亲人到女方家进行，相中即以钗插髻中，称为"插钗"；如不中意则送一二匹彩缎，称为"压惊"。插钗以后，男方下定礼，女方回定礼，以男方所送酒的一半回送，并以空酒瓶（樽）两只盛清水放入活鱼3条或5条，箸（筷）1双放入瓶内，称为"回鱼箸"；南宋时为金鱼4条、箸1双、葱2株，富户以金银打造鱼、箸各1双放入空酒樽内，外加彩帛2卷以表示为生葱。其后节庆时送礼，称为"追节"。定下婚期后要"下财礼"，女方无力自办嫁妆，则男方除送首饰衣帛外还须送钱，称为"兜裹"。婚前一日女方先到男家铺设新房，称为"铺房"。娶亲日男方备车、花檐子或轿迎亲，女方给"利市钱"，称为"起檐子"，才出行。到男方门前，从人及办喜事人又要利市钱，称为"栏门"。又有人执花斗，内盛五谷、钱、果，望门而撒以压煞神，称为"撒谷豆"。新娘下车、轿后踏青布条或青锦褥而行，前有一人持镜面对新娘倒行，先跨马鞍及秤，进门后至一室中少歇，当中悬帐，称为"坐虚帐"；或直接进入新房内坐于床上，称为"坐床富贵"。女方的送客饮3杯5盏而回，称为"走送"。

北宋末及南宋初，还于中堂设榻，上置椅子（无马鞍）称为"高坐"，新郎坐上后三请后下坐，后废此礼。新房的门挂下端碎裂的彩帛，新郎入门，众人争扯彩帛小片而去，称为"利市缴门"。又用红绿彩缎二端各做一"同心结"，男挂于笏（或槐筒）倒行，女牵于手相向而行，称为"牵巾"；南宋又请男家双全女亲用秤或机杼挑去新娘盖头，出拜家庙、参礼诸亲，再由女倒行牵回房，行对拜（交拜）礼后坐床，礼官以金银钱、彩钱、杂果撒掷，称"撒帐"。男左女右各留少些头发"结发"，称为"合髻"。又用两盏以彩结（同心结）连结，互饮一盏，称为"交杯酒"，也称"交卺礼"。以盏一仰一覆压在同心结上放于床下，俗称"大吉"，大家贺喜后掩帐。新人换妆后再到中堂参谢亲人、舅姑后，再入礼筵饮酒，婚礼结束。北宋时，次日五更向桌上镜台的镜子展拜，称为"新妇拜堂"，次拜尊长、亲戚，献上鞋、枕等称"赏贺"，尊长回赠称"答贺"。

女婿往参妇家称"拜门"，次日即行的称"复面拜门"。第三日，北宋时女家送彩缎油蜜蒸饼，称"蜜和油蒸饼"；南宋时送茶饼、鹅、羊等，称"送三朝礼"。女家往男家作会致酒，称"暖女会"；迎女回家，并以礼品送回婿家，称"洗头"。一月，婿家开筵相庆，称"满月"，南宋称"贺满月会亲"，整个婚仪结束。

那时的丧俗，在五代后唐时，京城洛阳凡是死亡之家都需经官府或军方巡察，如有非正常死亡，事涉冤诬即行追勘，并对各级官员、百姓的丧葬仪制，包括明器（随葬品）数量等都有规定。如唐李德裕所说："生无孝养可纪，没以厚葬相矜"，丧葬之家"生产储蓄为之皆空"，故明令禁止厚葬。北宋依据五代制度制定丧制。

北宋时，河东地区流行火葬，皇祐五年（1053）年韩琦任并州知州后曾禁止火葬。南宋时，东南地区也流行火葬，"今民俗有所谓火化者，生则奉养之具唯恐不至，死则燔爇而弃捐之"，"甚者焚而置之水中"，而且"日益炽甚"。绍兴二十七年（1157 年），高宗曾下诏以荒地作为贫民的墓地以抑制火葬。但是，"从来率以火化为便，相习成风"，因而于次年改为只禁止富户士族进行火葬，其他人户从便。

宋代丧葬习俗中，还有人死"以方帛覆面"，以新衣作为"明衣"，而称"赠死者"的衣服为燧，俗称"搭衣架"。在墓圹中置"桐人"，而称随葬的俑为"明器"，在棺中还放有盛有粮食的罂。也沿唐俗丧祭时焚烧纸钱，称为"楮镪"。送葬时"挽郎"手执盖在丧车前后的"翣"，还有人唱"挽歌"等。子弟守孝三年，官员守孝称"丁忧"，期满后才能再做官。

那时的节庆，元旦正月初一，俗称"新年"，也称"年节""岁节""元正""元日"，是第一个重大节日，皇帝进行大朝会以庆贺，接受邻国使者的朝贺；百姓穿新衣，互相庆贺，家家宴饮，吃汤饼，夜晚赏灯，南方还放爆竹，南宋时首都临安还放烟火。立春从首都到各州县都要造土春牛，南方兼造土耕夫（牧牛人、芒儿），在府、县衙前以彩杖鞭"春牛"；还制作小春牛出卖、赠送以示丰收之兆。南宋百姓争夺土牛肉（碎土），称宜蚕、宜田兼治病。土耕夫则移入土地庙。

元宵正月十五日，亦称上元、元夕、元夜。元宵点灯，唐代、五代不常举行。后梁开平三年（909年），梁太祖在西都洛阳诏："宜以正月十四、十五、十六夜开坊、市门，一任公私燃灯祈福。"乾化二年（912年），首都开封首次于"上元夜，任诸寺及坊市各点彩灯"，则只是一夜；而且是"近年以来，以都下聚兵太广，未尝令坊、市点灯故也"。宋建隆二年（96年）元宵，首次点灯，后通常为3夜。乾德五年（967年），首都开封增为5夜（十四至十八日），各地方仍为3夜。宋太宗时张咏任益州知州，暗增13日夜灯，称为挂塔。以后杭州、益州首先增为5夜，其他财力富裕的也多增为5夜；南宋时则都为3夜。南宋灯品以苏州、福州为最好，新安（今安徽歙县）虽晚出，精妙绝伦。

清明节、寒食节，寒食节的第3天为清明节，寒食节前做好饭食，这3天不生火煮饭而"寒食"，也称"禁烟节""冷烟节"，是第2个重大节日。寒食节是百姓"野祭"扫墓的节日，后唐同光三年（925年），庄宗出洛阳西郊望帝陵方向进行"望祭"，是仿民俗进行的，称为"破散"，为其后帝王所沿袭，并烧衣服、纸钱。北宋时放假7日，南宋则放假5日，纸马铺还有纸制楼阁出售。帝王发宫人及宗室朝陵祭祀，百姓扫墓郊游，南宋首都临安市民还乘船游西湖及看龙舟。北方"俗有寒食一月节之谚"，而"绍圣以来，江淮之南寂无此风（寒食）"。

端午节亦称端五，五月初一为端一等，初五为端五。也称重午节、浴兰令节，古有"蓄兰为沐浴"，及于午时取井水沐浴以避疫气；北宋首都开封则以桃柳蕊之类烧汤沐浴。节日食品有粽子、枣糕、菖华（菖蒲）酒，以及香糖果子、糖蜜韵果、水团等。粽子有角粽、锥粽、筒粽、秤锤粽、九子粽，除黏米外，有的加枣或糖，以及松栗、胡桃（核桃）、姜桂、麝香之类。以艾人钉在门上，买张天师像，用泥和草做张天师，以艾为头、蒜为拳，置于门户上。或买用彩帛制成的小符戴发髻上，称为"钗头符"等，皆用以辟邪，楚地还有龙舟竞渡。

中秋八月十五日，也称"月夕"。北宋首都开封"诸店皆卖新酒，重新结络门面彩楼"，螃蟹、石榴、梨、枣、栗等新上市，家家团圆欢宴赏月，直至深夜，有的通宵达旦。南宋首都临安自八月十一日开始观看浙江潮，直至二十日，以十八日最盛；中秋夜还在浙江上放"一点红"羊皮小水灯数十万盏，烂如繁星。

重阳节，九月初九日，也称"重九"，九为阳数，故称重阳。人们赏菊和出外登高，以茱萸插头以辟邪，以粉面蒸糕，加枣、栗，也有加肉的，有面糕、黄米糕、花糕，上插小彩旗以赠送。天明时以片糕搭小孩头上称"百事糕"，祝"百事皆高"；又于糕上放"小鹿"数枚，称为"食禄糕"（意为预祝做官）。

冬至节与寒食、元旦为北宋三大节日，南宋则与元旦（年节、岁节）为两大节日，号称"亚岁"，冬至前夜为"冬除"，也称"二除夜"。"至此日更易新衣，备办饮食，享祀先祖，官放关扑，庆贺往来，一如年节"；南宋时，"最是冬至、岁节，士庶所重"，"朝廷大朝会庆贺排当，并如元正（元旦）仪，而都（临安）人最重一阳贺冬"，商店停业三天以庆贺，称为"做节"；人们互相送礼，因离年节较近，以致有的到元旦时相互送礼还不如冬至，有"肥冬瘦年"之谚。冬至有吃馄饨的习俗，有的一碗有10多种，称为"百味馄饨"，有"冬馄饨，年馎饦（汤饼）"之说。

除夕、交年节，十二月三十日，也称除日、除夜、岁除，也称为大节夜；而称二十四日为小节夜，也称交年节。交年节为"新旧更易"，送故迎新，"备酒果送神，烧合家替代钱纸，帖灶马于灶上，以酒糟抹涂灶门，谓之醉司命"。商店卖门神、钟馗、桃板、桃符等以备民户除夕之用。这天要打扫房屋，有"交年日扫屋，不生尘埃"之谚。晚上在门后、床下、厕所点灯（除夕相同），称为"照虚耗"。南宋则二十五日赤豆粥祭食神，称为"人口粥"。除夕，五代后蜀各宫门也钉桃符；宋代进行扫除，换门神、挂钟馗、钉桃符、贴春牌、祭祀祖宗、备香花供物迎神，皇宫还有装扮钟馗、灶神、土地、门神之类，驱祟出宫城外，称为"埋祟"。节日食品有各种果品、十般糖、澄沙团等。燃放爆竹，声震如雷；南宋还放烟火，家家围炉团坐，通宵达旦，称为"守岁"。

其他节日，月一日"中和节"，"唐人最重，今惟作假"，南宋民间还以青囊盛百谷、果相赠。二月十五日，两浙有"花朝节"，南宋首都临安人纷纷出城赏花。四月八日"浴佛"节，也称佛生日，各地寺院有浴佛斋会，煎香药糖水称为浴佛水，以铜佛像浸在小盆内糖水中。七月七日"七夕节"，儿童女子皆穿新衣，于庭院列香案、酒果，令女郎列拜，称为"乞巧"。七月十五日中元节，僧寺作盂兰盆斋会，焚烧衣服纸钱；家家祭祀祖先，人们大多吃素，屠户亦停业。此外，还有十月十五日的下元节、皇帝生日等，相比大节之下，还有不少的小节日。

2. 辽代的婚姻姓氏吃住丧乐

契丹人奉行"同姓可结交，异姓可结婚"，即同姓不婚的伦理原则。然而姑舅表亲的婚姻则比较普遍，并且不受行辈的限制。建国初期，还有"姊亡妹续之法"。

契丹人的姓氏。"契丹部族，本无姓氏，惟各以所居地名呼之"，婚嫁不拘地里，至阿保机建国后，始以"王族号为'横帐'，仍以所居之地名曰世里著姓"。世里，汉译为"耶律"。建国后，为笼络和安抚契丹诸部贵族，阿保机对出任过联盟首领的大贺、遥辇家族一律赐以国姓，于是辽朝始有"三耶律"。太宗灭晋，汉人李崧依汉人习惯为后族小汉制定了汉姓"萧"。从此，与皇室通婚的后族皆以萧为姓。由于诸部落首领多出自于上述贵族之家，部民的姓氏又从其首领，故而契丹人只有耶律与萧二姓。

游牧的契丹人的居住饮食，则"随阳迁徙，岁无宁居"。居住的是便于迁徙的穹庐式毡帐，类似现在的蒙古包，帐门多东向。车马是迁徙、游牧不可缺少的运载工具。契丹人迁徙地，夏日选择高阜处，秋、冬、春季则选择背风向阳临水处。食物以乳肉为主，也有少量粮食。肉类可煮成"濡肉"，也可制成"腊肉"，牛、羊乳和乳制品是他们的食物和饮料。

粮食则有"糜粥"等。果品有桃、杏、李、葡萄等，常用蜜渍成"果脯"，夏日有西瓜，冬天有风味果品"冻梨"。饮料有乳和酒，中京（今内蒙古宁城西）的酿酒业对后世有着深远的影响。建国后，汉人、渤海人的食品也传入了契丹，辽朝皇帝过端午节时就有渤海厨师制作的艾糕。

至于契丹人的服饰和发式，他们的贵族服装，依其所任官职而有所不同，皇帝和南面官着汉服，皇后和北面官着胡服。又有祭服、朝服、公服、常服、田猎服之别。胡服有长袍、短衫、裤、靴、帽。袍服为圆领、交领或直领，左衽，窄袖。腰束带，有的带上还悬佩小刀、荷包、针筒、锥、火石和各种金、玉、水晶、碧石等饰物。长裤多为白色，有的还穿套裤。靴多为长筒，颜色以黑、黄为多。上层人物头戴冠、巾，贵族妇女戴瓜皮帽，侍女戴黑色小帽。衣料夏用绸、绢，冬用皮毛，"贵者被貂裘，貂以紫黑色为贵，青色为次。又有银鼠，尤洁白；贱者被貂毛、羊、鼠、沙狐裘"。

契丹人男女皆佩戴耳环，并同乌桓、鲜卑人一样，也有髡发的习惯。其发式不一，有的只剃去颅顶发，颅四周发下垂并向后披；有的在颅两侧留两绺长发，自然或结辫下垂；有的留双鬓上两绺，自然或结辫下垂，或使其从耳环中穿过再下垂，"其人剪发，妥其两髦"。

关于契丹人生育和丧葬。契丹妇女分娩前须拜日，居住在专门搭制的毡帐中。分娩时卧于甘草苗上，用手帕蒙住医生双眼。生男，产妇饮调酥杏油，其夫用蓬子胭脂涂面；生女，产妇饮加盐的黑豆汤，其夫以炭涂面，认为这样有利于婴儿的发育成长。若皇后生产生男，皇帝穿红衣，奏蕃乐；生女，皇帝穿黑衣，奏汉乐。

唐时，契丹人行树葬、火葬。将尸体置于山树上，三年收骨焚化。建国后渐行土葬，随葬品视年代与墓主人地位的不同，多寡精粗不一，有玉、金、银、铜、铁、瓷、陶、木、骨等诸种器物和车马具、丝绸等。圣宗前，尚有人殉遗风。受佛教影响，辽朝的汉人和契丹人死后，有的用柏木雕成人形，即真容木雕像，中间为空。尸体焚化后，将骨灰储入真容胸腔中。契丹人处理尸体的方式独特，对不能及时下葬者，刺其皮肤，令血液流尽，腹中实以盐、矾等，用丝线缝合。下葬时，有的用金、银或铜为面具覆面，同时用银或铜丝制成网络，罩裹全身或手足。追念死者有烧饭之俗，多于既死、七夕、周年、忌日、节辰、朔望诸日举行。筑土为台，或掘地为坎，上置大盘，盛以酒食并焚化，死者生前所用衣物、弓矢、车马、珍玩等皆可奉祭。

契丹人的节庆风俗，节日除受汉族习俗影响外，多与宗教信仰和游牧生活相关。正月初一，以糯米和白羊髓做成饭团，傍晚于帐内自窗中掷出，得偶数则吉，得单数则不吉。初七为人日，晴则吉；阴则有灾，须于庭煎饼食，称"薰天"。正月十三至十五日"放偷"，大则妻女、宝货、衣服、鞍马、车乘，小则杯盘、箕帚、锹镐之类，都可能被人窃去，且不许处分，失者须备酒食钱物赎回。二月初一为中和节，与六月十八日是请客的日子。中和节国舅萧氏请耶律；六月十八日耶律回请萧氏。三月三日射兔，重九射虎，腊月辰日烧甲；除夕有岁除仪，烧盐、羊膏于炉火中，萨满赞祝火神，皇帝拜火等，或与游牧射猎生活密切相关，或继承了古鲜卑人的遗风。立春击土牛、撒谷豆，端五挂合欢结、长寿缕等，则承自汉地习俗。

契丹人的娱乐活动，既有游牧民族文化特色，也受到了汉人、渤海人的影响，击鞠、射柳、打髀石、角抵、围棋、双陆，都是契丹人喜爱的活动。击鞠、射柳都是马上竞技活动，击鞠又称骑鞠、击球，即打马球。射柳多在祈雨的仪式之后进行，先在场上插柳枝两行，削皮使之露出白色。射者以尊卑为序，各用手帕系于柳枝上以为标志，使距地数寸，然后乘马以无羽横镞箭射之，射断而接枝在手者为优胜，断而不能接者次之，断其青处或不断及不中者为负。髀石即"髌骨"，俗称"背式骨""拐""嘎什哈"，四面凹凸不平，形状各异。最晚北魏时的鲜卑已经用它为玩具了，契丹人也有击髀石的游戏，皇帝也以在冰上击髀石为乐。

契丹人酷爱角抵，这既是竞技活动，也是宴会、集会上的表演节目。那时不但有契丹人参加，而且还有汉人参加。二人，两两相角，以倒地为负，宋使张舜民曾亲见契丹人角力，"两人相持终日，欲倒而不可得。又物如小额，通蔽其乳，脱若裸露之，则两手复面而走，深以为耻也"。那时汉人的游戏娱乐活动，也传人了契丹人地区，有双陆、围棋和彩选格，等等。

3. 西夏的穿扮饮居婚丧节庆

西夏人的穿着服饰和打扮发式是有特色的。早在西夏建国之前，长期和汉族人民杂居一起的党项人，由于生产活动和生活方式的改变，固有的风俗习惯也就逐渐起了变化。西夏人的风俗依境内民族而异。西夏主体民族党项人的服饰，除从事游牧生产者外，都基本改变了原先"衣皮毛"的习惯，穿着与当地汉人一样的布匹或绸缎。

景宗元昊建国时，"文资则幞头、靴笏、紫衣、绯衣；武职则冠金帖起云镂冠，银帖间金镂冠，黑漆冠，衣紫旋襕，金涂银束带，垂蹀躞，佩解结锥、短刀、弓矢韣，马乘鲵皮鞍，垂红缨，打跨钹拂。便服则紫皂地绣盘球子花旋襕，束带。民庶青绿，以别贵贱"，这曾是官府规定文武官员服饰的描述。

夏显道元年（1032 年），李元昊为保持党项先祖的旧俗，在国内下达了"秃发令"，即剃光了头发秃顶，并耳穿佩戴重环。李元昊自己率先剃了秃头，然后命令国内人民一律效仿他自己，限三日内全部秃发，凡有不从者，皆处死。此时，秃发便成了西夏境内唯一流行的发式。

西夏因农牧生活，党项牧民就以牛、羊肉及乳制品乳酪、奶酥、奶油、奶渣等为主要食物。他们"割鲜而食"，还遗存着吃生肉的习惯。农业居民种植的农作物以大麦、荜豆、青稞为主，收成不好，则常辅以野菜度日。西夏食品以面食为主，有面、粥、饼、馒头、包子等几类。食品制作已采用了烧、烤、炸、蒸、煮、炒等方法，调味品有盐、油、椒、葱、蜜等。

西夏人普遍喜欢饮茶饮酒，茶是西夏牧民不可缺少的饮料，宋人以西夏党项部族食肉饮酪，称其"特茶为命"。酒也是西夏人生活中不能须臾离开的，凡聚会、盟誓、喜庆、祝寿、婚丧、嫁娶、出战、仇解皆取酒痛饮，一醉方休。

西夏党项牧民居住在覆以毛毡木架的帐幕中，故一家称一帐。除牧民外，"民居皆立屋，有官爵者，始得覆之以瓦"。有的地方是一列三间住房中，"所居正寝，常留中一间，以奉鬼神"，即中间供神，左右两间住人。西夏皇室帝王效法中原皇朝，大筑富丽宏伟的宫殿、陵园、寺庙。贵族富豪、大臣官僚也都竞相大兴土木，修建官邸、府衙，庭院楼阁，亭榭台池，极尽享乐。

西夏的家庭基本上实行着一夫一妻制。在西夏人的著作中，记述着办婚事的程序有"男女长大，遣将媒人，诸处为婚，索与妻眷"，这则是"父母之命，媒妁之言"的封建包办买卖性质的婚姻。自皇帝起，到上层贵族官僚，则普遍有纳妾现象。当时，李德明娶 3 室，李元昊凡 7 娶，仁宗时的晋王察哥"年已七十余，犹姬妾充下陈"，部分地方仍保留着性爱自由的风俗，"凡育女稍长，靡由媒妁，暗有期会，家不之问。必相挈奔逸于山岩掩映之处，并首而卧，绅带置头，各悉力紧之，倏忽双毙。一族方率亲属寻焉。见不哭，谓男女之乐，何足悲悼？"

党项人死后，原本实行火葬，焚尸后可能还要建坟埋骨。在西夏人编著的辞书《文海》中，就记有烧尸场、墓地等词语。史书中还记载着党项人有穴葬风俗，西夏建国前，宋咸平六年（1003 年），党项首领李继迁"寻葬其祖于红石峡，障水别流，凿石为穴，既葬，引水其上，后人莫知其处"。西夏建国后，多实行土葬，使用灵柩。西夏皇帝墓葬，从建国之后便取法于唐、宋帝王陵寝制度，在都城兴庆府（今宁夏银川）附近的贺兰山东麓，兴建了规模宏大的皇帝陵园。

西夏节气，以十二月为岁首，故重冬至节，亲友团聚欢宴，以示庆祝。建国后，李元昊下令，规定每年四季月首和他的生日五月五为节日，让全民欢乐为他祝寿。可见西夏的节日之少，仅此而已。

4. 金代的饮食服饰家庭婚葬

金代的社会风俗，是与金代社会的生产和人民的生活相适应的。它可以反映出以女真为统治民族和以汉族为主体民族的多民族的社会风俗的构成及其特点。

金代，就饮食而言，女真早期是以肉食为主的。后来，金代随着农业的发展，粮食在主食中也逐渐占有了更为重要的地位，其初主要是炒米和粥，后来馒头、汤饼、烧饼、煎饼等面食食品，都已成了女真、汉人日常生活中习见的主食。女真人喜欢以野白芍药花用面煎之，做成味道脆美而又易于保存的食品；秋冬之际，常把新鲜蔬菜腌制成咸菜、酸菜备用。当时的调味品有盐、醋、酱、油。金代汉人、女真等饮酒之风盛行，尚豪饮，无论是城市还是山村，往往都有酒楼、酒肆。海陵时曾严禁朝官饮酒，犯者处死。世宗诏猛安谋克，只有节辰和祭天日方许饮宴聚会，在农忙之际不许饮宴或赴会他所，就是农闲之月，也不许痛饮，犯者抵罪。

金饮茶之风也盛行，"上下竞啜，农民尤甚，市井茶肆相属。"

再谈服饰。金代的服制，则有富贫、贵贱、民族之分，绝不相同。女真的富人，春夏多以纶丝绵绸或细布制作，秋冬以貂鼠、青鼠、狐、貉、羊羔的皮为裘。贫者春夏以粗布制作，秋冬以牛、马、猪、羊、獐、鹿、猫、犬、鱼、蛇的皮做衣裤。服制有平居所用常服和自皇帝以下及百官礼服的区别。女真常服有用皂罗制的巾，上结方领，折垂于后。衣尚白，左衽，窄袖，盘领。腰带有吐鹘，可佩腰牌和刀、弓、剑等。"凡番官平居著上领褐衫，无上下之辨，富者著褐色毛衫，以羊裘狼皮等为帽。"皇帝、皇后、皇太子及百官的礼服，多参酌历朝服制而制，而百官有朝服、公服、祭服的不同。服制的等级和阶级的限制十分严格，不仅对统治阶级内部有等级界限，对士庶、三教九流、兵卒、奴婢等都有具体规定。从民族的服制看，原居契丹统治下的北方汉民的服装称"汉服"，而称南宋服装为"南人衣装"。金初强制北方汉人等着女真衣装，禁民汉服，后禁女真人学南人衣装，但在各民族交融中是无法禁止的。不仅女真学汉人衣装已成风尚，女真衣装也在汉人中流行，而且女真衣装也传到南宋。女真继承了东北民族居住火炕的传统，火炕在北方各地普遍流行。

说道家庭、婚姻。金代女真，从他们的始祖函普时起，就已经基本上确立了一妻一夫制的家庭。在家庭内部出现了私有财产，确立了父家长在家庭中的统治地位，但仍保留着母权制和原始群婚的遗风。女真建国后，就曾禁止同姓为婚，继父继母的男女无相嫁娶，但在宗族内仍实行接续婚，而对男子来说却是一夫多妻，不仅庶官允许求次室2人，百姓也允许置姜。建国前就出现了世族世婚制，而建国后"娶后尚主"的限制很严。随着历史的发展，女真族的家庭组织也不断变化，与其他民族的接触和交融也更加密切，由于民族间的调动和互相杂居，遂允许与契丹、汉人互为婚姻。在女真早期，男女婚姻有了很大的自主权，女子年已及笄，行歌于途，自歌其家世妇工容色，以伸求伴侣的情意；或者参加富家子弟在夜晚举行的聚会，与之同饮，或歌或舞选得终身伴侣，即随之而去，及生子女，回到娘家"拜门"，父母并不干预。每逢订婚之时，男方及其亲属携带着酒馔到女家，妇家不分大小坐在炕上，婿党罗拜其下，俗为"男下女"。拜礼完毕，男方牵马百匹，少者十匹，供女方的家长选择，女方不过只留下马匹的十之二三而已，或皆不中选。女家给一定的回礼。在女真人婚俗中，仍保留着赘婿和指腹为婚的习惯。

至于葬礼，金代丧俗有土葬、火葬或土葬与火葬结合。女真早期，人死后则土埋，但土葬多见于汉人之中。火葬是一种简便、经济、卫生的丧葬方式，在北方各族中久为流行。火葬在金代女真族中流行，而在北方汉人中也受其影响，习以为俗。女真人死后，"贵者生焚所宠奴婢、所乘鞍马以殉之"。"其死亡，则刃劈额，血泪交下，谓之送血泪"。"所有祭祀饮食之物尽焚之，谓之烧饭"。长期流行于北方的烧纸钱和以纸作房屋、侍从、车马等仪物之俗，在金及金元间也颇流行。

最后，再看看文体活动。女真人俗尚骑射，把打猎看作最快乐的事。通常在重午拜天后进行射柳、击球的游戏，击球有时也在其他日子进行，并曾把击球列为策论进士的考试科目。角抵（即相扑）在金朝也为皇帝所乐见，宫廷角抵，则"百姓纵观"。汉族的双陆、围棋、象棋等也在女真族中广为流行。投壶和纸鸢也是金朝常见的游戏。

第十九讲　并存的多种宗教

宗教是人类社会发展到一定历史阶段出现的一种文化现象，属于社会意识形态。

在五代辽宋夏金时期，主要的宗教有佛教、道教、伊斯兰教、犹太教、摩尼教、萨满教等，各自为之，并具特色，兴废遝行，朝廷都在加以控制与利用，为己统治所需。

1.　五代宋的佛道伊斯兰等教

（1）佛教

唐会昌五年（845年），"禁佛"运动大兴，佛教因此而趋于"下坡"。大中元年（947年）起，佛教虽然得以极度恢复，但是已经大伤元气，再加上唐末农民战争的不断波及，佛教寺院经济因此受到了沉重的创伤。

自以五代以来，又是战乱频频，官府也无暇管理，僧寺的制度便也松弛起来，"僧尼寺院多有故违条法，衷私度人（为僧尼）"，不少僧尼戒律枉然，"妄称圣（佛）教，或僧尼不辨，或男女混居"，这些便也是后唐时的事情了。在天成二年（927年），官府便有了明确的规定，凡志愿出家为僧尼的，都必须经过官府的批准，并且还要考核考试。如念经文，"不得私受戒法"，否则一定要受到处罚或问罪。当时，官府除了规定僧尼在"官中斋会行香"等外，"僧尼不得辄有相过，如敢故违"，"画时擒捉，并准奸非例处断"。官府还严明了他们的生活纪律，凡是僧侣都不得在尼寺中开讲，除斋月开讲时外，"坊界及诸营士女"，"不得过僧舍"，僧侣也不能公然住在民户家中。后晋天福二年（937 年），官府又一次严申了针对出家僧尼的明文规定，如果"州府不遵敕命，衷私剃度（僧尼）"，也要受到惩处。由此可见，当时的僧尼确也"无发（法）无天"，并也可为五代那时，因为朝代更迭得频频，常常造成了官府的相关政令的不畅。到了后周，局势极不稳定，官府更是无法控制，私自建造佛寺、剃度僧尼、熔铜钱铸佛像等，也就全无法度；当时的罪犯与逃兵，也往往是乘机削发为僧，混过官府，逃过缉拿，避开惩罚，而"缁徒（僧侣）犯法，盖无科禁，遂至尤违"，有碍社会治安。再说，当时的僧尼寺院，定要享有免税免役，这也严重地影响了后周的税收，这笔税收额度巨大，并非小数，并也直接影响了兵役制度，等等，这一切也使得周世宗不得不下定决心，整治佛教，并加以限制佛教的发展。

显德二年（955 年）便下诏，凡是无"敕额寺院"，全部停废；边远州郡而无敕额寺院的，可保留僧、尼寺院各 2 所；县城及常住居民 200 户以上的军、镇，又没有敕额寺院的，允许保留僧、尼寺院各 1 所，如无尼则只保留僧寺 1 所。凡志愿出家的，不仅需要得到父母、祖父母的同意，如已丧父母的，则需同居的伯、叔、兄们的同意。男 15 岁以上志愿出家的，女 13 岁以上志愿出家的，还要经过念读经文的考试，并要合格，并只在首都东京开封府、西京河南府、大名府、京兆府及青州设立戒坛，进行剃度，其他地方无权受理。那时，官府共废寺院 30336 所，保留了 2694 所，系籍的僧尼 61200 人。同年九月，为了解决钱荒，世宗决定除保留必需的铜器及存留寺院的铜佛像外，所有"民间铜器、佛像"全部用于铸造铜钱，为了消除人们的疑虑，指出铜像并不是佛，"佛在利人"，"若朕身可以济民，亦非所惜也"，这也再一次表明了官府限制佛教发展的举措。"若周世宗，可谓仁矣，不爱其身而爱民；若周世宗，可谓明矣，不以无益废有益"，这便是史学家司马光对周世宗如此之举的高度赞扬。当时，北方佛教的发展，受到了限制，周世宗此举与北魏太武帝、北周武帝、唐代武帝一起，都被列入中国历史上著名的"三武一宗禁佛"，也称"三武一宗法难"。看来，"三武一宗"之"禁佛"，在中国的历史上是得到了完全的肯定。

到了十国时，佛教并未受到过怎样的打击，吴僧祖肩以阴阳五行之术，佐吴王杨行密，权臣徐温之礼遇石头大师，前蜀王建为诗僧贯休建龙华道场，荆南高季兴之慰留诗僧齐己。这一切也实处一斑，也只是十国时帝王礼敬佛教的极少表现而已。然而吴越、闽、南唐、南汉的佛教，则因得到帝王的极力倡导，尤为兴盛。吴越王钱镠、钱弘俶先后尊僧昭、德韶为国师。德韶为法眼宗第二代法嗣，法眼宗遂大盛。法眼宗僧人延寿后修净土宗成为净土宗大师。天台宗义寂向吴越王钱镠提出天台宗佛经因"安史之乱"及会昌禁佛时焚毁，向高丽取经，吴越王即遣使求取，"高丽君乃命国僧谛观报聘，以天台教部还归于我"，通过天台宗义寂的传法，天台宗终于得以复盛。佛教的其他各宗，也就都随之得到了发展。

唐末王潮、王审知据福建，提倡佛教。禅宗雪峰义存禅师，王审知"时则迎而馆之于府之东西甲第，每将俨油幢聆法论，未尝不移时"，义存禅师死时，已是后梁开平二年（908年），义"存之行化四十余年，四方之僧争趋法席者不可胜算矣"，闽国的佛教，因此而得以大盛。闽国末年，大将李仁达，曾一度拥立僧卓岩明为帝。佛教禅宗至唐代晚期，神秀北宗已衰亡，而慧能南宗独盛，弟子南岳怀让门下已形成沩山灵祐及弟子仰山慧寂的"沩仰宗"、临济义玄的"临济宗"；慧能另一弟子青原行思门下，也形成洞山良山与弟子曹山本寂的"曹洞宗"。僧文益是青原行思门下七世（义存系）漳州罗汉院桂深的弟子，南唐诸帝崇尚佛教，文益被迎住金陵报恩禅院，号净慧禅师，后迁往清凉寺，弘扬禅宗，死后谥大法眼禅师，其所创的宗派，则号称"法眼宗"。南汉前主刘隐、中主刘岩敬重韶州灵树院僧如敏，"署为知圣大师"，僧文偃受知于禅宗青原行思门下五世闽雪峰义存，义存禅师"密以宗印授焉"，文偃后到灵树院为首座，南汉中主"大加欣赏，文偃倡导灵树、云门凡三十年"，创云门宗，云门宗首先盛行于南汉。

宋朝建立以后，宋太祖停止了周世宗的毁寺禁佛，由此打击佛教的活动也得终结。但是，"建隆初，诏佛寺已废（者），不得再兴"，这些做法，说明了宋太祖崇佛是有所节制的，是适度而行之的。"岁度千人"为僧，在平定诸国前，共有6'7000多僧尼，略多于后周时的僧尼。欧阳修在《归田录》曾载："太祖皇帝初幸相国寺，至佛像烧香，问当拜与不拜，僧录赞宁奏曰：'不拜。'问其何故，对曰：'见（现）在佛不拜过去佛。'……适会上意，故微笑而颔之，以为定制"（这里提到的赞宁，是太宗时随吴越王归宋的，故此僧可能并非是赞宁）。太祖"亲征太原，道经潞州麻衣和尚院，躬祷于佛前"，宋太祖对于佛教的态度，可从上述所见。宋"太宗崇尚释教"，于宋代诸帝中，为最甚者。太平兴国五年（980 年），宣召在河中府（今山西永济西）译经的法天来京，于太平兴国寺西侧兴建译经院，太宗亲为译经作序。宋真宗、宋仁宗时续有译经，宋代译经多属小部。宋代重视佛经的刻印，益州官刻本自开宝四年（971 年）起到太平兴国四年刻成，称《开宝藏》。以后由寺院刊刻的有福州东禅寺觉院版，崇宁三年（1104 年）刻成，称《崇宁藏》；两宋之际的开元寺版，称《毗卢藏》；南宋时，湖州思溪圆觉禅院之《思溪藏》《圆觉藏》，安吉县（今安吉北）资福禅寺之《资福藏》，平江府碛沙延圣禅寺之《碛沙藏》，也陆续刊刻《大藏经》，这一切都促进了宋代佛教的传播。

宋真宗以后，道教被捧，而高于佛教。宋徽宗于宣和元年（1119 年），废除佛教而尊道教，并改寺院为道观，改佛、菩萨为金仙、仙人、大士，和尚为德士、尼为女德等，照搬照套，但次年却又恢复了佛教。五代北宋初，"东南之俗，连村跨邑去为僧者，盖慵稼穑而避徭役耳"。

宋代既有佛教，也有道教，并对佛道二教都实行了"度牒"制度，即由朝廷每年限量控制僧、道二教，给他们颁发一定数量的"度牒"，宋神宗时开始出卖空名"度牒"。"度牒"是僧、道的身份证明，如丢失须取保经官府验证后出给"公凭"，否则还俗。出家人"度牒"首先必须经过父母等的同意，并自身无犯罪或其他过失、文身，男"度牒"19 岁以下、女"度牒"14 岁以下的，才可以出家。佛教之中，男称"行者"、女称"尼童"；道教之中，称"道童"，男为道士童子，女为女冠童子，"童行"是道佛两教出家者未剃（披）度前的道童与行者的合称。行者需 18 岁以上，尼童需 15 岁以上的，并经考试读经等，才可"剃度"，而道童须经"披度"，合称"披剃"，受戒后才给度牒，才能享受免赋役的特权。由于数量限制，以致有的已三四十岁了，但仍然是"童行"。

宋代佛教禅宗、净土宗最为流行，其次为天台宗、华严宗、律宗。禅宗自唐末五代分为沩仰、临济、曹洞、云门、法眼五宗，到宋初，已只有临济、云门二宗盛行，其他各宗逐渐衰落。云门宗怀澄门人慧南，后师临济宗潭州石霜崇胜寺楚圆（慈明）禅师，北宋景祐三年（1036），在洪州黄龙山宣扬禅宗，创"黄龙派"，亦称"黄龙宗"，禅法兴盛。慧南的同门方会禅师"辞（楚圆）归九峰，后道俗迎居杨岐（属袁州，今江西宜春）"山，宣扬禅宗，也称杨岐禅师，创"杨岐派"，亦称杨岐宗，庆历六年（1046年）移住潭州云山海会寺。杨岐、黄龙合前五宗，合称"五家七宗"，也称"五宗七家"。

南宋时，禅宗只有临济宗兴盛，黄龙派于淳熙十四年（1187年）后由日僧荣西传往日本，此后黄龙派日渐衰落；杨岐派也于庆元五年（1199年）后由日僧俊芿、辨圆先后传往日本，南宋后期的临济宗实即是杨岐宗。宋代禅宗最盛，其徒先后撰有《景德传灯录》《天圣广灯录》《建中靖国续灯录》《联灯会要》《嘉泰普灯录》，南宋末淳祐十二年（1252年）释普济对五书删繁就简，编为《五灯会元》，为唐宋禅宗史与语录集。

净土宗，五代末吴越禅宗法眼宗延寿禅师，后住杭州永明寺，创禅宗、净土宗合行说，著《万善同归集》。宋代净土宗常依附于禅宗、天台宗、律宗。

天台宗，自五代时吴越义寂再兴后，义寂同门杭州慈光院志因的弟子晤恩，于北宋初著书否定《金光明玄义》是为真作，而义寂的再传弟子知礼也著书驳斥，知礼的弟子遂自称为"山家"，而贬称晤恩的弟子为"山外"，斥为不纯，"山外"派不久即衰，南宋天台宗（山家）僧志磐，于咸淳五年（1269年）完成了以天台宗（山家）为主的佛教史《佛祖统纪》。

律宗自分为南山宗、相部宗和东塔宗三家，此后直到五代、宋代已只有南山宗单独流传。吴越末北宋初，著名的律宗僧人赞宁，专习南山律，有"律虎"之称，奉诏于宋端拱元年（988年），撰成《大宋高僧传》，主要录唐（高宗时起）、五代及北宋初各宗僧人，是极为重要的佛教传记之作。宋仁宗时，允堪在杭州大昭庆寺、苏州开元寺、秀州（今浙江嘉兴）精严寺建戒坛度僧，律宗复兴，著有《会正记》，后又称《会正宗》。其再传弟子元照，则活跃于北宋后期，元照原来是属天台宗，采取天台宗说讲律，著《资持记》，后称《资持宗》。此后，天台宗独盛，还东传日本，南宋理宗时有著名的临安闻思。

华严宗，因是唐代贤首（法藏）所创，也称贤首宗，唐末五代衰微，北宋神宗时，杭州慧因禅院净源传播华严宗。元祐元年（1086年），原高丽王子义天师承净源，带来久已散失的经疏多种，元祐三年回国，华严宗遂传往高丽。同年，慧因禅院改为教院，弘扬华严宗，时称净源为"中兴教主"。其后，有道亭著《义苑疏》、观复著《折薪记》、师会著《焚薪》与《复古记》、希迪著《集成记》，以注解《华严一乘教义分齐章》，史称宋代华严四大家。

在唐代中叶以前，吐蕃地区所传播的佛教，史称前弘期，基本上是印度佛教的教义与形式，相当于唐开成三年（828年），达玛（达磨）赞普即位，不久即灭佛，除边远地区外，佛教基本被消灭。到了相当于北宋太平兴国三年（978年）之时，具有吐蕃本土特色的佛教复兴，后世称其为"藏传佛教"，也叫"喇嘛教"，史称"后弘期"，有"噶当（甘丹）派""萨迦（萨思迦）派""噶举派"，以及佛教密宗"宁玛派"和接受佛教影响的本地原始宗教"本教"，也为"钵教"或"黑教"等称。

（2）道教

道教是中国主要宗教之一。道教是崇拜多神的，崇奉的神灵种类繁多。其主要思想《易经》为伏羲、周公、孔子三圣创立，伏羲创造了八卦，周文王创造了六十四卦，孔子则为易经作《易传》，由此形成了中华文化的总源头，是诸子百家的开始。东汉时形成宗教，到南北朝时盛行起来。唐朝奉老子为始祖，崇奉道教，尊老子为圣祖、玄元皇帝，后梁代唐，道教宫观"例多毁废"。后唐代梁，以继承唐朝自居，亦以老子为圣祖、玄元皇帝，在都城洛阳建有圣祖玄元庙。明宗天成二年（927年），以"天下宫观，久失崇修"，以及"有玄元皇帝（老子）宫殿处"，都进行了修复。后晋高祖也是"素尚玄元"，多次召见道士张荐明"礼之为师"，赐号通玄先生，天福五年（940年）刻印《道德经》颁行。后周世宗，在显德三年（956年）时召见华州道士陈抟，显德六年又在都城开封"新修太清观"，并将濮州一大钟移置观内。

五代皇帝除后梁外，大多崇奉道教。五代、宋代的汉人不论帝王或百姓，大多是兼信佛、道二教的，这可能是因为在佛教传入时所崇拜的诸神，与道教创立之后他们所崇拜的诸神，绝大多数是一样的，佛教所崇拜的诸神归入了道教。但道教并非如此，并在不断地创造新的道教神仙，举凡天、地、风、雨、名山大川、湖海，直至城隍、土地、山神、门神、灶神，无不有神。而名人义士也不断变为神仙，民间所信奉的"八仙"，就是道教新创立的神仙，其中除张果老（张果）、韩湘子（韩湘）是唐代所创造的，其他的神仙都是五代、宋代创造的。

五代时，战乱不断，不少士人隐遁山林，道教之地也成了他们的归宿所在，中原著名的道士除张荐明、陈抟外，还有道士郑遨（云叟）、李道殷、罗隐之，"世目以为三高士"。被后世尊为道家"八仙"之一的吕（岩）洞宾，原是唐末五代的隐士，与陈抟交游；八仙之二的汉钟离，原名钟离权，据说原是后晋的武将，后人道，也与陈抟交往，俗称汉钟离，当是后汉时"得道"而称汉钟离，但存在不到五年的后汉，则为后代道徒"遗忘"，而附会为秦汉时的汉代。八仙之三蓝采和，乃指南唐洪州西山隐士陈陶，他"以修养烧炼为事"，宋初于市上歌唱"蓝采和，蓝采和，尘世纷纷事更多"，后世以为蓝采和即是陈陶。钟、吕二人，后被全真道列入北五祖。

到了十国时，帝王也大都礼待并重用道士。例如唐末歙州南山道士聂师道，郡守时咨以郡政，名其山为问政山，时人称之为问政先生，其地归吴后，又得到吴王杨行密的宠信。又如泉州道士谭紫霄，先后受到闽帝王继鹏、南唐后主李煜礼遇。而吴越王钱镠，则为道士间邱方远、朱霄外，分别建修了太极宫、栖霞宫道观。此外，前蜀王建重用道士杜光庭，北汉刘崇重用道士郭无为，闽帝重用道士陈守元，等等。

北宋皇朝建立后，宋太祖对佛、道采取兼容政策。宋太宗又利用道士张守真、方士马韶，为他夺取帝位，制造舆论。由此，宋太宗随后即为张守真在终南山建造了北帝宫，并起用马韶为官。宋太宗还召见陈抟、丁少微、赵自然等著名道士，或赐道号、紫衣，或修道观，并命整理道教典籍。宋真宗时，在"澶渊之盟"后，为了向崇奉天帝的辽朝表明宋朝是受命于天，以掩盖其处理宋辽关系的无能，景德五年（1008 年）正月，就利用道教在朝元殿建道场，制造神人降"天书"《大中祥符》，于是改当年为大中祥符，东封泰山，西祀汾阴；又制造道教的九天司命天神是赵宋皇族的始祖赵玄朗，降临宋廷，追尊之为圣祖；后又亲赴亳州太清宫，祭祀被尊为道教教祖的老子李耳，并加封为太上老君混元皇帝。道教宫观相继修建，祭祀活动频繁而行，道教因此得到了空前的尊奉，"一国君臣如病狂然"，直至宋真宗死，以"天书"随葬而告平息。

政和三年（1113 年）十一月郊祀时，徽宗等君臣见到空中楼阁，即为海市蜃楼，遂制造天神降临，掀起了又一次崇奉道教的高潮，于是访求道教经典，建"道学"，修建道教宫观，塑造老子圣像。政和七年，道士林灵素又宣说，宋徽宗是上帝的长子下凡，奸臣蔡京、王黼、童贯等都是仙吏下凡，昏君徽宗遂自称"教主道君皇帝"。宣和元年（1119 年），又罢佛教归入道教，次年恢复佛教，但崇道活动仍旧盛行。靖康元年（1126年），当面对金兵围城之际，钦宗命方士郭京率"六甲"神兵出击金兵，郭京的出城逃跑直接导致了北宋灭亡。

说到五代、北宋的道教，符箓派分为龙虎宗、茅山宗（上清派）和阁皂宗（灵宝派）三派。龙虎宗，是张道陵后裔在唐代创建的，以龙虎山（今江西贵溪西南）为中心的道教主要宗派，亦称天师道、正一道。天圣八年（1030年）赐天师道张乾曜为虚靖（一作澄素）先生，"仍令世袭先生号"。北宋末徽宗时，又升龙虎山上清观为上清正一宫。"茅山宗"（上清派）创自南齐道士陶弘景，上承上清派，逐渐成为道教的主流，直至北宋末。哲宗绍圣四年（1097年），召茅山（今江苏句容东南）道士刘混康到首都开封主持上清储祥宫道观，赐号洞元通妙大师；元符元年（1098年），他在茅山所居庵旁的殿宇赐名为元符观；次年复归茅山。徽宗时，茅山宗达到了全盛时期，"其徒倚为奸利，夺民苇场，强市庐舍，词讼到（江宁）府，吏观望不敢治"。"阁皂宗"（灵宝派），创立于北宋，以阁皂山（今江西新干北）为中心。哲宗时，阁皂宗（灵宝箓），与龙虎宗（正一箓）、茅山宗（上清箓）已同为符箓派三宗之一。

南宋时，符箓旧派三宗，仍是道教的主流，理宗嘉熙三年（1239年），敕命龙虎宗的35代天师张大可为提举三山（龙虎山、茅山、阁皂山）符箓兼御前诸宫观教门公事，龙虎宗遂成为各道派之首。开庆元年（1259年）忽必烈围攻鄂州，曾派使密访张大可，这是对张大可是南宋道教首领的认同，元初任命龙虎宗嗣天师主领江南道教。此外，符箓派还有临川（今属江西）人饶洞天，创于北宋淳化五年，（994年）的天心派，行天心正法；北宋徽宗时南丰（今属江西）王文卿，创立了神霄派，行神霄雷法；形成于两宋之际的东华派和理宗时的清微派等，以及何真公创自南宋高宗时强调忠孝主张三教融合，实为儒道合流的净明道，也称净明忠孝道，这些都属符箓新派。道教金丹派（亦称丹鼎派）、外丹学派，在唐代因道士想通过服食"仙丹"成仙而中毒死亡之事屡屡发生，故外丹学派到唐末已衰落。

五代、北宋初的钟离权、吕洞宾、陈抟等内丹学派兴起。北宋中叶张伯端著《悟真篇》，是内丹学派的重要著作。张伯端，号紫阳，亦称张紫阳，后被奉为全真道南宗始祖。张伯端传石泰，石泰传薛道光，薛道光传南宋人陈楠，陈楠传白玉蟾，已是南宋中叶。白玉蟾打破此前单传的传统，广收门徒，终于形成道派，称建宗传法之所为"靖"，白玉蟾称碧芝靖、其徒彭耜称鹤林靖、彭耜之徒林伯谦称紫光靖。南宗受符箓派影响，自陈楠起兼行雷法。而以精、气、神为核心的南宗内丹学亦影响了符箓派，神霄、清微、净明等新道派，也都主张兼行"内炼成丹"。而同源的北方金朝王喆（重阳子）创立的全真道也吸收了南宗内丹学派理论。南宗到元初与北方全真道（北宗）逐渐合流，元代被称为全真道南宗，张伯端、石泰、薛道光、陈楠、白玉蟾被尊为南五祖。内丹学的发展也促进气功学及相关医学的发展，对"宋学（理学派等）"的形成与发展也有一定影响。

在民间信仰的道教人物"八仙"中的何仙姑、李铁拐（铁拐李）、曹国舅，传说都是宋代人。北宋时有永州（今湖南零陵）女子能知人祸福，南宋末《混元仙派图》中，吕洞宾有女弟子赵仙姑，元代人又说她姓赵名何，赵仙姑就成了何仙姑；北宋太宗时有"跛仙"遇吕洞宾于君山（今湖南岳阳西），到《混元仙派图》中，有了吕洞宾的弟子李铁拐、曹国舅。曹国舅"并云其为北宋丞相曹彬之子，曹皇后之弟，故称国舅"。武将曹彬确有孙女为仁宗皇后，皇后弟曹佾曾以使相兼景灵宫使，景灵宫原是宋真宗制造的赵姓始祖道教尊神赵玄朗的奉祀宫观，这些或许是后世道徒制造曹国舅为神仙的依据。五代的汉钟离、吕洞宾、蓝采和，宋代的何仙姑、李铁拐、曹国舅，再加上唐玄宗时已"得道"的张果（张果老）、韩愈的侄子韩湘（韩湘子）也已于唐宪宗时"得道"，在宋元之际形成道教的"八仙"。

（3）伊斯兰教

伊斯兰教是世界性的宗教之一，与佛教、基督教并称为世界三大宗教。中国旧称大食法、大食教、天方教、清真教、回回教、回教等。

在中国，喀喇汗王朝，驻喀什噶尔（今新疆喀什）的博格拉汗萨图克，在相当于中原五代时，已接受了伊斯兰教，其子又定为国教，今日中国的新疆西部地区最早拥有大量伊斯兰教信徒，到宋建隆元年（960 年）时，已有 20 万帐牧民信奉伊斯兰教。

五代、宋代的东南沿海港口城市广州（今属广东）、泉州（今属福建）、扬州（今属江苏），有不少阿拉伯商人，他们在当地建有伊斯兰教寺院，最早的是广州怀圣寺，世传建于唐代，南宋岳珂记他在绍熙三年（1192 年）时，在广州所见番商的寺院，当是怀圣寺。泉州有建于宋真宗时的圣友寺和南宋高宗时的清净寺，南宋末在扬州也建有礼拜寺等伊斯兰教寺院，都是来宋经商及侨居的阿拉伯商人为进行宗教活动而建。

（4）犹太教

犹太教是世界三大一神信仰中，最早而且最古老的宗教，也是犹太民族的生活方式及信仰。犹太教的主要诫命与教义，来自托辣，即圣经的前五卷书。

在中国，北宋首都开封，就曾聚居了相当多的犹太人，到金代时仍有不少，据明弘治二年（1489 年）《重建清真寺记》所记，犹太人建造该犹太教寺院，是始于宋隆兴元年（1163 年），这是金世宗大定三年，其时已是金南京开封府了。

（5）摩尼教

历史上的摩尼教在公元 3 世纪所创立，当时大约相当于魏晋时期。摩尼教教义的核心，是说在世界的一开始，就有光明和黑暗两个王国并存着，光明占据北、东、西三方，黑暗占据南方。唐代，摩尼教传人，唐武宗禁佛时，摩尼教也同样遭到了打击，也只能在民间流传。宋代，摩尼教在东南沿海地区，流传较广，被称为"吃菜事魔"教，也称"明教"。北宋末年，两浙路方腊起义时，摩尼教徒曾参加起义，因而受到了官府的打击，但依然在民间流传，南宋绍兴三十二年（1162 年）十月时，陆游所说的，"两浙谓之牟尼教""福建谓之明教"，即是摩尼教。

2. 辽代的萨满教及佛教道教

早期的契丹人，信仰原始的多神教，最尊崇的神灵为天神、地祇、黑山神、木叶山神和鹿神。这便是契丹人信仰的萨满教。

"相传有神人乘白马，自马盂山浮土河而东，有天女驾青牛车由平地松林泛潢河而下。至木叶山，二水合流，相遇为配偶，生八子。其后族属渐盛，分为八部"，这在《辽史·地理志·永州》中有述。那时，契丹人将骑白马男子，与驾青牛车女子，分别尊为天神和地祇，并自以为是他们的后人。木叶山，是指如今的内蒙古西拉木伦河与老哈河合流处的白音他拉一带，这是契丹人始祖奇首可汗的发祥地；黑山，在今天的巴林右旗北罕山，这是契丹人死后灵魂的归宿之地。狩猎曾是契丹人的主要活动，鹿神则为猎神，猎前祭祀，祈求多有猎物所获。这些"美妙的传说"都与契丹人的起源、发展和生存密切相关，因而受到契丹人的敬崇，每年皆有时祭。

契丹人的这种原始的多神信仰，以及他们的生活习俗，以至契丹统治者的政治需要，又形成了契丹人所具有的独特礼仪和诸多的禁忌。在遥辇阻午可汗时，制定了柴册仪和再生仪；在遥辇胡剌可汗时，却制定了祭山仪，这些都是契丹人极重要的仪式。契丹建国后，在原有的仪式基础上，又加入了宴请，这应当是当时为两性青年男女，在选择意中人时，所提供的极好场合。契丹人崇日拜东，祭祀时倾向东方，可谓"祭东"；对天日的崇拜衍生出对日蚀、旋风和霹雳的禁忌。契丹人将被视为驱邪禳灾之神，狗看门护帐、游牧狩猎，可谓契丹人的重要帮手和可信之友，备受重待。契丹人每年八月八日，却杀白狗埋于寝帐前 7 步处，露其喙，而至八月十五日，搬移寝帐到埋白的地方，可称"捏褐耐"，其中"捏褐"为狗，而"耐"为狗头，以狗头为寝帐驱邪护宅。

契丹人建国前，佛教已经传入。痕德堇可汗二年（902 年），在龙化州（今内蒙古开鲁西南）建开教寺，此为佛教传入契丹的标志。神册三年（918 年），在上京（今巴林左旗南）又建佛寺。天显元年（926 年）灭渤海后，俘渤海僧人崇文等 57 人，送至上京，为此又建了天雄寺。从此以后，诸京和各州县也都效仿，相继修建了寺庙。自圣宗以后，兴宗、道宗等也都尊崇佛教，由此佛教大得兴盛。贵族之家舍宅建寺，舍儿女为僧尼，向寺庙施舍钱财、田地、人户，建寺修塔，造像刻经，就更是普遍，寺庙势力急幅增长。自景宗以来，僧人曾被授予侍中、太尉、太保、司徒、司空的，是多见的。道宗时甚至出现了"一岁而饭僧三十六万，一日而祝发三千"的情况。契丹上层的崇佛，反而又极度影响到了汉人，辽时的南京（今北京）地区，佛事活动也相继频繁，场面也相当可观。

随着佛教的迅速发展，佛教的传播也是空前的，个人写经，集资刻经、印经和由皇帝下令、寺庙校勘、雕印佛经的活动，也是十分活跃。辽兴宗时，命人搜集各地佛经，自重熙至道宗咸雍四年（1068 年），校勘雕印佛经 579 帙，收藏在南京清水院和易州涞水县（今属河北）金山演教寺等地，称《契丹藏》或《丹藏》。《契丹藏》传入高丽，后者据以对照宋藏、高丽藏，进行校勘后雕印成新版《高丽藏》，成为大藏经的较好版本。山西应县佛宫寺释迦塔（应县木塔），在1974年抢修加固时，就在木塔四层主佛释迦牟尼腹中，发现了一批辽代瑰宝，其中有《契丹藏》12卷，不仅为研究辽代佛教传播、藏经雕印提供了珍贵资料，而且为研究辽代造纸、雕版印刷技术提供了实物。木塔发现的《契丹藏》是辽圣宗时期雕印的，看来整理、校勘、刻印大藏经的工作，早在圣宗时就已着手进行了。

佛教的传播，促进了语言文字的发展。为了解释佛经音义，燕京崇仁寺僧人希麟继唐慧琳《一切经音义》，为《开元释教录》之后新译佛经作音注和义释，撰成《续一切经音义》10卷。此书由辽传入高丽，再入宋，宋刻入藏，后传入日本，对佛教的传播和文字训释裨益良多。燕京又一僧人行均，俗姓于，字广济，"善于音韵，闲于字书"，撰成字书《龙龛手镜》4卷，收字26430余，注用字163170余，总189610余字，立424部首，部首字及部内各字均以平、上、去、入四声为序。在《说文》《玉篇》之外多所搜集，并广收当时所用异体、俗体、简体字。书成后传入宋朝，雕版发行，改名《龙龛手鉴》。此书编纂的目的在于帮助僧徒识字读经，注音或用反切，或用直音，释义一般都很简单，用例多引佛经。今天它对研究宋以前异体字、简体字仍有重要参考价值。

对于契丹人而言，中原的道教和道家的思想，也都产生了一定的影响。辽初，以各种方式进入草原的汉人中，就有一些道教信仰者，契丹部民和某些契丹上层也信仰道教。神册二年（918年），上京建立道观，这可以说明道教最晚在此时已经传入了契丹。辽圣宗对"道释二教，皆洞其旨"，其弟耶律隆裕更是个虔诚的道教信徒，"自少时慕道，见道士则喜。后为东京留守，崇建宫观，备极辉丽，东西两廊，中建正殿，接连数百间。又别置道院，延接道流，诵经宣醮，用素馔荐献，中京往往化之"。某些上层道士同佛教上层一样受到皇帝的礼遇。道教的传播也带动了道家经典的研究，辽初道士刘海蟾著有《还丹破迷歌》和《还金篇》，耶律倍译有《阴符经》，圣宗时于阗（今新疆和田南）张文宝曾进《内丹书》。寺公大师的《醉义歌》中也杂有道教思想。道教信仰的普遍性及其对契丹人思想、文化的影响，也可从契丹某些墓葬石棺和画像石、画像砖上刻有四神图，绘有道教内容的壁画和随葬品中某些具有道教内容的实物得到印证。

3. 西夏笃信佛教并传道占卜

西夏统治者笃信佛教，亦有道教流传。

大中祥符九年，李德明（西夏王，西夏建国的奠基者）追尊父李继迁为"太祖应运法天神智仁圣至道广德光孝皇帝"称号。天禧四年（1020年）于灵州怀远镇修建都城，改名兴州，正式建都。李德明在建国前，就曾遣使赴宋朝河东地区的五台山（今山西五台东北）进香，随后又向宋求赐佛经。

景宗元昊"晓浮屠学"，也曾向宋朝求赐佛经，建西夏国后，组织僧侣用新创的西夏文翻译佛经，还在首都兴庆府东，大动土木，修建了高台寺。

没藏太后，因早年曾出家为尼，李元昊死后，她辅佐年幼的毅宗执政，又因宋朝所赐《大藏经》，她决定在兴庆府西建承天寺。如今，在甘肃敦煌莫高窟和安西榆林窟中，还存有西夏惠宗秉常时期开凿或重修的洞窟。

崇宗乾顺时期，在凉州修缮了护国寺感应塔，还在甘州建了崇庆寺、卧佛寺等；天祐民安元年（1090年）还完成了西夏文《大藏经》的翻译。

仁宗仁孝时期，大量刻印散施佛经，其中是大量的西夏文刻本，写本中大多数也是佛经，由此可见西夏佛教传播之盛。西夏佛教前期，来自中原佛教，中期是回鹘佛教，后期是吐蕃佛教，即"藏传佛教"（后弘期）。

西夏亦有道教流传，据述，景宗元昊长子"宁明，喜方术，从道士路修篆学辟谷，气忤而死"；宋元丰四年（1081年）宋军进攻西夏时，西夏"灵州城中惟僧、道数百人"。这一切都可以说明道教在西夏有所流传。

"笃信机鬼，尚诅咒，每出兵先卜"，这是西夏人所习。西夏人占卜，这与古时并无区别，多是问吉凶，决疑难。西夏占卜方法主要有四种，"炙勃焦"，用艾草烧羊胛骨，视其征兆；"擗算"，擗竹于地以求数，类似折著草占术；"咒羊"，于夜间牵羊，焚香祷告，又在野外烧谷火，次日晨屠羊，视其肠胃通畅则主吉，羊心有血则不吉；"矢击弦"，用箭杆敲击弓弦，听其声而占算战争胜负和敌至之期。西夏人作战忌晦日，重单日，战败后还要举行"杀鬼招魂"的仪式，用以超度死者的亡灵。"杀鬼招魂"则于战争之后的 3 日，复至原处，捕捉人马或缚草人埋于地，众人以箭射击。党项人的仇家有丧，则不受侵害；无力复仇者，集壮妇享以牛羊酒食，赴仇家纵火，焚其庐舍，被焚者趋而躲避，因党项之俗认为"敌女兵不祥"。党项人的仇解，则双方用鸡、猪、犬血和酒，用髑髅盛酒共饮起誓："若复报仇，谷麦不收，男女秃癞，六畜死，蛇入帐"。他们特别重视复仇及其化解。

4. 金代的萨满教与道教三派

女真人信仰萨满教。萨满教是包括自然崇拜、图腾、万物有灵、祖先崇拜、巫术等信仰在内的一种原始宗教。

金代的女真人，信仰萨满教，他们认为萨满教是可以沟通人与神之间的中介，并在重大的典礼、事件和节日时，都有巫师参加，或由他们主持，进行祭祀。人们消灾治病，祈求生儿生女，或诅咒他人遭灾致祸等，几乎都成了萨满的主要活动内容。

早在女真函普时，就已好佛事。灭辽及北宋后，由于受到中原佛教的影响，对于佛教的信仰，就更加促进了其发展。佛事对于金代的社会经济、政治、文化和习俗也都有着重要的影响。

在金代也存在道教，主要有全真教、大道教和太一教。全真教创始人是王喆。王喆（1112—1170 年），字重阳，原名中字，字允卿。后改名世雄，字德威。入道后，改名喆，字知明，号重阳子。祖籍陕西咸阳大魏村，出生于庶族地主家庭，后迁终南县刘蒋村。幼好读书，后入府学，中进士，系京兆学籍。于大定七年间（1167 年）创建全真教。先后化度马从义（马钰，丹阳子）、谭处端（长真子）、丘处机（长春子）、刘处玄（长生子）、王处一（玉阳子）和郝大通（广宁子）、孙不二（清静散人）等入道。马、谭、丘、刘、王、郝、孙合称为七真人。大道教（也称真大道）创始人是金初刘德仁（1122—1180 年），号无忧子，沧州乐陵（今属山东）人。

刘德仁的大道教传至第 5 代，逐渐衰落，或合于全真道。刘德仁作有 9 条戒法，传习门徒，其内容主要为忠君孝亲，诚以待人，清净无邪，安贫乐道，力耕而食，量人为用，不盗窃，不饮酒，不骄盈。他主张修炼方法为"见素抱朴、少思寡欲、虚心实腹、守气养神"，以召劾鬼神之术为人治病，并不善言炼丹飞升之事。刘德仁大约于皇统二年（1142 年）开始传道。太一教（太乙教）始祖萧抱珍，创教于天眷年间（1138—1140 年）。

金代道教的共同特点是都主张顺从和忍耐，是在金朝女真族统治下北方地主阶级妥协的产物。无论是金代的佛教还是道教，都主张以本教义为主的佛、道、儒的三者合一。

第二十讲　中国在世界上的影响

1. 三大发明和应用传播

中国科技的领先及影响，简单具体地说到我国三大发明的完成和发展，以及对世界的很大影响。

（1）活字印刷术的发明

在 11 世纪，平民毕昇发明了泥活字，对印刷术的发展是个里程碑，活字印刷术东传至朝鲜、日本，西传至欧洲、埃及，较欧洲早 400 年。对推动文化的传播起到了重大作用。

（2）航海业的发展和指南针的应用

宋时海船，据日本桑原隲藏所考：

一、船有纲首，副纲首，和杂事等员。他们的役属，有不从命者，许答治之。

二、船舶，由市舶司给以公凭，叫作朱记，上载纲首、副纲首的姓名，乘客的人数，船的大小和构造等项。

三、这种船只，为防备海贼，得备用一些兵器。在一部分的中国船上，曾备有多数的射手、盾手和发射火箭的弩手。

四、船有帆，有锚，有橹。橹的形制极大，摇橹者须 4 人以至 30 人；每船有橹 8 个以至 20 个。

五、船的内部，划成数区，用坚壁间隔着，免得一部分有损害时，影响到船的全部。

六、每一大船，附有小船若干，在碇泊的时候，担任采柴和汲水的事情。

七、船中杂役，以黑奴任之。

八、在航行的时候，用钩系长绳之端，时时取海底泥，以泥质推定地位。又下铅锤，测水深浅。

宋宣和元年，朱彧著《萍洲可谈》云："舶船深阔各数十丈，商人分占贮货，人得数尺，下以贮物，夜卧其上。货多陶器，大小相套，无少隙地。海中不畏风涛，唯惧靠阁，谓之凑浅，则不复可脱。船忽发漏，既不可人治，令鬼奴持楗絮自外补之。鬼奴善游，入水不瞑。舟师识地理，夜则观星，昼则观日，阴晦观指南针。或以十丈绳钩取海底泥嗅之，便知所至。海中无雨。凡有雨，则近山矣。商人言，舶船遇无风时，海水如鉴。舟人捕鱼，用大钩如臂，缚一鸡鹜为饵，使大鱼吞之，随其行，半日方困。稍近之，又半日方可取。忽遇风，则弃。或取得大鱼不可食，剖腹求所吞小鱼，可食。一腹不下数十枚，枚数十斤。海大鱼，每随舶上下，凡投物，无不瞰。舟人病者，忌死于舟中，往往气未绝，便卷以重席，投水中。欲其遽沉，用数瓦罐，贮水缚席间。才投入，群鱼并席吞去，竟不少沉。有巨鲨，长百十丈，鼻骨如锯，遇舶船，横截断之，如拉朽尔。舶行海中，忽远视枯木山积，舟师疑此处旧无山，则蛟龙也。乃断发，取鱼龙骨同焚，稍稍没水中，凡此皆危急，多不得脱。"这段记载，可见北宋时，海船上的生活情形。而舟师于阴晦时所观的指南针，是这时的航海术上之一最大的贡献。后来，这种使用指南针的知识传到西方，逐渐地普遍应用起来，给予近代的文明以极重要的影响。

13 世纪，指南针传至阿拉伯与欧洲各国，对世界经济文化交流起到了重大推动作用，为新航路的开辟，提供了先进的科技条件。

（3）火药使用的技术发展

火药在唐末用于军事。北宋在东京设立专门机构，制造火药与火器。南宋时出现"突火枪"。"管形火器"开创人类作战史的新阶段。13 世纪中期，传至阿拉伯，后传入欧洲。金制造火器较发达，曾以此击败了蒙古的进攻。

2. 中外交通的繁盛时期

五代宋元时期，中国和外国的经济文化的交流，有了发展。

五代时期，广州、泉州和杭州仍然是跟外国通商的重要港口。宋元继承了唐代的制度，在主要港口设置市舶司，管理对外贸易事务。宋代的重要通商口岸，有广州、泉州、杭州、明州、温州、密州（今山东省胶西县）等处。市舶的税收，在宋元两代是一笔重要的财政收入。宋元时期的中国海舶，从设备、运载量到航行技术，都是当时最先进的。日本、朝鲜、印度支那半岛、缅甸、马来半岛、印度尼西亚诸岛、菲律宾群岛、孟加拉、印度、巴基斯坦、斯里兰卡、波斯湾沿岸、阿拉伯半岛、埃及以及非洲东部和地中海沿岸各地，当时都跟中国有海上交通和贸易往来。丝绸、瓷器、漆器、金、银、铅、锡等是中国外销商品的大宗。珍珠、玳瑁、犀角、象牙、珊瑚、玛瑙、乳香、胡椒、药材等是从国外输入的主要商品。宋朝廷都比较重视海外贸易，对海外来的商人和使节，给以款待，有时还赐以官职。

在陆路方面，古老的"丝绸之路"在宋元时期又重新成为通往西方的重要通道，照例也有商人在沿途活动，并且有基督教传教士沿这条路线东来。

宋元时期，中国的文化继续传入波斯、阿拉伯一带。

宋元时期的中外交通，是秦汉以来最繁盛的时期，在中国封建社会历史时代有它重要的地位。中国社会经济和文化事业的发展促进了中外关系的发展，而后者反过来对中国的经济文化又有所影响。当时的朝廷，在对外关系方面采取开放的态度。

五代辽宋夏金时期，正是处于唐、元两个统一皇朝的分裂时期，这一分裂时期长达 370 多年，这一时期的分裂与战乱，虽然给人民带来巨大的灾难与痛苦，但是各地社会经济的发展与相互之间交往的加强，为新的统一准备了条件。

这一时期辽、宋、夏、金诸皇朝，在相对和平的环境下，各皇朝的社会经济文化都得到空前的发展，契丹、党项、女真族，迅速由原始社会末期，经过短暂的奴隶制时期进入封建社会，都制定了相应的政治、法律和经济制度，创造了本民族文字，极大地促进了中国历史的发展。

"积贫积弱"的宋朝处在相对稳定的发展时期，经济重心南移，社会生产的迅猛发展，农业、手工业、商业、货币、科学技术、医学等方面的发展，城市已由封闭型发展为开放型甚至出现了百万人口的大城市，镇市发展为开放型的乡村经济中心，都不仅大大超越了前代，在当时的世界上也是首屈一指的。而且，就宋代的哲学思想、教育、文学、史学、艺术的总体水平来说也是超越前代的，成为中国封建文化的鼎盛时期。

在这 370 余年之中，是内容极为复杂的历史时期，少数民族众多而各有贡献，南宋屈尊臣服而仍不失为主体民族的地位，变乱现象遮盖着许多进步的事物……

五代辽宋夏金时期的中国依然是世界上文化最为发达的地区，影响着亚洲甚至欧洲的文化进程。